Wirkungssystem Mitarbeiterführung
Pädagogische Grundlegung menschlichen Denkens
und Handelns im soziotechnischen System Betrieb

ASPEKTE PÄDAGOGISCHER INNOVATION

Herausgegeben von Walter Schöler

Band 19

PETER LANG
Frankfurt am Main · Berlin · Bern · New York · Paris · Wien

Kurt Schöffmann

Wirkungssystem Mitarbeiterführung

Pädagogische Grundlegung menschlichen Denkens und Handelns im soziotechnischen System Betrieb

PETER LANG
Europäischer Verlag der Wissenschaften

Die Deutsche Bibliothek - CIP-Einheitsaufnahme

Schöffmann, Kurt:

Wirkungssystem Mitarbeiterführung : pädagogische Grundlegung menschlichen Denkens und Handelns im soziotechnischen System Betrieb / Kurt Schöffmann. - Frankfurt am Main ; Berlin ; Bern ; New York ; Paris ; Wien : Lang, 1994
(Aspekte pädagogischer Innovation ; Bd. 19)
Zugl.: Klagenfurt, Univ., Diss., 1993
ISBN 3-631-46985-3

NE: GT

Die Drucklegung erfolgte mit Unterstützung
der AUSTRIA-COLLEGIALITÄT VERSICHERUNG,
der IHT MANAGEMENT AKADEMIE,
der INDUSTRIELLEN VEREINIGUNG Kärnten,
der KÄRNTNER ELEKTRIZITÄTS AG,
der KÄRNTNER SPARKASSE AG,
des RAIFFEISENVERBANDES KÄRNTEN,
des DÄNISCHEN AIKIDO JUJITSU KARATE VERBANDES

ISSN 0930-0848
ISBN 3-631-46985-3

Printed in Germany 1 2 4 5 6 7

Meiner Familie

Für Annemarie und Hubert
mit Dank für Interesse
und Anteilnahme

Kurt 4. 3. 94

Geleitwort

Führung als Prozeß und thematisierter Handlungsansatz bildet das zentrale Anliegen der vorliegenden Studie über das "Wirkungssystem Mitarbeiterführung" von Kurt Schöffmann. In diesem Rahmen verlagern sich die Zielkategorien betriebswirtschaftlich orientierter Unternehmensführung von Erfolgsoptimierung und Effizienz auf Glaubwürdigkeit und Akzeptanz unternehmerischer Zielansteuerungsprozesse durch die Mitarbeiter. Führung gewinnt pädagogische Gestalt, und zwar aus ganzheitlicher und integrativer Perspektive mit spezifischer Ausrichtung auf Mitarbeiterförderung und Erziehung zum selbständigen Denken und Handeln. Damit wird die Betriebspädagogik im Systemganzen von Unternehmen neu aktualisiert.

Auf der Grundlage umfassender Führungsforschung wird der Nachweis erbracht, daß Mitarbeiterführung als Prozeßgeschehen in der Vernetzung interaktiver und kommunikativer Einflußbereiche und gegebener individueller Entwickungsbedingungen ein eigenständiges Wirkungssystem darstellt, das einen spezifischen pädagogischen Charakter besitzt. Das Grundproblem der Betriebspädagogik, für die Mitarbeiter im Betrieb gleichermaßen Einbindungsstrukturen und Freiräume selbständiger Betätigung sicherzustellen, erfährt auf diese Weise eine tiefgreifende Begründung. Der Erkenntnisgewinn dieser Arbeit liegt zweifellos in einer neuen und zugleich systematisch aufgebauten Standortbestimmung des betrieblichen Führungsproblems und dessen Fixierung auf ein allseitig begründetes pädagogisches Verständnis.

Wie im Leben überhaupt gibt es auch in Betriebsprozessen keine Führungslosigkeit. Das Führungsverhalten ist eingebettet in die Unternehmenskultur und basiert in der kommunikativen Struktur gegenseitigen Sich-Mittragens und Sich-Mitteilens. Führung wird pädagogisch erst wirksam durch konstruktive Zusammenarbeit und Kooperation.

Im Handlungsganzen unternehmerischer Zielerreichung und der dazu zu erbringenden Handlungsvollzüge bleiben subjektive Präferenzen keinesfalls ausgeklammert. Umso wichtiger erscheint, bedingungsrelevante Handlungsfaktoren im gegebenen Wirkungsfeld zu einer verbindenden und integralen Handlungstendenz auszuformen. Verhalten wird dadurch prozeßrelevant orientiert und in einem Handlungsgefüge, in das sich der Mensch einzubringen hat, stabilisiert. Widersprüche sind dabei keinesfalls ausgeschlossen, wie sich auch Erziehungs- und Bildungsprozesse keinesfalls widerspruchsfrei vollziehen. Dies gilt in gleicher Weise für den Führungsbereich.

Führung umfaßt vom Begriff her eine sehr weitgefaßte Aufgabenbestimmung, je nachdem, ob es sich um intentional-strukturelle oder administrativ-organisatorische Aspekte handelt. Zielpunkt bleibt Verhaltensbeeinflussung im Interesse der Unternehmensausrichtung, oftmals auf Kosten der subjektiven Interessen der unterstellten Unternehmensmitarbeiter. Hier ist vom Standpunkt der Führungshandlung in jüngster Zeit ein Wandel eingetreten. Das Führungsdenken hat sich von der funktionalen und zugleich einschränkenden Handlungsfunktion im pädagogischen Sinne auf Offenheit und Mitarbeiterförderung zugleich verlagert. Aus dem pädagogischen Prozeß entwickelt sich ein neues Verständnis von Führung, eine neue Führungskultur.

Mitarbeiter müssen nicht nur entwickelt und motiviert, sie müssen "gewonnen" werden. Die menschliche Seite von Führung ist erst vollbracht, wenn sich die Mitarbeiter eines Unternehmens bei gleichzeitiger persönlicher und fachlicher Entfaltung in den aktionellen Funktionsbereichen mit dem Unternehmen einstellungs- und verhaltensmäßig identifizieren können. Grundlage einer pädagogisch legitimierten Führung ist hier die Vereinbarung von Zielen auf der Basis gemeinsamen und verantwortungsvollen Handelns. Eine Führungskraft hat die größtmögliche Nähe zur Sache und zum Geführten anzustreben.

Aus der Tatsache, daß pädagogisches Handeln Situationen ebenso wie den Menschen immer nur partikulär betrifft, bedarf es implizierter Wirkungs- und Ordnungssysteme. Als Orientierungspunkt wählt der Verfasser hier das von Johannes Zielinski (†1993) entworfene Kommunikationsmodell menschlichen Handelns, das mit Blicknahme auf die verhaltenskonstante Beziehungsverknüpfung für die Wirkung und Strukturierung von Führung zur Bewußtmachung reflexiver und sozial-integrativer Verhaltensweisen ausgelegt wird. Führungsprozesse und damit die Qualität der pädagogischen Einflußnahme leiten sich aus konstruktiver Zusammenarbeit und kooperativer Verständigung ab. Die neue Seite der Führung besteht darin, veränderte Verhaltensweisen und selbstbestimmte Dispositionen des Menschen unter den Bedingungen seines beruflichen Lebens präzise zu erfassen und bei gleichzeitig vergrößertem Handlungsspielraum des einzelnen im generellen Aspekt der Handlungsverantwortung einen offenen Umgang mit sich selbst und anderen auf der Basis des Vertrauens im Sinne der Führung auf Gegenseitigkeit zu etablieren.

Schöffmann legt als Ergebnis seiner Untersuchung gleichsam eine in sich geschlossene "Führungspädagogik" vor. Erarbeitet wird eine neue Sichtweise von Führung, die dem Praktiker hilft, Grundsätze und Prinzipien der humanorientierten Führung transparent zu halten. Die überkommenen Ansätze bisheriger Führungstheorien werden auf diese Weise zu einem pädagogischen Konzept ganzheitlicher und strukturell am System menschlichen Handelns festgemachter Führung in einer grundlegend neuen Qualität ausgeformt. Schöffmann entwickelt einen reflexiven Gestaltungsansatz kooperativer Führung und überwindet einseitige Betrachtungen in der Führungsprozeßforschung.

Klagenfurt, November 1993 Walter Schöler

Teil I
BETRIEBSPÄDAGOGISCHE IMPLIKATIONEN DER MITARBEITERFÜHRUNG

Teil II
RAHMENBEDINGUNGEN DES WIRKUNGSSYSTEMS MITARBEITERFÜHRUNG

Teil III
PÄDAGOGISCHE ELEMENTE DES WIRKUNGSSYSTEMS MITARBEITERFÜHRUNG

BETRIEBSPÄDAGOGISCHE IMPLIKATIONEN DER MITARBEITERFÜHRUNG

1 DETERMINANTEN DES UNTERSUCHUNGSGEGENSTANDES

1.1 Aufriß der Problemstellung

Unter ganzheitlichem Aspekt stellt sich der Betrieb[1] als ein offenes, zweckgebundenes soziotechnisches Leistungssystem dar, welches in einem dynamischen Umfeld operiert und mit diesem in permanenter Interaktion steht. In diesem Systemgefüge nimmt Mitarbeiterführung deswegen eine interdependente Position ein, weil sich durch Veränderungen des betrieblichen Systemumfeldes notwendigerweise innerbetriebliche Auswirkungen für menschliches Handeln ergeben.

Betriebliche Innovationen begründen stets neue Anforderungen und bedingen daher permanente Lernprozesse. Daraus ergibt sich, daß Mitarbeiterführung im Prinzip mit Mitarbeiterförderung gleichgesetzt werden kann. Insbesondere verändern sich die Qualifikationspotentiale, was sich an den Trends der materiellen und gesellschaftlichen Einflußfaktoren zeigt; beispielsweise kommt es zu Umstrukturierungen durch

---

[1] In der sozial- und wirtschaftswissenschaftlichen sowie in der betriebspädagogischen Literatur liegen außerordentlich heterogene Definitionen des Betriebs- und des Unternehmensbegriffes vor. Dies scheint dadurch erklärbar, daß die grundlegenden Abläufe systematischen ökonomischen Handelns in den entsprechenden Wirtschaftseinheiten "sowohl die Merkmale des nachhaltigen 'Betreibens' als auch die des wagenden 'Unternehmens'" (GROCHLA 1974, 534) beinhalten. Obwohl die Übergänge fließend sind, werden in Theorie und Praxis die Merkmale des 'Betreibens' vielfach dem strukturorientierten Funktionskomplex der Erbringung von Sach- und/oder Dienstleistungen und jene des 'Unternehmens' dem risikoorientierten Funktionskomplex des Kapitaleinsatzes bzw. der Gesamtzielsetzung der Wirtschaftseinheit zugeordnet. In Übereinstimmung mit HEIDACK (1989a, 307) wird daher der organisatorisch-technische Aspekt mit "Betrieb" und der rechtlich-institutionelle Status mit "Unternehmen" benannt. Entsprechend dem fokussierten Merkmal ergibt sich dann der adäquate Terminus.

- permanente technologische Innovationen, sowie die sich daraus ergebenden kürzeren Produktlebenszyklen und personellen Herausforderungen,
- die zunehmende Verflechtung, Internationalisierung und Konkurrenzierung der Märkte,
- eine sich ständig verdichtende Problematik der Ökosysteme bei gleichzeitiger Sensibilitätserhöhung der Betroffenen und Beteiligten, sowie durch
- den steigenden Bildungsbedarf und den veränderten gesellschaftlichen und individuellen Einstellungen und Werthaltungen.

Diese Problemfelder berühren im Aspekt betrieblicher Leistungserfordernisse und längerfristiger Überlebenssicherung auch betriebspädagogische Fragestellungen, insbesondere solche der Mitarbeiterführung. Denn "Die Führungskraft von heute muß den Konflikt zwischen Wollen und Können, Zwängen und Bedürfnissen lösen" (KATH 1982, 10 f.).

Durch den Umstand, daß sich existente Umfeldeinflüsse im Betriebssystem nicht punktuell, sondern in komplexen Interdependenzen auswirken, erscheinen interdisziplinäre Problemsicht und ebensolche Forschung sowie ganzheitlich orientierte, integrative Lösungsansätze notwendig, welche ihrerseits stark vernetzte, innerbetriebliche Strukturveränderungen und Lernvorgänge auslösen. Dadurch wird das gesamte innerbetriebliche Humanpotential[2] gefordert, dessen optimale Entfaltung durch ein kooperatives Führungsverhalten begünstigt werden kann.

> "Denn nur durch die Entfaltung, Bewußtwerdung, Veröffentlichung und Freilegung der menschlichen Potentiale ... wird ein Unternehmen die Zukunft meistern können" (SATTELBERGER 1989, 18).

---

2 "Humanpotential" wird hier als die Summe der in einem Betrieb aktiv verfügbaren menschlichen Kenntnisse und Fähigkeiten, sowie jener Möglichkeiten verstanden, die durch betriebspädagogisch fundierte Mitarbeiterführung bzw. durch Personalentwicklung aktivierbar sind. Der Begriff impliziert menschliche Entwicklungsfähigkeit (human development) und individuelle Wachstumsprozesse (personal growth) (vgl. LAUX 1991, 62). Mit SATTELBERGER besteht Übereinstimmung darin, daß der Mensch "in der Organisation nicht als Kostenfaktor, sondern als Humanpotential betrachtet" (1989, 20) werden soll.

Im Hinblick auf die notwendige Mitarbeiterförderung ergeben sich für eine innovatorisch orientierte Betriebspädagogik umfangreiche Aufgabenstellungen[3], die ihrerseits jedoch einer fundierten, erziehungswissenschaftlichen Abstützung bedürfen. In diesem Sinne wird Betriebspädagogik als Gegenstand erziehungswissenschaftlicher Forschung und Lehre definiert:

> "Untersuchungsgegenstand sind alle für die Bildung und Erziehung und damit für die weitere Entfaltung des Menschen und die Verbesserung des Zusammenlebens der Menschen bedeutungsvollen Tatbestände in den Betrieben aller Wirtschaftszweige sowie in Behörden, Krankenhäusern und ähnlichen Einrichtungen" (SCHMIEL 1973, 81).

Betriebspädagogik erhält im betrieblichen Wandel aus folgenden Gründen ein überaus starkes Gewicht: Der Mensch und die Qualität seines Handelns werden zunehmend zur Voraussetzung ökonomischen Weiterbestehens, betriebliche Bildung zu einem strategischen Faktor der Gesamtentwicklung der Unternehmen und angemessene, auf hohem Niveau praktizierte, kooperative Mitarbeiterführung[4], zur conditio sine qua non.

Betriebspädagogik hat sich infolgedessen im Systemganzen von Unternehmen zu verankern und kennzeichnet "Unternehmensentwicklung als pädagogischen Prozeß" (ZELBER 1991) mit deutlicher Ausrichtung auf Persönlichkeitsentwicklung und Handlungsorientierung. Sie hat angesichts der gestellten Herausforderungen "identitätsstabilisierende Überlebenshilfe" (SIEBERT 1984, 34) zu leisten.

---

[3] "Betriebspädagogik" als Benennung der praktisch-pädagogischen Tätigkeit im betrieblichen Handlungsfeld umfaßt zunächst, rein pragmatisch, die Planung und Realisierung von Erziehungs-, Bildungs- und Qualifizierungsmaßnahmen.

[4] Dieser Arbeit liegt die Intention grundsätzlicher Gleichbehandlung von Mann und Frau zugrunde; in der sprachlichen Realität haben sich jedoch noch keine praktikablen Ausdrucksformen durchgesetzt. Es wird daher der Empfehlung der Konferenz der Erwachsenenbildung Österreichs gefolgt: "1. Vom grammatikalischen Geschlecht her männliche Personsbezeichnungen für eine Funktion, welche von Frauen und Männern ausgeübt werden kann, gelten als geschlechtsneutral, d. h., sie sind auf Frauen und Männer anwendbar" (KONFERENZ DER ERWACHSENENBILDUNG ÖSTERREICHS Teil 4, 1988, 6).

Damit wird die klassische Herausforderung der wissenschaftlichen Betriebspädagogik neu aktualisiert: Als handlungsorientierte Wissenschaftsdisziplin hat sie einerseits den Anspruch die "individualpädagogische Orientierung"[5] im Wege der betrieblichen Praxis zu realisieren, muß aber andererseits die unternehmensspezifisch-ökonomischen Zwänge als empirisch vorfindbare Realität akzeptieren. Betriebspädagogisch orientierte Mitarbeiterführung ist nicht nur in dieses Problemfeld involviert, sondern stellt per se einen interdisziplinär determinierten Problemkomplex mit dem expliziten Anspruch der Handlungsorientierung dar. Insofern befindet sich die Betriebspädagogik derzeit in einer "Innovationsphase"[6].

Unter derartigen Prämissen kann das Phänomen "Mitarbeiterführung" nicht mehr deterministisch bzw. als isolierter, innerbetrieblicher Steuerungsmechanismus aufgefaßt werden. Die gesamtbetrieblich vernetzten, komplexen Interaktionen und Kommunikationsprozesse[7] der Mitarbeiterführung stellen sich als ein Element des offenen, soziotechnischen Leistungssystems Betrieb dar und fundieren gleichzeitig ein eigenständiges Wirkungssystem[8] mit spezifisch pädagogischem Charakter. Betriebliche Erfordernisse, soziokulturelle Einflüsse und individuelle Bedingungen strukturieren den Prozeß der Mitarbeiterführung,

---

[5] "Mit dem Begriff der *individualpädagogischen Orientierung* wird die notwendige Subjektorientierung pädagogischen Denkens und Handelns besonders betont" (ARNOLD 1990, 16).

[6] Zur historischen Entwicklung der Betriebspädagogik legt ARNOLD ein Drei-Phasenkonzept vor: "(1) die Konzeptionsphase (1935-1969), (2) die Diversifizierungsphase (1960-1980), (3) die Innovationsphase (1980-heute)" (ARNOLD 1990, 37 ff.).

[7] Es wird der Terminologie von WATZLAWICK/BEAVIN/JACKSON gefolgt, wobei der Ausdruck "Kommunikation" sowohl als allgemeine Bezeichnung für das Wissensgebiet als auch als Bezeichnung für eine Verhaltenseinheit Verwendung findet. "Eine einzelne Kommunikation heißt Mitteilung *(message)* oder, sofern keine Verwechslung möglich ist, *eine* Kommunikation. Ein wechselseitiger Ablauf von Mitteilungen zwischen zwei oder mehreren Personen wird als *Interaktion* bezeichnet" (WATZLAWICK/BEAVIN/JACKSON 1990, 50 ff.).

[8] Ein Wirkungssystem verarbeitet eine bestimmte Eingabe in eine beabsichtigte Ausgabe (vgl. ZIELINSKI, 1980, Teil 3.5 ff.).

für dessen Gestaltung und Ausformung die Führungskraft die nicht delegierbare, pädagogische Verantwortung trägt.

In diesem Zusammenhang müssen Fragen der Befindlichkeit des Individuums im Spannungsfeld zwischen Identität und Konformität ebenso untersucht werden, wie jene des Hinführens zur Mündigkeit und der Schaffung von Bedingungen, unter denen sich die Selbstverwirklichung des Individuums, auch unter ökonomischen Erfordernissen und Gegebenheiten, als möglich erweist. Die Mitarbeiterführung sieht sich demzufolge in der Ambivalenz, Einbindungsstrukturen bei gleichzeitiger Gewährung von Freiheitsräumen sicherzustellen; Mitarbeiterführung ist unter dieser Aufgabenstellung zu sehen. Deshalb umfaßt Mitarbeiterführung als Kernstück der Betriebspädagogik Mitarbeiterförderung als zentrales Anliegen. Unter dem Begriff "Humanisierung der Arbeitswelt" trägt Mitarbeiterführung also im wesentlichen dazu bei, eine

- emanzipatorische Entwicklung der Mitarbeiter[9] sicherzustellen,
- die partizipatorische Teilnahme der Mitarbeiter am betrieblichen Funktions- und Handlungsablauf zu gewährleisten, und zwar beides durch
- Herstellen und Aufrechterhalten von kooperativen Führungsstrukturen.

Aus diesem Problemzusammenhang ergibt sich die Zielsetzung der gesamten Arbeit.

[9] Ein wesentliches Interessenfeld betriebspädagogisch grundgelegter Mitarbeiterführung ist die Gruppen-/Teamorientierung. Der Begriff "Mitarbeiter" kann daher überall dort, wo es logisch und sinnvoll erscheint, als Synonym für "Arbeitsgruppe/ Arbeitsteam" verstanden werden.

1.2 Zielsetzung der Untersuchung

Die begleitende und stützende Erziehung und Bildung des Menschen (Individuation und Sozialisation) durch Mitarbeiterförderung in der konkreten betrieblichen Situation, die sich in angemessener Führung und ständigen Qualifizierungsmaßnahmen manifestiert, stellt ein essentielles Kriterium einer erziehungswissenschaftlich zu begründenden Betriebspädagogik dar. Dies ist in der vorliegenden Arbeit nachzuweisen.

Das betriebspädagogische Postulat der "individualpädagogischen Orientierung" bildet das leitende Erkenntnisinteresse dieser Untersuchung, die sich an der Leitvorstellung orientiert: "Im Mittelpunkt aller betriebspädagogischen Maßnahmen steht der Mensch" (PONGRATZ 1987, 55). Führungskraft und Mitarbeiter lassen sich als konstituierende Komponenten betriebspädagogisch modifizierter Handlungsprozesse begreifen. Sie sind Träger des Betriebsgeschehens samt aller intendierten Spannungen (vgl. Abb. I/1) und entscheiden, in aktiver Auseinandersetzung mit ihrem Denken und Handeln in funktionaler und intentionaler Ausrichtung auf die gegebenen Bedingungsfaktoren Wirtschaft und Beruf, jedwede Innovationsentwicklung.

Die Dynamik menschlichen Handlungsgeschehens markiert im "Wirkungssystem Mitarbeiterführung" den handlungsorientierenden Aspekt für veränderte Verhaltensweisen und selbstbestimmte Dispositionen. Dieses Wirkungssystem "Führung" stellt menschliches Handeln in den Mittelpunkt betrieblicher Abläufe und verfolgt die prinzipielle Zielstellung, die gesellschaftlichen Forderungen an den Menschen als Bedingungen seines beruflichen Lebens und Handelns zu reflektieren und zu verändern.

Die konsequente Realisierung dieser individualpädagagogischen Orientierung im Kontext der Mitarbeiterführung zielt zunächst auf Entwicklung einer

> "'Führungspädagogik', insofern sie nach der Professionalität und der Aufgeschlossenheit derjenigen fragt, die von ihrer hierarchischen Position im betrieblichen Gefüge und ihrer Vorgesetztenrolle her Strukturen setzen, Verhaltensformen bestimmen und dadurch das Organisationsklima und die Unternehmenskultur entscheidend prägen" (ARNOLD 1990, 25).

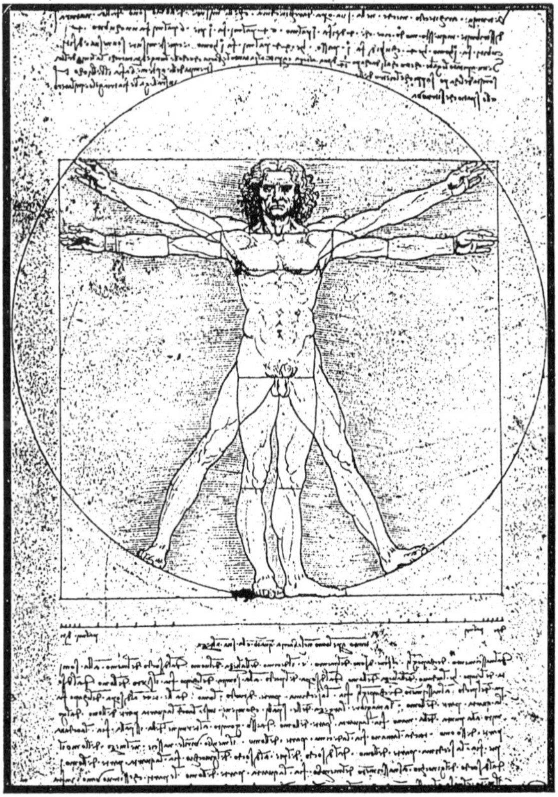

Abb. I/1: LEONARDO DA VINCI (1452-1519): Studio del corpo umano. Venezia, Galleria dell' Accademia.

Über die gestellten Anforderungen an eine Führungskraft ist mit dieser Definition von Führungspädagogik noch wenig gesagt; genannt werden lediglich die wesentlichen Einflußfaktoren. Die vorliegende Untersuchung will daher

- die relevanten Gestaltungsfaktoren humanorientierter Mitarbeiterführung identifizieren,
- exemplarisch jene Komponenten herausarbeiten, welche den betriebspädagogischen Ansatz der Mitarbeiterführung charakterisieren und das Wirkungssystem adäquater Mitarbeiterführung konstituieren, sowie
- Gestaltungsanregungen zur Implementierung kooperativer Mitarbeiterführung geben,

um dadurch einen Beitrag zur Entwicklung einer humanistischen Führungskultur zu leisten und Führungshandeln in der Praxis des Führens zu konkretisieren.

Die funktionalen und intentionalen Aspekte kooperativer Mitarbeiterführung realisieren sich in der adäquaten Einbindung der Mitarbeiter in die betrieblichen Zielgestaltungs-, Problemlösungs- und Entscheidungsprozesse. Systemzusammenhänge wirken dabei auf Strukturen der betrieblichen Führungsrealität und erleichtern das Erfassen und Verstehen der betriebspädagogischen Notwendigkeiten. Um die Komplexität des Gegenstandsbereiches Mitarbeiterführung durchschaubar zu machen, müssen die in den Führungsprozeß hineingreifenden bzw. diesen oftmals sogar tragenden Systemfaktoren modellhaft dargestellt und ausführlich begründet werden. Erst daraus ergibt sich für Führungskräfte eine vertiefte Einsicht im Hinblick auf das Wirkungssystem Führung als pädagogisches Handlungsfeld. Auf diese Weise vermag man zugleich die Führungskräfte für die Hauptaufgabe der Förderung und Entwicklung ihrer Mitarbeiter zu sensibilisieren. Nicht zuletzt deshalb wurde das "Wirkungssystem Mitarbeiterführung" zum Hauptgegenstand dieser Arbeit; dies sei zunächst methodologisch begründet.

1.3 Zur Methodik der Untersuchung

Mitarbeiterführung ist praktisch-pädagogisches Handeln im situativen Kontext mit ausgeübten beruflichen Tätigkeiten. Jede Führungsprozeß- und Führungssystemforschung basiert demzufolge in der wissenschaftstheoretischen Grundlegung auf dem handlungsorientierten und erfahrungswissenschaftlichen Ansatz. Wie WIGGER feststellt, hat die "Thematisierung der Erziehung als Handlung und die Freilegung ihrer handlungstheoretischen Voraussetzung in der Pädagogik ... erst in neuerer Zeit" begonnen (WIGGER 1983a, 12).

Definiert man Handeln als "ein bewußtes Tun", um auf diese Weise "ein antizipiertes Ergebnis zu erreichen" (SÖLTENFUSS/HALFPAP 1987, 18), so haben wir es forschungsmäßig mit einem modifizierten Wirkungssystem "menschliches Handeln" zu tun, welches nach ZIELINSKI "als eine Sonderform mitmenschlicher Kommunikation und sozialen Handelns" aufzufassen ist (ZIELINSKI 1986, 245). Hier erweist sich im handlungstheoretischen Sinne wiederum die Dualität des Führungshandelns, das Mensch und Umwelt zu verbinden hat: "im Prozeß des Handelns wirkt der Mensch auf seine Umwelt ein, zugleich aber erfüllt er darin ihre Forderungen" (BOESCH 1980, 101). Jedes menschliche Handeln setzt von der Zielstellung her Hypothesen (Erwartungen) voraus. Diese entwickeln sich mit Bezugnahme auf Interdisziplinarität und Auswertung empirischer Befunde (Vor-Erfahrungen) auf der Grundlage individueller Erfahrungsreflexion.

Hypothesenbildung im Hinblick auf Problemlösungen und Handlungsvollzüge im beruflichen Alltag beginnt so gesehen stets mit einer "hermeneutischen Differenz[10]", indem Widersprüche oder Schwachstellen in der Entwicklung zu einer neuen Fragestellung und Betrachtungsweise führen. Daraus wird konkretes Handeln abgeleitet, gestützt auf vergleichende Interpretation vorliegender Erkenntnisbefunde. In diesem Vorgehen liegt auch der Ansatz der

[10] Darunter wird jene erziehungswissenschaftlich-prägende Hermeneutik verstanden, wie sie von BOLLNOW 1968; DERBOLAV 1971; DILTHEY 1924, 1927; FLITNER 1957, 1968; GADAMER 1960; LANGEVELD 1961; NOHL 1963; SCHÜTZ 1974; WENIGER o. J. et a. vertreten wurde.

pädagogischen Wirkungsforschung schlechthin und zwar bezogen auf systemorientiertes Denken.

Betriebspädagogik als Gegenstand erziehungswissenschaftlicher Forschung und Lehre[11] ist daher in ihrer Forschungsmethodik traditionell durch den hermeneutischen Zugang gekennzeichnet. Die "Hermeneutik der Erziehungswirklichkeit" (KLAFKI 1981, 93) stellt das klassische Verfahren der geisteswissenschaftlichen Pädagogik, nach Wilhelm DILTHEY sogar die eigentliche methodologische Grundlage der Geisteswissenschaften dar und erweist sich in allen pädagogischen Disziplinen als angemessen und effizient[12].

Da Hermeneutik in ihrer genuinen Intention auf das "Verstehen der Erziehungswirklichkeit" (DANNER 1979, 99) abzielt, ist sie auch unter den aktuellen Gegebenheiten durchaus nicht obsolet, sondern stellt eine angemessene Methode zur Untersuchung betriebspädagogischer Problemfelder und somit zur Klärung der vorliegenden Fragestellungen dar. Mit KLAFKI wird der hermeneutische Ansatz in der Erziehungswissenschaft als "Theorie der pädagogischen Praxis und als Theorie für die Praxis" (KLAFKI 1981, 87) verstanden. Aus der Sicht des handelnden Individuums läßt sich Praxis aber nur von den gegebenen Handlungsbedingungen und Systemfaktoren reflexiv erfassen. Pädagogik nimmt daher von diesem Forschungsansatz her, den konstitutiven Anspruch des Individuums

---

[11] Das disziplinäre Selbstverständnis der Betriebspädagogik ist durch ihre wissenschaftstheoretische Fundierung im Bereich der Erziehungswissenschaften und durch ihre praktisch-pädagogische Forschungs- und Handlungsorientierung im Wirkungsfeld Betrieb gekennzeichnet. Obwohl die moderne Betriebspädagogik zunehmend mit aktuellen Theoriezuflüssen interagiert, bleibt die Kontinuität des ursprünglichen disziplinären Selbstverständnisses deutlich erkennbar (vgl. z. B. ARNOLD 1990, 19; DÜRR 1989a, 191; GEIßLER 1990, 17; PONGRATZ 1987, 55).

[12] Generalisiert man die Vielzahl wissenschaftlicher Ansätze nach Art und Weise in der ein Phänomen erforscht werden soll, kommt man zu folgenden Positionen: Hermeneutische Position (Verstehen des Phänomens) vgl. o. Position des kritischen Rationalismus (Erklärung des Phänomens) vgl. ALBERT 1975; BREZINKA 1971a; HEMPEL 1974; POPPER 1966; RÖSSNER 1979; STEGMÜLLER 1974. Position der Kritischen Theorie (Bewerten/Verändern des Phänomens) ADORNO 1970; HABERMAS 1970; HABERMAS/LUHMANN 1971; HORKHEIMER 1970; HORKHEIMER/ADORNO 1980; KLAFKI 1980; LEMPERT 1971a; MOLLENHAUER 1970.

auf Entfaltung, Mündigkeit und Selbstbestimmung wahr. Dies gilt insbesondere für das auf menschlichem Handeln beruhende Wirkungssystem Mitarbeiterführung.

Hinzu tritt die Notwendigkeit der Erfassung beobachtbarer Erscheinungsformen menschlichen Handelns im Führungsprozeß. Dazu bedarf es eindeutig pädagogischer Tatsachenforschung mit handlungsorientierten Implikationen. Im beruflichen Handlungsfeld ist reines Erklären und Deuten von Phänomenen alleine zu wenig.

Für die in Betracht kommende Untersuchung des Wirkungssystems Mitarbeiterführung wird deshalb neben Sinnvergewisserung auch "empirische Überprüfbarkeit" des Forschungsproblems zu beachten sein. Daraus folgt:

> "Der empirischen Tatsachenforschung müssen Untersuchungen vorausgehen, in denen sich der Begriff der pädagogischen Tatsachen erst ergibt. Die normativ gegebenen Entscheidungen andererseits können nicht ohne weiteres in pädagogische Anweisungen für die Praxis verwandelt werden: sie müssen erst im pädagogischen Felde konkretisiert, aufgesucht und dort in ihrem Beziehungs- und Wirkungsgefüge verstanden werden" (FLITNER 1957, 23).

Als Kern für die vorliegende Arbeit ergibt sich die Notwendigkeit für die Verbindung von Hermeneutik und Empirie. Dies führt zum Einfließen sozialwissenschaftlich-empirischer Untersuchungsparadigmen. Damit ist zugleich eine dem Untersuchungsgegenstand angemessene, interdisziplinäre Orientierung gegeben.

Vor dem Hintergrund dieses Methodenverständnisses werden in der vorliegenden Untersuchung themenspezifische Befunde aus der Betriebspädagogik, den Erziehungswissenschaften und jenen Wissenschaftsbereichen rezipiert, welche durch einschlägige Forschungsergebnisse zur Erkenntnisgewinnung über das Führungshandeln beitragen können. Durch nachvollziehendes Verstehen und analysierendes Differenzieren erfolgt die erkenntnisorientierte Materialgewinnung und die Integration desselben in den aufgezeigten Themenzusammenhang, um Grundlagen für neue Erkenntnisse zu gewinnen.

Auf den Gang der vorliegenden Untersuchung zum Wirkungssystem Mitarbeiterführung bezogen bedeutet dies

- das Herausarbeiten und Einbringen von Erkenntnissen auf der Grundlage eines kritisch-erziehungswissenschaftlichen Standpunktes mit explizit individualpädagogischer Orientierung,
- die Betonung eines humanistischen Welt- und Menschenbildes in welchem Werte wie Demokratie, Emanzipation, Kooperation und Partizipation zentrale Orientierungspunkte bilden,
- das Bewußtmachen der Ambivalenzen im Gegensatzpaar Pädagogik und Ökonomie,
- die systemtheoretisch orientierte Erfassung und Einordnung führungsprozeßrelevanter Faktoren.

Versucht werden soll kritische Reflexion und erkenntnistheoretische Auswertung vorliegender Aussagen und empirischer Befunde zum Führungsprozeß aus der Sicht der Betriebspädagogik und der Betriebswirtschaftslehre.

Das Methodenspektrum und der themenspezifische Orientierungsrahmen gestalten sich vielfältig, sodaß eine logische Konsistenz bei der Erhellung von Forschungsdaten im Forschungsgegenstand selbst gesucht werden muß:

> "Die Art und Weise der wissenschaftlichen Auseinandersetzung mit einem Gegenstand hängt davon ab, welche Probleme an ihm wahrgenommen werden und welchen Zwecken deren Klärung zu dienen hat ... Eine solche Vielfältigkeit der Bezüge weist die *Führung des Mitarbeiters* auf" (LATTMANN 1982, 21).

Diese Vielfältigkeit ist zu hinterfragen und soll im folgenden detailliert erfaßt werden, wobei es jeweils auf objektiv gegebene Tatbestände und Sinnfragen, sowie auf die integrative Verflechtung in einem methodenpluralistischen Ansatz im Systemganzen von Führung ankommt. Die gegebene Vielfältigkeit im Forschungsprozeß schließt jedoch eine uneinheitliche Auslegung des Führungsbegriffes selbst im Hinblick auf Inhalt und Bedeutung im konkreten Sachbezug aus.

2 MITARBEITERFÜHRUNG IM KONTEXT DER BETRIEBSPÄDAGOGIK

2.1 Abklärung des Begriffskomplexes "Führung"

Der unscharfe Sammelbegriff "Führung" findet in der Alltagssprache betrieblicher Realität sowie in der wissenschaftlichen Fachliteratur sowohl zur Benennung interpersonaler-, soziotechnischer- als auch technischer Steuerungs- und Kontrollvorgänge Verwendung. "Führung" begegnet uns als vielschichtiges, in verschiedenen Gesellschaften kulturtypisch und wissenschaftsspezifisch unterschiedlich ausgeformtes, multidimensionales Phänomen. Aus wissenschaftstheoretischer Sicht erscheint der Führungsbegriff daher "überaus vage, mehrdeutig und inkonsistent "[13] (WUNDERER/GRUNWALD 1980a, 52). Daraus erklärt sich auch die in der Führungsliteratur vorfindbare hohe Anzahl heterogener Definitionen des Führungsbegriffes sowie der Umstand, daß die Führungslehre noch keine einheitliche Führungsauffassung zu erarbeiten vermochte, obwohl es im Ansatz dazu die unterschiedlichsten Auslegungen gibt.

Vor diese Aufgabe ist die Betriebspädagogik als einschlägige Bezugsdisziplin gestellt. Sie hat eine explikative Darlegung der Bedeutungsinhalte und eine themenbezogene Bedeutungsfestlegung des Führungsbegriffes zu leisten.

Aus vorliegenden Untersuchungen[14] geht hervor, daß der in der germanischen Sprachfamilie wurzelnde Begriff "Führung" in seinem Bedeutungskern zu-

---

[13] *"Vage"* meint die unzureichende Bestimmung der Bedeutung eines Gegenstandes; *"mehrdeutig"* heißt, daß ein Ausdruck zur Bezeichnung verschiedener Gegenstände verwendet wird; *"inkonsistent"* ist ein Ausdruck dann, wenn seine Bedeutung innerhalb eines Textes wechselt (vgl. BREZINKA 1990, 23).

[14] Vgl. DAHMS 1963, 43 f.; DUDEN ETYMOLOGIE 1963, 190; GÖTZE 1940, 469 f.; LATTMANN 1982, 47 ff.; WUNDERER/GRUNWALD 1980a, 54 f.

nächst die Vorstellungsinhalte der handlungsorientierten Aktionsverursachung und der zielorientierten Bewegungssteuerung im Implikationszusammenhang menschlichen Verhaltens (Führung von Menschen) umfaßt. Diese zwei wesentlichen Charakteristika bestimmen die Bedeutungsübertragung von "Führung" auf instrumentierte Vorgänge (Steuerung von Systemen) und die Synonymisierung mit dem Begriff "Leitung", dem jedoch die ursprüngliche Vorstellung des "Stützens" und "Helfens" in menschlichen Handlungsprozessen weitgehend fehlt (vgl. GÖTZE 1940, 469). Auf die Mitarbeiterführung bezogen haben diese Vorgänge in Theorie und Praxis in unsystematischer Weise ihren Niederschlag gefunden. Daher sind dezidierte Zuordnungen, wie sie beispielsweise BÖCKMANN (1990, 15) durchführt, notwendig:

"*Leitung ist die Steuerung von Sachabläufen.*
Führung ist die Steuerung von sozialem Handeln."

Deutlich wird daraus, daß Mitarbeiterführung ein interpersonaler und interaktiver Vorgang ist, der zu seinem sinnvollen Ablauf auf Seiten des Führenden soziale Kompetenz und auf Seiten des Geführten Kommunikationsfähigkeit notwendig erscheinen läßt.

Wesentlich beeinflußt wurde die Klärung des Führungsbegriffes durch den Einfluß (etwa ab 1950) anglo-amerikanischer Management-Erkenntnisse auf die Betriebswirtschaftslehre im deutschsprachigen Raum. Eine adäquate Terminologie (großteils unter Beibehaltung des englischen Wortschatzes[15]) floß in die Führungsdiskussion ein. "Management" und "Leadership" überschichten die Grundkategorien "Leitung" und "Führung".

Die etymologische Erschließung des Verbums "to manage" stützt sich, in der Interpretation von BRAVERMANN (1977, 61), auf "manus agere" im Sinne von "an der Hand führen". Eine Affinität zum Führungsbegriff ist im Bedeu-

---

[15] Beispielsweise weist STAEHLE (1989, 65 ff.) darauf hin, daß in der deutschen Übersetzung der Arbeit von BURNHAM (1949) die genuinen Begriffe "Management" und "Manager" beibehalten wurden und dadurch Eingang in die betriebswirtschaftliche Fachsprache gefunden haben.

tungsinhalt des Managementbegriffes insofern gegeben, als zwei Bedeutungsvarianten hinzutreten: "Management im *funktionalen* Sinn (**managerial functions approach**)" und "Management im *institutionalen* Sinn (**managerial roles approach**)" (STAEHLE 1989, 65).

Die bereits durch FAYOL (1929, 34) herausgearbeiteten organisatorisch-administrativen Aspekte der Unternehmensführung treten in den Vordergrund: "Vorschau und Planung, Organisation, Leitung, Koordination und Kontrolle". Entsprechend wird auch in der personalen Dimension der Aufgabenträger benannt: "Manager".

Dieser, auch in der Ursprungsliteratur inkonsistent verwendete Management-Begriff wird im deutschsprachigen Raum teilweise unreflektiert übernommen und mit Begriffen wie "Führung", "Leitung", "Unternehmensführung", "Unternehmensleitung", "Betriebsführung[16]", "Betriebsleitung" gleichgesetzt und derart in die gegenständliche Diskussion eingebracht.

Zur Bezeichnung der im funktionalen Management-Spektrum angesiedelten Komponente der verhaltensbeeinflussenden (Menschen/ Mitarbeiter) Führung wird jedoch, synonym zum verwendeten Begriff "Manager" insbesondere bei englischen Autoren, explizit der Terminus "Leadership"[17] verwendet. FALLON bemerkt dazu im Handbuch der American Management Association:

> "At the outset, a distinction must be made between 'leading' and 'managing.' 'Managing' is the formal process in which organizational objectives are achieved through the efforts of subordinates. 'Leading' is the process in which a person with power is able to influence the behavior of others in some desired way" (FALLON, 1983, 1-13).

---

16 HOFMANN befindet "Management" im wesentlichen deckungsgleich mit "Betriebsführung", weist aber besonders darauf hin, "daß sich kulturspezifisch im Wort Management noch eine Nuancierung in Richtung 'unternehmerisches Handeln' befindet, die unseren Vorstellungen von Betriebsführung nicht anhaftet" (HOFMANN 1988, 10 ff.).

17 Vgl. ADAIR 1983, 1987, 1988a 1988b; ARMSTRONG 1983; BLANCHARD/ZIGARMI/ZIGARMI 1990; FIEDLER 1967; HALPIN/WINNER 1957 u. a.

Management und Leadership stellen schwerpunktmäßig gesehen zwei unterschiedliche Handlungsmuster dar, obwohl sie im Hinblick auf die Realisierung von Unternehmenszielen in ökonomischer Hinsicht ähnlich strukturiert sind.

Management geht noch heute von einem Bedeutungsrahmen aus, der die erwerbswirtschaftlichen Funktionsziele auf spezifische Managementfunktionen überträgt. Das "zu Leitende" (personelle Ressourcen, technische Einrichtungen, organisatorische Strukturen etc.) wird im Sinne einer "Unternehmensführung" je nach den Hierarchieebenen nach festliegenden Delegationsprinzipien in den einzelnen Verantwortungsbereichen gesteuert. Der Mensch wird in diesem Konzept als "Humankapital" führungstechnisch gehandhabt und hat ein entsprechendes Rollenverhalten einzunehmen.

Moderne Ansätze der Managementlehre gehen über diese "klassische Konditionierung" hinaus. Unternehmen und Management müssen grundsätzlich dazu bereit sein, zwischen Mitarbeitern und Unternehmen zu vermitteln, d. h. Mitarbeiter zur Akzeptanz zu gewinnen, sie motivationsmäßig zu führen, zu entwickeln und ihre eigenen Interessen zu berücksichtigen. Diese Auffassung verkörpert sich im Denkansatz des Leadership- Konzeptes als eine Art "Konsensus-Management". Der Führungsanspruch, der nach Auffassung von STEINECKER (1991, 14 f.) daraus erwächst, läßt sich auf die Generalaussage bringen:

"Mitarbeiter führen heißt: Mitarbeiter gewinnen".

Die Betriebspädagogik hat sich von einem solchen, doch vorwiegend ökonomisch ausgelegten Führungsverständnis abzugrenzen. Dennoch bleibt die Tatsache bestehen, "Führung" als kollektiven Oberbegriff sowohl für sachbezogene Veranlassungs- und Leitungsmaßnahmen zur Erreichung der Unternehmensziele (Unternehmensführung), als auch für personenbezogene Einfluß- und Steuerungsmaßnahmen auf die in Betrieben tätigen Menschen (Mitarbeiterführung) auszulegen. Dies erscheint infolge der vielfachen Vernetzungen und Interdependenzen notwendig, gestaltet sich jedoch aufgrund bestehender Überlappungen überaus schwierig.

Überwunden werden muß zunächst der instrumentelle Charakter. In der vorliegenden Arbeit konzentriert sich das Erkenntnisinteresse daher auf eine betriebspädagogische Sichtweise des Führungsbegriffes. Mitarbeiterführung ist eine integrative, nicht delegierbare Grundfunktion aller betrieblichen Führungskräfte, eingebettet in das Wirkungssystem menschlichen Handelns. Unter diesem Aspekt ordnen sich ökonomische Führungsaufgaben deutlich menschlichem Denken und Handeln unter und werden von diesem getragen. Verstärkt mitzusehen sind in diesem Zusammenhang die übergeordneten Sinnzusammenhänge und die kommunikativ-ethischen Maßstäbe. Es gilt "ein dynamisches Gleichgewicht zwischen den betrieblichen und personalen Interessen zu stiften" (ZELBER 1991, 61).

> "Damit wird de facto die klassische Prioritätenfolge Markt/Produkt - Technologie - Mensch überholt, der letzte wird der Erste sein" (BAUMGARTNER 1978, 287).

Pädagogische Wirkungssysteme haben auf diese grundlegend veränderte Konstellation Rücksicht zu nehmen. Dem Führungsbegriff ist in erster Linie ein systemorientiertes neues Bildungsverständnis zu unterlegen, das im menschlichen Handeln seinen Ausgang zu nehmen hat.

Zum betriebspädagogischen Verständnis des Begriffes "Führungskraft" - eingebettet in die Dimension von Handlungsstrukturen - erscheint insbesondere die Klärung der Relation "Führungskraft - Mitarbeiter" erforderlich. Aus der bisherigen Darlegung des Führungsbegriffes läßt sich folgern, daß dem Führungshandeln "Aktionsverursachung" und "Bewegungssteuerung" inhärent sind. Demzufolge ist auch im betrieblichen Kontext jede Person als Führungskraft[18]

---

[18] "Der Begriff der 'Führungskraft' ist weder gesetzlich noch betriebswirtschaftlich eindeutig und verbindlich definiert" (THOM 1987, 1149). Die Substanz des Begriffsinhaltes wird durch den Definitionsvorschlag der "Internationalen Konföderation der Führungskräfte" erfaßt: "Führungskraft ist, wer nach Arbeitsvertrag oder Dienststellung im Betrieb regelmäßig Aufgaben erfüllt, die Initiative und Verantwortung verlangen und die ihm aufgrund besonderer Kompetenz, Kenntnisse und Erfahrungen wegen ihrer Bedeutung für Bestand und Entwicklung des Betriebes übertragen worden sind" (CONFÉDÉRATION INTERNATIONALE DES CADRES 1984, 5; zit. nach THOM 1987, 1150).

anzusehen, welche befugt ist, andere Personen zu betriebszielrelevantem Handeln zu veranlassen bzw. dieses darauf auszurichten. In der klassischen Betriebsorganisation bedeutet dies, daß als Führungskräfte Personen gelten, welchen mindestens eine Ebene von Stelleninhabern[19] nachgeordnet ist. Die in der betrieblichen Praxis gebräuchliche Zuordnung von Stellen zu den äquivalenten Managementebenen ergibt ein Schema von Rangebenen (vgl. Abb. I/2), aus der die betriebliche Hierarchie der Ranggruppen von Führungskräften zu entnehmen ist.

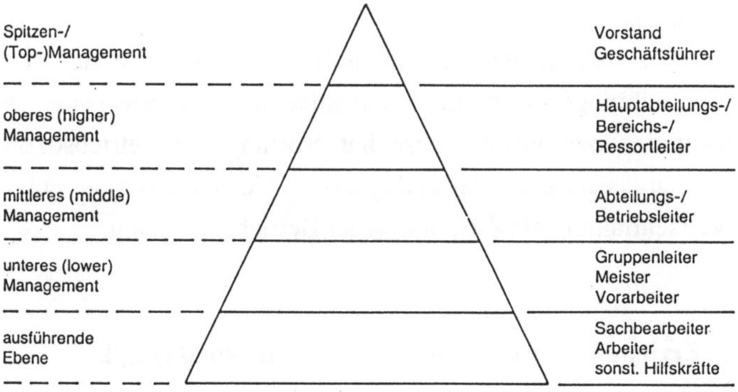

Abb. I/2: Betriebliche Hierarchie der Ranggruppen von Führungskräften (RICHTER 1989, 65)

Betriebliche Hierarchien sind im beruflichen Handlungsfeld stets gegeben. Sie bilden quasi situative Bedingungsfaktoren für den Führungsprozeß, sind jedoch im Hinblick auf selbstbestimmtes menschliches Handeln qualitativ zu modifizieren.

---

[19] Als "Stelle" im Sinne der Betriebsorganisation kann die Zusammenfassung von Aufgaben und Funktionen zum Arbeitsbereich eines, über die erforderlichen Qualifikationen und Leistungskapazitäten verfügenden, Mitarbeiters verstanden werden. Bei Schichtarbeit oder "Job-Sharing" können sich auch mehrere Mitarbeiter eine Stelle teilen (vgl. RICHTER 1989, 64).

Eine betriebspädagogische Auslegung des Führungsbegriffes hat daher bei der Neuregelung der Beziehungen von Mensch und Organisation im Wirkungssystem Mitarbeiterführung die daraus resultierenden Spannungen zu reflektieren.

Persönlichkeitsentwicklung erfolgt zwangsläufig im Kontext mit ökonomischen Einflüssen in den jeweiligen Betriebssystemen. Handeln im sozialen Feld und damit die Realisierung von Hand-lungsorientierungen ist auf den ökonomischen Prozeßverlauf abzustimmen. In dem pädagogischen Erklärungszusammenhang von Mitarbeiterführung gehen daher zwangsläufig sowohl die Dynamik des Handlungsgeschehens als auch die Zweckrationalität betrieblicher Systemzwänge ein.

Trotz aller funktionalen und intentionalen Ansprüche der betrieblichen Praxis ist im Führungsbegriff die Perspektive identitätsbezogener Persönlichkeitsentwicklung einzubringen. Diese hat Vorrang vor betriebsökonomischen Ansprüchen. Daraus erwächst das pädagogische Verständnis einer emanzipativen Persönlichkeitsentfaltung als Zielpunkt jeder Betriebserziehung.

2.2 Zum Erziehungsverständnis in der Betriebspädagogik

Halten wir zunächst noch einmal fest: Mitarbeiterführung als Gegenstand der Betriebspädagogik steht in einer ambivalenten Problemsituation, welche einerseits durch die betrieblichen Sachzwänge des "ökonomischen Prinzips[20]", andererseits durch die programmatischen Grundansprüche des "pädagogischen Prinzips[21]" in Bezug auf den arbeitenden Menschen gekennzeichnet ist. Da sich beide Prinzipien gegenseitig beeinflussen[22], wird es zur Aufgabe der Betriebs-

---

[20] Gewinnorientierte Optimierung betrieblicher Handlungen mit dem Ziel, entweder mit einem gegeben Aufwand ein Leistungsmaximum zu erreichen oder eine Leistung durch Minimierung des Mitteleinsatzes zu erbringen.

[21] Grundsätzlicher, handlungsorientierter Anspruch der Pädagogik zur umfassenden Entwicklung und allseitigen Förderung menschlicher Fähigkeiten.

pädagogik, den Erziehungsgedanken auf eine sinnvolle Symbiose zwischen Ökonomie und Pädagogik auszurichten, ohne die pädagogische Intention mündiger Selbstbestimmung preiszugeben.

Die betrieblichen Sachzwänge sind in der Zweckgebundenheit des offenen soziotechnischen Leistungssystems Betrieb begründet. Zweck jedes Betriebes ist die Herstellung und Vermarktung von Sachgütern und/oder Dienstleistungen. Diese betriebliche "Leistungserstellung und -verwertung" erfordert zunächst die Sicherstellung der existentiellen Basisfunktionen: "Beschaffung, Produktion und Absatz" (RUMPF 1991, 17). Entsprechend dem Prinzip der arbeitsteiligen Gestaltung von Arbeitsprozessen werden diese Grundfunktionen im Rahmen der Aufbau- und Ablauforganisation eines Betriebssystems zielorientiert strukturiert. Organisationsspezifische infrastrukturelle Elemente[23], ebenfalls ausgerichtet auf ökonomische Zielerreichung, bestimmen die menschlichen Ausführungshandlungen im Betriebsprozeß.

Der Zielerreichungsvorgang kann als prozeßorientierter, kybernetischer Funktionsablauf gesehen werden, den Unternehmensleitung und Führungskräfte durch Feed-back- und Feed-forward-Impulse steuern. Aus diesem Kontext bezieht Mitarbeiterführung ihre funktionelle Struktur im Hinblick auf Qualifikationserfordernisse und Personalentwicklung, um anstehende Sachaufgaben zu lösen.

Über diese funktionelle Ausrichtung hinaus entstehen, auf den Mitarbeiter bezogen, aber auch pädagogische Grundansprüche. Diese beziehen sich nicht nur auf die fachliche Qualifizierung, sondern beeinflussen darüber hinaus auch die Weiterentwicklung der Persönlichkeit und die Humanisierung der Arbeitswelt. Dazu kann in Übereinstimmung mit SCHÖLER festgestellt werden:

---

22 Zur Veranschaulichung seien die Extrempositionen dargestellt: In der aktuellen Marktsituation läßt sich das, für die Überlebensfähigkeit eines Betriebes immanente, "ökonomische Prinzip" nur mit betriebszieladäquat qualifizierten und gut motivierten Mitarbeitern realisieren. Dem "pädagogischen Prinzip" kann durch unökonomische, zur Reduzierung bzw. zum Konkurs führende Betriebsführung die Handlungsgrundlage entzogen werden.

23 Z. B. Unternehmensleitung, Rechnungswesen, Personalverwaltung, Logistik, Forschung und Entwicklung, Administration u.a.

> "Pädagogik dient der Entfaltung und Förderung des Menschen im Betrieb, der frei von Zwängen und durch Zugestehen von Handlungsspielräumen seine Identität finden muß, um von sich aus dann in das Betriebsgeschehen einzugreifen, einmal um sich Systemen konfliktfrei anzupassen, zum anderen um die Verhältnisse, wenn es sein muß, zu ändern" (SCHÖLER 1991, 2).

Aus dieser Aussage leitet sich die innovatorische Tendenz der Betriebserziehung ab. Erziehung hat überhaupt Menschen zu fördern und sie zugleich zu befähigen, Bestehendes weiterzuentwickeln, wobei sich die Begrenzung aus dem Begriff "Lebensqualität" im humanen Sinne ergibt.

Bei der Klärung des Erziehungsbegriffes kann davon ausgegangen werden, daß sich die menschliche Entwicklung in einem lebenslangen Prozeß vollzieht, der in einem interdependenten Bedingungsgefüge zwischen individuellen Anlagen sowie gegebenen Umwelten abläuft und die mentale und soziale Entfaltung der Persönlichkeit determiniert. Biologische Entwicklungs-, Reifungs- und Rückbildungsprozesse sind darin eingeschlossen. Die altersspezifischen Veränderungen (Entwicklung) werden durch die persönlichkeitsformenden Einwirkungen aus der sozialen und materiellen Umwelt (Sozialisation) geprägt. Zwischen beiden besteht jedoch eine enge Verwobenheit und vielfache Überschneidung.

Die Unterscheidung zwischen Entwicklung der Individualität ("Ich-Identität") und Sozialisation als Prozeß soziokultureller Beeinflussung ("Sozialmachung") läßt sich nur rein theoretisch vornehmen, da stets eine enge Beziehung zwischen gesellschaftlich relevanten Erziehungseinflüssen und der sich in aktiver geistiger Auseinandersetzung vollziehenden Entfaltung des Selbst besteht. Erziehung hat somit eine doppelte Funktion:

> "Sie vermittelt Verhaltensbereitschaften und Dispositionen für gesellschaftliches Handeln, unterstützt dabei jedoch Verhaltenserwartungen und individuelle Persönlichkeitsinteressen" (ZELBER 1991, 87).

Der Sozialisationsprozeß bewirkt als Erziehungsvorgang (Fremderziehung) die Handlungsfähigkeit der Individuen in Bezug auf die Ausübung ihrer gesellschaftlichen Funktionen. Sozialisation ist durch Reproduktion von Wissen sowie durch Übertragung geltender Normen, Werte und sozialer Differenzierungen gekennzeichnet. Erziehung stellt in diesem Zusammenhang für die Personwerdung "Lebenshilfe" (BREZINKA 1971b) dar; und zwar in einem doppelten Sinne, nämlich gleichzeitig für die Selbstentfaltung des Menschen und ihre gesellschaftliche Einbindung Sorge zu tragen.

Es darf aber dabei nicht unberücksichtigt bleiben, daß menschliche Entwicklung im Prinzip von Eigenaktivität und Selbstregulationsprozessen getragen wird (Selbsterziehung). Selbsterziehung und Fremderziehung stehen in wechselseitiger Beziehung zueinander.

Verhaltensänderungen erwachsen im beruflichen Handlungsfeld im Aspekt gegebener Zielsetzungen dem "Wechselwirkungsgeschehen zwischen Mensch und Welt"; in diesem Sinne findet auch der Erziehungsprozeß seine pädagogische Auslegung:

> "Die planmäßige Veränderung der Verhaltensformen (also die fortschreitende Erweiterung und Vertiefung der Einstellungen und Fähigkeiten des Menschen und der Aspekte seiner Welt) ist ein Erziehungsvorgang" (CORRELL 1987, 19).

Die permanenten Austauschprozesse zwischen dem Individuum und seiner Umwelt, der Prozeßcharakter der ständigen Neuorganisation individuellen Verhaltens und die Möglichkeit aktiver Beeinflussung desselben, kennzeichnen das Geistwesen "Mensch" als "offenes System". Die "Intentionalität" menschlichen Denkens und Handelns bildet somit die wesentliche Voraussetzung für die Fähigkeit zur Erfassung und Gestaltung der Welt.

Erzieherische Einwirkungen führen im Menschen zu einem die Persönlichkeit formenden und bildenden Prozeß. Der Erziehungsprozeß wurde durch die deutschen Klassiker pädagogisch als "Bildung[24]" thematisiert und mit

---

24 "Bildung" stellt eine exklusiv-deutschsprachige Wortschöpfung dar, die sich nicht direkt in andere Sprachen übersetzen läßt. In der deutschen erziehungswissenschaftlichen Terminologie ist "Bildung" zu einem stark frequentierten und wie die vielen Komposita zeigen, geradezu unverzichtbaren Vokabel geworden. "Bildung" und "Erziehung" sind mit teilweise konkurrenzierenden und überlappenden Bedeutungsinhalten behaftet, die sich auch definitorisch nicht eliminieren lassen (vgl. SCHWENK 1989, 208 f.).

PESTALOZZI und HUMBOLDT beginnend, in der Pädagogik rezipiert. Bildung kann daher in das ganzheitliche Erziehungsgeschehen eingeordnet werden und ist als **"geistig-seelischer Prozeß der Entfaltung und inneren Formung der Person auf Grund eigenen Strebens und äußerer Hilfen"** (KONFERENZ DER ERWACHSENENBILDUNG ÖSTERREICHS Teil 2, 1983, 6) zu definieren. Bildung als aktive Auseinandersetzung des Menschen mit seiner kulturellen Umwelt und seinen spezifischen Lebensproblemen fordert diesen auch im Berufsleben heraus.

Äußere Hilfen manifestieren sich in diesem Zusammenhang in der Mitarbeiterförderung, stets bezogen auf die konkrete Berufs- und Tätigkeitsstruktur. Symptomatisch für diesen Vorgang ist die Betonung des Leistungsprinzips, dem sich die individuellen Bildungsbemühungen in der beruflichen Praxis unterzuordnen haben. Aus Bildung und Erziehung resultieren die erforderlichen Leistungs- und Verhaltensdispositionen was nicht bedeutet in diesem Rahmen durch Qualifikation Selbstreflexion einzuschränken. Hier stützt sich Erziehung auf die pädagogische Grundeinsicht, "Hilfe zur Identitätsbildung und Identitätsverwirklichung" (ZDARZIL 1985, 146 f.) zu bieten.

Eine identitätsbezogene Deutung des Erziehungsbegriffes macht deutlich, daß menschliche Individualität vielfachen Bindungen unterliegt und sich immer erst in Abstimmung und Auseinandersetzung mit gemeinschaftlichen Bestrebungen konstituiert.

In diesem Sinne läßt sich Erziehung zur Lebenswelt mit BREZINKA (1987) am Begriff "Tüchtigkeit" festmachen. Damit korrespondiert die Forderung, im Interesse der Persönlichkeitsentwicklung über eine qualitative Arbeitsgestaltung "Lebensqualität im Beruf" (SCHNIEPER 1985, 461) herzustellen, um auf diese Weise die beruflichen Anforderungen human zu gestalten und für die Entfaltung des Menschen freizusetzen. Pädagogische Einflußnahme, d. h. erzieherisches Handeln, wird stets von der Förderungsabsicht in Bezug auf die Selbstentfaltung des Menschen getragen.

Hinsichtlich der Funktion von Bildung und ihrer Relation zur Erziehung kann aus betriebspädagogischer Sicht in diesem Zusammenhang gefolgert werden:

"Daher ist Bildung zu harmonischer Geordnetheit des ganzen Menschen wohl eine wichtige Aufgabe, aber nur dann, wenn diese Bildung aus der Zielgerichtetheit ihre entscheidenden Antriebe erhält. Aus diesem Grunde wird hier der Begriff der Erziehung als der übergeordnete verwendet" (ABRAHAM 1957, 17).

Ohne in die Diskussion über die differenten Gewichtungen und Perspektiven von Erziehungsdefinitionen im einzelnen einzutreten, seien nachfolgend einige charakteristische Sichtweisen des Erziehungsbegriffes insoweit skizziert, als sie für die Transparenz des erzieherischen Grundgedankens "Bildung um des Menschen Willen selbst" (HEITGER 1983, 4) sinnvoll erscheinen:

Autor(en)	Sichtweise des Erziehungsbegriffes
DOLCH, J.	Erziehung "ist im allgemeinsten Sinne die Gesamtheit jener zwischenmenschlichen Einwirkungen, durch die eine mehr oder minder dauernde Verbesserung im Verhalten und Handeln eines Menschen beabsichtigt oder erreicht wird" (DOLCH 1969, 54).
KRON, F. W.	Die emanzipatorische Pädagogik sieht Erziehung als "eine auf den einzelnen Menschen und auf Gruppen gerichtete direkte Beeinflussung, die als Einschaltungsprozeß in die stets ablaufenden Sozialisationsprozesse fungiert mit dem Ziel der Befreiung des einzelnen von unnötigen, zusätzlichen und unbotmäßigen Sozialisationsanforderungen und inneren Zwängen und mit dem Ziel der Hilfestellung bei der Gewinnung von Eigenschaften, Fähigkeiten und Tugenden, die zur kritischen Unterscheidung von ungerechtfertigten und sinnvollen Anpassungsleistungen sowie zur Entscheidung für letztere und zum Aufbau einer ichstarken Persönlichkeit dienlich sind" (KRON 1973, 67 f.).
LANGEVELD, M. J.	Begriffliche Orientierung an der Individualität des zu Erziehenden mit dem Ziel der Erziehung zur Mündigkeit (vgl. LANGEVELD 1961).

LITT, T.	Erziehung wird als dialektischer Auseinandersetzungsprozeß von Mensch und Umwelt bestimmt, welcher durch Zielgerichtetheit und ein Mindestmaß an Bewußtsein gekennzeichnet ist. "Führen oder Wachsenlassen" als Grundproblematik des Erziehungshandelns (vgl. LITT 1965).
MOLLENHAUER, K.	"Erziehung muß verstanden werden als ein kommunikatives Handeln, dessen Ziel darin liegt, eine Kommunikationsstruktur zu etablieren, die den Erwerb von Fähigkeiten zum Diskurs ermöglicht" (MOLLENHAUER 1972, 67 f.).
NOHL, H.	Erziehung wird als ein, in einen "pädagogischen Bezug" eingebettetes, in-tentionales Geschehen verstanden, dessen eigentliche Zielsetzung durch die Formel "um des jungen Menschen willen" charakterisiert wird (vgl. NOHL 1963).
SCHÄFER, K. H./ SCHALLER, K.	Auf den zu Erziehenden soll so eingewirkt werden, daß dieser befähigt wird, durch sein Handeln zu einer Verbesserung der sozialen Strukturen beizutragen (vgl. SCHÄFER/SCHALLER 1976).

BREZINKA präzisiert als Ergebnis einer umfassenden theoretisch-systematischen Forschung und umfangreicher begriffsanalytischer Vorarbeiten die Sichtweise des Erziehungsbegriffes:

> "*Unter Erziehung werden Handlungen verstanden, durch die Menschen versuchen, das Gefüge der psychischen Disposition anderer Menschen in irgendeiner Hinsicht dauerhaft zu verbessern oder seine als wertvoll beurteilten Bestandteile zu erhalten oder die Entstehung von Dispositionen, die als schlecht bewertet werden, zu verhüten*" (BREZINKA 1990, 95).

Diese, in der Tradition des Kritischen Rationalismus wurzelnde, logisch abgeleitete und sprachanalytisch fundierte, jedoch abstrakte Definition, wird unter dem Aspekt der Persönlichkeitsförderung weiter verdichtet:

> "*Als Erziehung werden Handlungen bezeichnet, durch die Menschen versuchen, die Persönlichkeit anderer Menschen in irgendeiner Hinsicht zu fördern*" (BREZINKA 1990, 95).

In der vorliegenden Arbeit dient diese Kernaussage zum erzieherischen Handeln fortan als maßgebliche Orientierungslinie. Sie ist jedoch unter dem Aspekt des Führungshandelns im Wirkungssystem Mitarbeiterführung praxisrelevant zu konkretisieren.

2.3 Der Erziehungsaspekt in betriebspädagogischen Theorieansätzen

Der auf dem pädagogischen Urgrund des "helfenden Begleitens zu einem bestimmten Ziel hin" (SCHMIEL 1977, 3) gewachsene zentrale Erziehungsaspekt der "Förderung" findet sich bereits in den Anfängen der Betriebspädagogik. Betriebserziehung soll stets über betriebliche Anpassung hinaus Möglichkeiten der individuellen Persönlichkeitsentwicklung bewußt machen. Die Kontinuitätslinie dieses Förderungsaspekts wird in folgenden Auffassungen sichtbar:

Im Theorieansatz von GECK (1939) wird die Deckungsgleichheit der Begriffsinhalte von "Führungskraft" und "Pädagoge" herausgestellt, wobei er davon ausgeht, daß Führungsfähigkeit durch Fremd- und Selbsterziehung erworben werden kann. Dadurch bezieht GECK, zumindest partiell, Position gegen die zu seiner Zeit vorherrschende eigenschaftstheoretische Sichtweise des Führungsproblems. Betont wird der Stellenwert von Erziehung im betrieblichen Sozialgefüge.

Betriebspädagogik ist nach KRASENSKY "durch ihr auf die Entfaltung der Persönlichkeit des Betriebsmitgliedes ausgerichtetes Ziel" (KRASENSKY 1952, 17) charakterisiert. Im weiteren Verlaufe seiner wissenschaftlichen Arbeiten sieht KRASENSKY (1962) den Betriebspädagogen als "wirtschaftspädagogischen Fachmann", welcher sich (1) mit den wirtschaftlichen Aufgabenstellungen des Betriebes, (2) mit betriebspsychologischen, -soziologischen und -hygienischen Problemstellungen und mit (3) betriebspädagogischen Funktionen zu befassen hat. Hier überlappt sich noch deutlich die ökonomische Dimension von Führung mit humanorientierten Ansprüchen. Dennoch wird das betriebspädagogische Anliegen bereits über wirtschaftliche Zwänge gestellt. Für KRASENSKY besteht Führungshandeln

> "in der Kunst der Menschenbehandlung und Menschenführung, nicht allein unter dem Aspekt der gestellten Betriebsaufgabe, sondern unter dem weit höherem, einen echten Beitrag zur Persönlichkeitsformung zu leisten" (KRASENSKY 1962 zit. n. PREYER 1978, 93).

Weithin wird aber dennoch der Erziehungsaspekt in der Betriebspädagogik, wie etwa bei RIEDEL (1958), aus der Leistungsperspektive verstanden: "Leistung ist Betriebszweck". Der Betriebszweck wird über die Pädagogik gestellt. Dementsprechend schätzt RIEDEL betriebliche Sozialstrukturen und arbeitspädagogische Maßnahmen nur dann als positiv ein, wenn sie der betrieblichen Leistungserbringung unmittelbar förderlich sind. Dagegen tritt in der Folge die emanzipatorische Tendenz in der betriebspädagogischen Diskussion stärker in den Vordergrund.

Deutlich wird dies erstmals bei MÜLLER. Mit der Erforschung von Erziehungsproblemen im Betrieb bricht sich die Erkenntnis Bahn, daß durch Betriebserziehung "Selbstbestimmungsmöglichkeiten des Einzelnen" zu vermitteln sind. Zentrale Bedeutung gewinnt die "Erziehung zur Entscheidungsfähigkeit" (MÜLLER 1973, 192). Dieser entscheidungsorientierte betriebspädagogische Ansatz bildet in der Folge den Ausgang für eine stärkere Loslösung von ökonomischen Determinanten zugunsten einer zunehmenden "Pädagogisierung des beruflichen Handelns, und zwar als "allgemeine Folge der gegenwärtigen kulturellen Situation" (PETERS 1978, 70).

Der Schwerpunkt in der betriebspädagogischen Diskussion verlagert sich auf eine partizipative Systementwicklung mit Orientierung auf Sozialisationsprozesse auf der Ebene zwischenmenschlicher Beziehungen, losgelöst von reinen Funktionserfordernissen.

In diesem Sinne legt DÖRSCHEL (1975) eine ausdifferenzierte betriebspädagogische Erziehungsstruktur vor, in der er betriebserzieherische Einflüsse soziokulturell unterlegt und die funktionalen Erziehungswirkungen aus der Blickrichtung der Arbeitszufriedenheit ventiliert. Der zugrundeliegende Erziehungsbegriff beinhaltet die "planmäßige erzieherische Einflußnahme auf das Betriebsleben seitens der Betriebsleitung im Interesse einer gedeihlichen Zusammenarbeit" (DÖRSCHEL 1971, 134). Die Mitbestimmung findet in diesem Ansatz ihre betriebspädagogische Legitimation. Der Trend zur Institutionalisierung betriebspädagogischer Anliegen wird sichtbar.

Betriebserziehung als institutionsspezifische "Erziehungsform" wird bei BAUMGARDT als "Angelpunkt" der Betriebspädagogik gesehen. Als "Erziehungsformen" gelten "charakteristische 'Verdichtungszentren' bzw. 'typische Bedingungskonstellationen' des personalen Qualifizierungsbemühens" (BAUMGARDT 1975, 651). Von den betriebserzieherischen Qualifizierungsbemühungen werden erfaßt: (1) das Selbstverwirklichungsverhalten (Dimensionen der Persönlichkeit), (2) das mitbestimmte Sachgestaltungsverhalten (ökonomisch-, technische Dimension) und (3) das aktive Situationsbewältigungsverhalten. In diesem Konzept wird überdies die Problematik der Entwicklung betrieblicher Führungskräfte angesprochen und die Notwendigkeit der Adaption von Mitarbeiterführung an die situativen[25] Gegebenheiten des betrieblichen Wirkungsbereiches bei gleichzeitiger stärkerer Einbeziehung der Mitarbeiter in das Betriebsgeschehen betont.

Für SCHMIEL ist selbstverantwortliches Entscheiden und Handeln sowie die Erweiterung des individuellen Handlungsspielraumes, die entscheidende Prämisse jeder Betriebserziehung. In diesem Zusammenhang kommt es "darauf an, die im Interesse der sozial-ökonomischen Funktion des Betriebes vorzunehmenden Entscheidungen so zu treffen und durchzuführen, daß sie den existenziellen, physischen, psychischen und sozialen Bedürfnissen des Menschen weitgehend entsprechen" (SCHMIEL 1973 zit. n. PREYER 1978, 96 ff.). Menschliche Belange rücken in den Vordergrund, ohne jedoch die Entscheidungsstrukturen explizit auf ein partizipativ orientiertes Entscheidungsverhalten zu beziehen.

Darin sieht DÜRR (1989a) den Kern betrieblicher Erziehung. Er bemüht sich um eine stärkere betriebspädagogische Realisierung der Forderung nach Partizipation, d. h. um stärkere Beteiligung an der Entwicklung und Gestaltung der betrieblichen Arbeitsorganisation, sowie an der unternehmerischen Zielstellung. Seiner Auffassung nach sind Betriebe nur dann funktions- und überlebensfähig, wenn umfassende Erziehung die Mitarbeiter zu selbstbestimmten Arbeitshandeln befähigt.

In diesem Sinnverständnis bildet sich auch der Begriff "Management-Education" heraus, der zunächst alle intentionalen und funktionalen Einflüsse der Unternehmenserziehung im spezifischen Kontext der normativen und organisatorischen Rahmenbedingungen des jeweiligen Unternehmens erfaßt. Ins Zentrum rückt dann die pädagogische Eigenstruktur, begründet durch die Auffassung, "daß Erziehung nicht von außerpädagogischen Zielen in Dienst genommen und nicht auf die Aufgabe verkürzt werden darf, lediglich möglichst wirkungsvolle Mittel und Verfahren bereitzustellen" (GEIßLER 1989a, 1031).

---

25 Mitarbeiterführung findet stets in einer spezifischen betrieblichen Situation statt, welche auf den Führungsprozeß Einfluß nimmmt. Die sich daraus ergebende Problematik wird im Kapitel "12 ELEMENT 'FÜHRUNGSSITUATION'" untersucht.

Aber auch hier bleibt die Aufgabe bestehen, den pädagogischen Prozeßverlauf im Sinne einer "Entwicklung des Menschen unter bestimmten Bedingungen" (NAUMANN 1980, 15) aufzufassen, um den objektiven Anforderungen der Berufspraxis Rechnung zu tragen und diese mit den persönlichen Grundvoraussetzungen in Einklang zu bringen.

Für ARNOLD stellt sich in Weiterentwicklung dieses Ansatzes Betriebspädagogik ganzheitlich "*als die Wissenschaft von der betrieblichen Bildungsarbeit*" dar. Betriebspädagogik orientiert sich am Mitarbeiter, der "*als das in seinen Möglichkeiten zu entwickelnde und zu bildende Subjekt*" (ARNOLD 1990, 17 ff.) zur konstruktiven Mitwirkung an betrieblichen Gestaltungsprozessen aufgefordert und in diesem Sinne gefördert werden soll. Damit wird der pädagogischen Forderung entsprochen, die eigene Autonomie in die Fremdbestimmtheit des beruflichen Handelns einzubringen und neue Maßstäbe dafür zu setzen, im Berufsleben die "sinnstiftende Potenz des Menschen wiederzugewinnen" (HEID 1984, 3). Berufs- und Betriebserziehung in der Praxis wird in der pädagogischen Theorie nicht mehr vorrangig durch "das System von Leistungen" ausgelegt, sondern zum "Bewährungsfeld der Menschlichkeit" (MÜLLGES 1967, 130) deklariert. Es kommt zu einer stärkeren "individualpädagogischen Orientierung" die nach ARNOLD das "pädagogische Prinzip" dafür darstellt, Persönlichkeitsentwicklung in der Arbeitstätigkeit an Sinnhaftigkeit des beruflichen Tuns und an das Selbstverwirklichungsinteresse zu binden. Damit werden die pädagogischen Grundansprüche der Mitarbeiter im betrieblichen Handlungsfeld theoretisch untermauert. Erziehungseinflüsse bezwecken selbständiges Handeln.

Mitarbeiterführung als zentrale Funktion der Betriebspädagogik hat erzieherisches Handeln demzufolge konsequent auf die Mitarbeiterförderung auszurichten. Der Begriff "Betriebspädagogik" erfährt in dieser Richtung seine pädagogisch legitimierte Auslegung und praxisrelevante Konkretisierung.

Die betriebspädagogischen Theorieansätze haben zu folgender Erkenntnis geführt: Erzieherische Einflußnahmen im betrieblichen Handlungsfeld umfassen zwar nach wie vor intentionale und funktionale Aspekte, vollziehen sich aber unter den normativen Rahmenbedingungen im Kontext mit einer auf menschliche

Bedürfnisse ausgerichteten Unternehmenskultur, die betriebspädagogisch fundierte Mitarbeiterführung mit expliziter Förderungsabsicht im Handlungskontext selbstbestimmter und qualifizierter Berufstätigkeit sieht und pädagogisch in ein Wirkungssystem Mitarbeiterführung zu verankern sucht.

3 FÜHRUNGSETHIK ALS ORIENTIERUNGSGRUNDLAGE BETRIEBLICHER MITARBEITERFÜHRUNG

3.1 Führungsethik im Spannungsgefüge betrieblicher Mitarbeiterführung

Berufliches Handeln wird von menschlichem Bewußtsein getragen, was seinen Ausdruck in inneren Einstellungen und Überzeugungen findet, aus denen sich adäquate Verhaltensmuster ergeben. Ethische Leitvorstellungen bilden in diesem Zusammenhang als "Metamuster" (BATESON 1984, 19) die generelle Orientierungslinie, verankert in der Dimension menschlicher Lebensgestaltung schlechthin. Der gesellschaftlich-kulturelle Wandel von Mensch und Umwelt wird zum Indikator und Richtpunkt für berufliches Verhalten, das "sich in Normen, Einstellungen, Kooperationsformen, Arbeitsformen, Kommunikationsstil, Wertsetzungen und Gefühlen äußert" (MÜRI 1979, 118) und sittliches Denken und Handeln sinnorientiert begründet. Allerdings stehen Bewußtsein und objektive Realität oftmals in Widerspruch zueinander.

Die bereits von ARISTOTELES thematisierte Trias von Ethik, Ökonomie und Politik (vgl. HOFFMANN/REBSTOCK 1989, 670) wurde in den verschiedenen Epochen der Geistesgeschichte aus unterschiedlichen Perspektiven diskutiert und führt unter den aktuellen Bedingungen unserer Zeit mit den gesellschaftlichen Strukturbrüchen zu einer *"Sinn- und Orientierungskrise menschlicher Bewußtseinshaltung"* (ZELBER 1991, 23). Diese Sinn- und Orientierungskrise wird durch den Umstand gekennzeichnet, daß der technisch-ökonomische Fortschritt einen Vorsprung erreicht hat, "hinter dem offensichtlich nicht nur der Schutz der Umwelt, sondern die ethische Mobilisierung der Gesellschaft deutlich zurückgeblieben ist" (AUER 1990, 143). Das unreflektierte wirtschaftliche Wachstum hat zur Zerstörung der Umwelt, zur Vergeudung nichtregenerierbarer Ressourcen und zur Verelendung weiter Teile der

Weltbevölkerung beigetragen (vgl. NEUBERGER 1990b, 281) und manifestiert sich in der Alltagswelt durch wachsendes Anspruchsdenken, zunehmende Fremdbestimmung und abnehmende Verantwortungsbereitschaft (vgl. SCHMIDT 1986, 9).

Da betriebliche Funktionsabläufe mit dem gesellschaftlichen Umfeld eng vernetzt sind, finden sich zahlreiche Facetten dieser sozialpolitischen Problemsituation in den Betrieben wieder. Hinzu kommt, daß das Bildungs-, Ausbildungs- und Informationsniveau der Mitarbeiter höher und deren Einstellungen kritischer geworden sind. "Der Wandel vom Befehlsempfänger zum selbständig denkenden, an inneren Zusammenhängen interessierten Individuum ist schon vollzogen" (WERRA 1992, 41). Parallel dazu muß aber festgehalten werden, daß Führung nach wie vor mit den Phänomenen zunehmender Gleichgültigkeit der Mitarbeiter, wachsenden Desinteresses an der Arbeit und nachlassendem Qualitätsbewußtsein (vgl. SCHMIDT 1986, 9) konfrontiert ist.

Aufgrund dieser Widersprüchlichkeit im bewußtseinsmäßigen Verhalten steht die betriebliche Führungskraft vor der Frage, an welchen Werten und Normen sie das Führungs- und Entscheidungshandeln orientieren soll, bzw. welchen ethischen Wertvorstellungen der Führungsprozeß zu folgen hat, denn:

> "Eine Führungsethik hat sich zwar an der vorgegebenen Situation zu orientieren, kann sich jedoch nicht nur vom Faktischen, Vorfindbaren bestimmen lassen, sondern muß Impulse geben, Ziele aufzeigen, Wege weisen" (SCHMIDT 1986, 9).

Von den unterschiedlichen Konzepten führungsethischer Begründungen kommt aus pädagogischer Sicht dem betriebsanthropologischen Ansatz von LATTMANN (1982) und dem Ansatz der angewandten Führungsethik von SCHMIDT (1986) Beachtung zu.

Beide Konzepte bemühen sich darum, bewußte Wertvorstellungen und strategische Handlungsziele der Führung in Einklang zu setzen. Endzweck ist der Konfliktabbau zwischen Unternehmen und Mensch durch neue Leitbildvorstellungen. Verhaltensbestimmende Leitbilder sind:

"- eine Orientierung des Verhaltens an ethischen Zielen, mehr Menschlichkeit, Liberalität und Toleranz, Gerechtigkeitsstreben, das Prinzip von Leistung und Gegenleistung, Selbständigkeit und Individualität, Selbstverwirklichung bei der Arbeit, Selbstverwirklichung außerhalb der Arbeit, Status, Macht, Hierarchie, Streben nach sozialen Kontakten, Information und Kommunikation, freie Meinungsäußerung, Sicherheitsstreben, sozialen Nutzen der Arbeit und Demokratie" (RÜTTINGER 1986, 17).

Aus dieser Blickrichtung wird klar, daß durch eine derartige ethische Fundierung das Wirkungssystem Mitarbeiterführung selbst gravierenden Veränderungen unterworfen ist. Die Position des Menschen im betrieblichen Strukturgefüge ist pädagogisch neu zu bestimmen.

In seinem "Entwurf einer Betriebsanthropologie" betont LATTMANN (1982, 39 ff.), daß zur Erreichung der Unternehmensziele, neben den Produktionsmitteln Kapital (Eigen-, Fremdkapital), Material (Roh-, Hilfsstoffe) und Technik (Anlagen, Maschinen) vor allem dem Mitarbeiter grundlegende Bedeutung zukommt. Obzwar der Mensch vordergründig als "Mittel der Unternehmungsführung" gesehen werden kann, unterscheidet er sich durch eine Reihe von "Sondermerkmalen" (vgl. LATTMANN 1982, 46) grundlegend von den übrigen Produktionsmitteln. Der Wert des Menschen liegt in ihm selbst, in seiner spezifisch menschlichen Eigenart, begründet.

Dieser historisch entwickelte, ethisch fundierte und juristisch anerkannte "Selbstwert" (vgl. LATTMANN 1982, 39) des Menschen führt zu der Erkenntnis, daß die **Unternehmen** als Mittel angesehen werden müssen, welche dem Menschen und menschlicher Entwicklung zu dienen haben[26]. Daraus ergibt sich die sozialethische Forderung:

"*Die Eingliederung des Mitarbeiters in die Unternehmung und seine Führung in ihr sollen so geartet sein, dass die seinen Daseinsbezug kennzeichnenden Merkmale zu ihrer vollen Ausfaltung gelangen*" (LATTMANN 1982, 503).

Die in diesem Postulat erkennbare Mitarbeiterzentriertheit deckt sich weitgehend mit dem bereits vom Erziehungsbegriff her abgeleiteten Prinzip der

[26] Zur detaillierten Darlegung des Konzeptes vgl. LATTMANN 1982, 39 ff.

"individualpädagogischen Orientierung" (ARNOLD 1990, 16); das subjektorientierte, pädagogische Denken und Handeln der Führungskraft wird jedoch bei LATTMANN explizit um die kulturethische Dimension (Orientierung an Wertvorstellungen) erweitert. Führungsethik begründet sich in den Sinn- und Wertstrukturen, und zwar bezogen auf strategische Führungsdispositionen und operatives Führungshandeln. In Abhebung vom instrumentellen Charakter von Führung unterliegt die Zielsetzung von Führung der, nunmehr ethisch unterlegten, "Forderung nach einem in Einklang mit einem Wert stehenden Verhalten" (LATTMANN 1982, 33). Die Führungsethik untersucht,

> "welche ethischen Werte bei der Zusammenarbeit und dem Zusammenleben in Betrieb und Verwaltung das Führungsverhalten bestimmen sollen. Diese Werte sind sowohl auf die *Situation* des arbeitenden Menschen als auch auf die *Persönlichkeit* zu beziehen"
> (SCHMIDT 1986, 39).

Die Substanz der von SCHMIDT vorgelegten "Führungsethik als Grundlage des betrieblichen Managements" bezieht ihre Grundgedanken aus der "Erörterung und Diskussion der Kardinaltugenden, des kategorischen Imperativs, des Grundgedankens von *Laborem exercens* und der Idee von der Würde des Menschen auf dem Hintergrund eines anthropologisch-philosophischen Menschenbildes" (SCHMIDT 1986, 39). Seine Kernaussagen zur Würde des Menschen im Arbeitsleben strukturieren die resultierende "Angewandte Führungsethik" und haben bedeutenden betriebspädagogischen Stellenwert. Führungshandeln stützt sich auf ein neues Bild vom Menschen:

"(1) Der Mensch ist zu *eigenverantwortlicher Lebensgestaltung* begabt; er ist zur Übernahme von Verantwortung disponiert.

(2) Der Mensch ist in der Lage, *selbständig Entscheidungen zu treffen* im Rahmen seines Aufgabengebietes (nachdem er eingearbeitet worden ist).

(3) Der Mensch soll sich am Arbeitsplatz entsprechend seinen *individuellen Fähigkeiten entfalten können*; es soll ihm die Möglichkeit zur Selbstentfaltung gegeben werden.

(4) Die Achtung der Würde des Menschen zeigt sich in der *Achtung des Selbstbildes des anderen*; er hat das Recht, daß sein Selbstbild, seine Selbstachtung, seine Würde geachtet, respektiert wird.

(5) Der Mensch soll *zum Subjekt und nicht zum Objekt* der Arbeit werden; der Grad der 'Fremdbestimmung' muß durch kreative Arbeitsgestaltung reduziert werden."

(SCHMIDT 1986, 62)

Im Spannungsgefüge betrieblicher Mitarbeiterführung kommt der Führungsethik zweifache Bedeutung zu: Sie soll

- die Eigenverantwortung und Selbststeuerung der Führungskraft moralisch[27] fundieren und sie
- dazu befähigen, durch die Vorbildwirkung eines "sichtbar gelebten Wertsystems" (vgl. PETERS/WATERMANN 1990, 321) betriebserzieherisch zu wirken.

Derart fundierte Erziehungsleistungen von Führungskräften können aber nur in systemisch organisierten betriebspädagogischen Prozessen und in längerfristig sichergestellten pädagogischen Bezügen sowie im Rahmen einer adäquaten Unternehmenskultur erbracht werden. Der hier zugrundeliegende Begriff "Unternehmenskultur" umfaßt "die Gesamtheit von Normen und Maximen, die das Denken und Verhalten von Führungskräften und Mitarbeitern prägt" (WOLLERT 1986 zit. n. ARNOLD 1990, 75). Damit rückt der Mensch und die Notwendigkeit seiner persönlichkeitsspezifischen Förderung betriebspädagogisch in den Mittelpunkt und verdrängt ökonomisch determinierte Denkvorstellungen, denn "keine Organisation kann sich schneller entwickeln als es die Menschen in der Organisation können" (ALLABAUER 1981, 36).

---

27 "Die Unternehmung besitzt keine *moralische Personalität*. Da in ihr jedoch die als moralisch geltenden Handlungen der Beschäftigten unter formalen Maximen kanalisiert und polarisiert werden, hat die *Aktivität des Unternehmens einen ethischen Stellenwert*" (HOFFMANN/REBSTOCK 1989, 671).

In diesem Kontext erscheint eine Orientierung an ethischen Normen und Wertvorstellungen eine notwendige Bedingung. Daraus ergibt sich das Postulat einer betriebspädagogisch zentrierten Mitarbeiterführung[28]: Das immanente Anliegen betriebspädagogisch zentrierter Mitarbeiterführung besteht darin, die Mitarbeiter in ihrem Entwicklungsprozeß zu autonomen Persönlichkeiten ethisch verantwortet zu begleiten, die Humanisierung ihrer Arbeitsbedingungen zu unterstützen und sie fachlich so zu qualifizieren, daß sie durch die derart vergrößerten Handlungsspielräume befähigt werden, in angemessener Weise an der Erarbeitung und Erreichung der Zielstellungen des soziotechnischen Leistungssystems Betrieb mitzuwirken.

Da Führungskräfte aber nicht nur pädagogisch, sondern insbesondere auch als betriebliche Funktionsträger handeln, stellt sich die Frage nach der Vereinbarkeit der pädagogischen und ökonomischen Dimension, zumal dann, wenn der Mensch nicht nur reiner betrieblicher Dispositionsfaktor bleiben soll. Auch wenn diese Spannung zur Sicherung des Unternehmensbestandes fortbesteht, ist eine Neuorientierung mit dem "Konzept der Ziel-, Partner- und Situationsorientierung" (MÜHLHOFF 1987) notwendig, die sich auf verpflichtende ethische Prinzipien stützt und die "innere Situation des Menschen in den Mittelpunkt rückt" (LEONHARDT 1981, 118). Daraus folgt:

> "Menschliches Verhalten bildet die Basis unternehmerischen Denken und Handelns und damit auch für zukünftige Entwicklungen überhaupt. In diesem Zusammenhang wird heute eigentlich durchgängig die These vertreten, daß jegliche Form von Veränderung im Betriebsgeschehen auf menschlichen Geist- und Verhaltensdispositionen beruht" (ZELBER 1991, 67).

Pädagogisch gesehen heißt das, daß eine betriebliche Systemevolution

> "nur durch eine Bewußtseinsentwicklung und eine sich daraus ergebende Verhaltensänderung der Menschen eingeleitet werden kann" (REHN 1980, 28).

[28] Dieses hypothetische Postulat ist, wie auch das Konzept der Betriebspädagogik überhaupt, noch nicht in hinreichender Weise in den Unternehmenskulturen verankert.

"'*Unternehmensethik*' als sittliche Grundlage der Führungsphilosophie" (ULRICH 1987, 648) bildet dafür die notwendige Grundlage. Führungsphilosophie wird in diesem Zusammenhang "als Gesamtheit der Grundnormen, von der aus alle konkreteren Führungsentscheidungen konzipiert und verwirklicht werden" (ULRICH 1987, 649), verstanden.

Bei der Koordinierung und Steuerung derart komplexer, weitgehend vernetzter und wertdifferenzierter Komponenten durch die betriebliche Führungskraft, spielt neben den fachlichen und pädagogischen Kenntnissen und Fähigkeiten die ethische Bewußtseinshaltung für das Führungshandeln die entscheidende Rolle; insofern stellt Führungsethik eine sinnstiftende Orientierungsgrundlage für das betriebspädagogische Handeln dar.

3.2 Ansatzpunkt für ein ethisches Konzept betrieblicher Mitarbeiterführung

Bestimmt man Ethik als

> "eine philosophische Disziplin, die über Normen, Grundsätze, Einstellungen, Wertorientierungen sozialer und personaler Systeme, sofern sie unter dem Anspruch eines höchsten Gutes stehen, refelektiert und sie zu begründen, zu legitimieren oder zu kritisieren versucht" (LAY 1989b, 72 f.),

dann obliegt es einer Führungsethik, für das Führungshandeln wertbestimmende Kategorien und Grundmuster des Verhaltens auszuloten. Führungsethik ihrerseits wird eingefaßt in die übergeordnete Dimension von Kultur, die für das praktische Handeln gleichsam eine "Verständigungsbasis" (KASPER 1987, 28) schafft.

Begreift man kulturelle Einflüsse als Verhaltensorientierung, so verkörpern sich in sittlichen Grundwerten quasi "als Leitbild für die Lebensausrichtung des Menschen" (ULRICH/FLURI 1978, 49) gültige Verhaltensmuster, womit nicht gesagt ist, daß generell schon die Bereitschaft zur Kulturübernahme beim Einzelnen besteht.

"Gerade am kulturellen Bezug zeigt sich die Auseinandersetzung mit unterschiedlichen Interessenslagen und den darauf bezogenen Werthaltungen" (ZELBER 1991, 165).

Eine Verhaltenslinie als Grundlage des Handelns will allerdings Kongruenz zwischen individueller und gesellschaftlich determinierter Übereinstimmung herstellen. Die Wertbasis für Verhalten aus der Kulturperspektive wird dabei durch folgende Bestimmungsstücke umrissen:

"- Vermittlung von Sinn,
- Verhaltensregulierung der Mitglieder,
- Reduzierung von Angst,
- Grundlage für Leitlinien und Richtlinien,
- Demonstration der Ganzheitlichkeit und Einheitlichkeit (Gemeinsamkeitsgefühl),
- Orientierung (Grenzen setzen),
- Reduktion von Komplexität (Dinge begreifbar machen),
- usw." (TREBESCH 1985, 52 f.).

Im Rahmen der derzeit geführten Diskussion zur "Unternehmenskultur" formiert sich Kultur instrumental als Einflußgröße auf die Gestaltungsbasis betrieblicher Strukturen und sucht in Abstimmung auf menschliche Bedürfnisse ein "Gleichgewicht zwischen individuellen Aspirationen und sozialen Erfordernissen" (BOESCH 1980, 17) zu finden. Sie ist so gesehen auf Konformität hin angelegt und erweist sich als monolithischer Block in einer Art "Miniaturgesellschaft" (HEINEN/DILL 1986, 217). Feststehende Regeln und Verhaltensprinzipien dieser "motivierenden Kultur" öffnen unter Umständen auch "demotivierende Reglementierung" bzw. "geordnete Passivität" (RÜTTINGER 1986, 17). Hier ist Kritik insofern anzusetzen, als Kultur keineswegs zu einem "Werkzeug der Mitarbeiterführung" (PÜMPIN 1984, 12) werden kann, weil in Anlehnung an KELLER (1981) Kultur menschengeschaffen ist. Sie vermag zwar verhaltenssteuernd zu wirken, ist so gesehen gleichsam "strategisch" einsetzbar, läßt sich jedoch aus dem menschlichen Zusammenleben heraus gezielt verändern. Kulturentwicklung ist kein statischer, sondern ein zutiefst dynamischer Prozeß. In überkommenen Verhältnissen vermag "menschlicher Kulturwille" gestaltend zu wirken, obwohl dies "an das jeweils Mögliche gebunden" bleibt, "das ihm seinen Rahmen und seine Richtung vorstreckt" (LANDMANN 1961 196). Führungsethik folgt bei der Bestimmung des Führungsverhaltens dieser dynamischen Kulturauffassung.

Im vorliegenden Zusammenhang wird Führungsethik formallogisch als Teilbereich unternehmensspezifischer Sozialethik verstanden und stellt insofern ein Element der Unternehmensphilosophie dar. Unternehmensphilosophie bezeichnet die Gesamtheit aller in einem Unternehmen gewollten und existenten Werte und Normen, welche im Sinne einer freiwilligen Selbstverpflichtung des Unternehmens als Orientierungsgrundlage für die Planung und Durchführung der zur Erreichung der Unternehmensziele erforderlichen Entscheidungen und Handlungen dienen. Unterstellt man dem Unternehmen ein allgemeines Bewußtsein, dann kommt dieses zu sich selbst, "wenn Menschen versuchen, es zu formulieren und sprachlich zu dokumentieren, um es reflektieren zu können" (LAY 1989b, 151). Durch ihren normativen Charakter prägt die Unternehmensphilosophie allerdings die Denkhaltungen, Einstellungen und Verhaltensweisen von Führungskräften und Mitarbeitern und bildet das Substrat für Vision, Leitbild, Unternehmenskultur und Identität sowie für das Führungsleitbild eines Unternehmens.

Die Darlegung der nachfolgenden führungsethischen Grundsätze stützt sich in wesentlichen Teilen auf die Philosophie der Management-Ethik wie sie in den Arbeiten von LAY (1977, 1989a, 1989b, 1991a, 1991b, 1991c, 1991d) vorgelegt wurde.

Die Auseinandersetzung mit Werten begleitet den Menschen in seinem individuellen Bildungs-, Arbeits- und Lebensprozeß. Sie spielt daher auch im Bereich der Mitarbeiterführung eine zentrale Rolle. Das durch die Sozialisation internalisierte "personale -", durch die Betriebsgemeinschaft geprägte "soziale -" und durch die ihn umschließende Kultur geschaffene "objektive Wertgefüge" läßt im Bewußtsein des Menschen eine Werthierarchie entstehen, macht ihn selbst zum Teil der Unternehmenskultur und bindet ihn so in die Gesamtkultur ein (vgl. Abb. I/3).

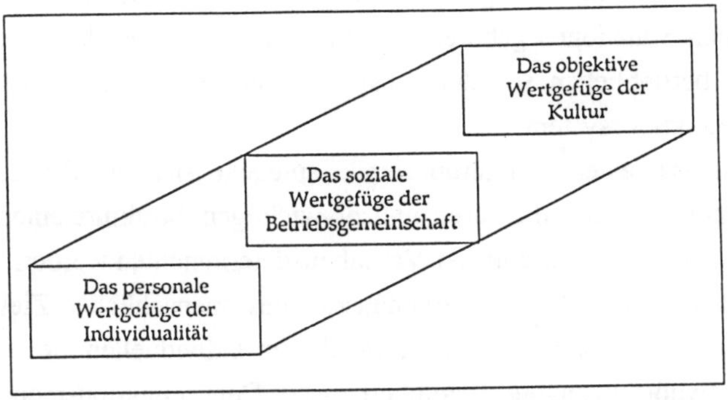

Abb. I/3: Die drei Wertebenen der Kultur (BECKER 1990, 57)

Aus sozialphilosophischer Sicht ist ein Wert "eine Auffassung vom Wünschenswerten, die explizit oder implizit für einen einzelnen oder für eine Gruppe kennzeichnend ist und welche die Auswahl der zugänglichen Weisen, Mittel und Ziele des Handelns beeinflußt" (KLUCKHOHN 1951 zit. n. MÜNCH 1991, 111). Werte manifestieren sich in stark generalisierten Leitlinien, die individuelles Entscheiden und Handeln bestimmen. Sie können also nicht als konkrete Anweisungen für das Verhalten gedacht werden, sondern verdichten sich zu "internalisierten Vorstellungen über das Wünschenswerte" (LAY 1991a, 48). Ihre führungsrelevante Verhaltenswirksamkeit erreichen Werte im Wege betriebs- und/ oder situationsbezogener sozialer Normen. Durch den Umstand, daß Werte jeweils an einen spezifischen, betrieblichen und/oder gesellschaftlichen Kontext gebunden sind, tritt bei Veränderungen der entsprechenden Rahmenbedingungen jeweils auch ein Wertewandel im Bewußtsein der Betroffenen ein.

Durch ihren regulativen und ordnungsstiftenden Charakter beeinflussen Werte und Normen das soziale Leben (z. B. juristische, insbesondere arbeits- und betriebsrechtliche Normen) und steuern menschliches Verhalten in spezifischen Handlungssituationen (z. B. sprachliche, gesellschaftliche und rollenspezifische Normen). Die im Untersuchungszusammenhang interessierenden, ethischen Normen, kommmen durch formelle oder informelle Übereinkunft zustande.

Im betrieblichen Handlungfeld legen die dort geltenden Normen fest, was in betriebsspezifischen Situationen geboten oder verboten erscheint, ihre Internalisierung erfolgt im betrieblichen Sozialisationsprozeß, abgesichert werden sie durch ein adäquates Sanktionssystem.

Die Grundsätze einer Führungsethik spiegeln sich in Begriffen wie "Sittlichkeit" und "Moral", die ihrerseits zu wichtigen Strukturelementen und Bestimmungsmerkmalen menschlicher Verhaltensdeterminanten werden.

"Sittlichkeit" wird als jene Grundausrichtung menschlicher Zielsetzung, Entscheidung und Handlung verstanden, welche im individuellen Gewissen des Agierenden bewußtseinsmäßig verankert ist. Der Funktionsmechanismus "Sittlichkeit" basiert also auf dem Vorhandensein einer individuell-entwickelten Bewußtseinshaltung und schließt die aktive Bemühung um deren Veränderung ein. FRANKL unterstreicht die zentrale Bedeutung des menschlichen Gewissens und bezeichnet dieses konsequenterweise als das eigentliche "Sinn-Organ" (vgl. FRANKL 1972, 12).

Die Differenzierung der Sittlichkeit im Hinblick auf die Qualität einer individuellen Handlung kann in Anlehnung an LAY (1991a, 56), wie folgt gesehen werden:

Handlungsqualität	**Gewissensaspekt**
"sittlich gut"	Handlung und Gewissen stimmen überein.
"sittlich schlecht"	Handlung erfolgt gegen das Gewissen.
"unsittlich"	Gewissen fahrlässig oder vorsätzlich nicht entwickelt.

Der Begriff "Gewissen" bedarf der Explikation; dabei greifen wir auf LAY (1991a, 61 ff.) zurück, der sich auf das psychoanalytischen Strukturmodell FREUDs (Überich/Ich/Es) bezieht, welches die eigentliche Substanz der menschlichen Psyche darstellt. In dieser Psyche sind die endogen begründeten, bewußten und unbewußten Handlungsmotive verankert, welche in der Psychostruktur des Menschen als Überich, als Ich oder als Es abgelagert sind. Für den Gewissensaspekt ist der dem Überich zuzuordnende "Schuldmechanismus" bedeutend. Nach schuldhaft erlebten Eigenhandlungen stellt sich beim Individuum ein Schuldgefühl ein; folgt diesem kein Außenereignis, welches als Korrektiv oder Strafe interpretiert werden kann, führt die Psyche durch Reflexion der verursachten Schuld eine Selbstbestrafung durch, die Einstellung wird verändert. Nur dadurch kann das Schuldgefühl eliminiert werden. Erst durch die Internalisierung derartiger Prozesse entsteht das bifunktionale Überich.

> "Es sagt, was *man* zu tun oder zu lassen hat (moralisches Gewissen). Es sagt, welche Eigenschaften *man* hat und welche man nicht hat (Ich-Ideal)" (LAY 1991a, 67).

Die Moral regelt all jene Einstellungs- und Verhaltensstandards von Einzelpersonen, Gemeinschaften oder Gesellschaften, welche als Ergebnis einer spezifischen Kulturentwicklung entstehen. Sie werden von der Mehrheit als verbindlich anerkannt. Moral reguliert menschliches Verhalten durch Maxime, die aus sozial verbindlichen Erfahrungsgrundsätzen stammen und sich zu einem sittlichen Verhaltenskodex formieren.

Zur Bestimmung von Verhaltensprämissen greift Mitarbeiterführung auf allgemein gültige, moralische Grundsätze zurück. Sie werden Bestandteil führungsethischer Verhaltensdeterminanten. Führungsethik erscheint so gesehen primär als Regulativ der im soziotechnischen System Betrieb ablaufenden sozialen Interaktionen. Führungsethische Handlungsgrundsätze leiten sich in moralischer Hinsicht von der idealtypischen Annahme eines "höchsten ethischen Gutes" ab und entwickeln infolgedessen als Quelle menschlichen Verhaltens ein reflektiertes Selbstwertgefühl.

Der Selbstwert und die Würde des Menschen manifestieren sich in den Grund- und Freiheitsrechten (USA 1776, Frankreich 1789, Österreich 1867[29], Deklaration der Menschenrechte durch die Generalversammlung der Vereinten Nationen 1948). In der betrieblichen Mitarbeiterführung sind die Sicherstellung der durch die Verfassung garantierten menschlichen Grundrechte des Mitarbeiters und die Gewährleistung der arbeitsrechtlich gebotenen Achtung seiner Menschenwürde selbstverständliche und unerläßliche Voraussetzungen[30].

Freiheit und Verantwortlichkeit sind ebenfalls konstitutive Merkmale des Menschlichen. Freiheit meint nicht nur das Fehlen äußerer Zwänge, sondern insbesondere die Möglichkeit, das eigene Leben "in all seinen Dimensionen zu eigenem und fremden Nutzen selbstverantwortet entfalten zu können" (LAY 1989b, 22). Die Freiheit menschlichen Handelns ist jedoch an das Gewissen gebunden, stützt sich auf Moral und findet ihre Begrenzung in den jeweiligen sozialen Ordnungssystemen. Freiheit verbindet sich mit Sinn- und Wertorientierungen unter den Umständen einer gegebenen Situation. Unter diesen Bedingungen bringt der Mensch seinen Erlebnis- und Erfahrungshorizont, das daraus erwachsene Selbstwertgefühl, seine individuellen Denkhaltungen, Normen, Wert- und Zielvorstellungen, seine Fähigkeit zu selbstverantwortlichem Handeln sowie jenen Erfahrungszuwachs den er aus seiner Zugehörigkeit zu anderen sozialen Systemen bezieht, in die Betriebssituation ein und gestaltet diese dadurch mit.

Die betrieblicher Mitarbeiterführung zugrundeliegende, handlungsleitende Maxime lautet daher: Der Mensch ist ein vernunftbegabtes Wesen und als solches denk-, entscheidungs- und verantwortungsfähig. Darin begründet sich sein unveräußerliches Selbstwertgefühl und seine immanente Würde. Diese apodiktische Grundüberzeugung bezieht sich sowohl auf das Wesen als auch auf das Verhalten des Menschen. Der Sinn des Menschseins kann sich infolgedessen

---

[29] Der 1867 in Geltung gewesene Grundrechtskatalog umfaßte das Gesetz zum Schutz der persönlichen Freiheit (1862), das Gesetz zum Schutze des Hausrechtes (1862) und das Staatsgrundgesetz über die allgemeinen Rechte der Staatsbürger (1867).

[30] Im ANHANG 2 finden sich entsprechende "HINWEISE AUF MENSCHENRECHTE UND MENSCHENWÜRDE IM ÖSTERREICHISCHEN RECHTSSYSTEM".

niemals in einer betrieblichen Funktionsausübung erschöpfen, sondern liegt vom Menschen her gesehen "in ihm selber begründet" (LATTMANN 1982, 39). Sein Handeln und Verhalten orientiert sich jedoch am "Biophilie-Postulat[31]" welches besagt, daß für das personale Leben (in seiner sozialen, emotionalen, musischen, sittlichen und religiösen Dimension) ein kategorischer Imperativ festzuschreiben ist, der lautet:

> "Handle stets so, daß Du das personale Leben in Deiner Person als auch in der Person eines jeden anderen Menschen eher mehrst denn minderst" (LAY 1989b, 60).

Diese Aussage impliziert den subjektiven Wertbegriff "Mehrung personalen Lebens". Damit stützt sich ethische Handlungsqualität auf das "Biophilie-Postulat" als handlungsleitendes Prinzip und vermag in dieser Beziehung wesentlich zur Stabilisierung und Verwirklichung der eigenen Identität beizutragen. Der Förderungsaspekt von Erziehung internalisiert die stärkere Bindung an das "Ich" und kann dadurch die Leistungsfähigkeit des einzelnen Mitarbeiters direkt und jene des Betriebes indirekt erhöhen. Insofern stellt die Biophilie eine strukturierende Basis für individuums- und betriebsspezifische Werthierarchien dar. Diese Basis umgreift die betrieblichen Erziehungs-, Bildungs- und Ausbildungsabläufe und erschließt sie im Wege der Mitarbeiterführung (vgl. Abb. I/4).

---

31 In der Ethik-Theorie von LAY wird dieser Begriff in dem Sinne verwendet, wie er von Erich FROMM in die psychologische Terminologie eingeführt wurde. Danach gelten nicht nur beobachtbare Handlungen, sondern auch psychische Phänomene wie Orientierungen, Einstellungen, Interessen, Erwartungen, Entscheidungen als "biophil"; dies dann, "wenn sie eigenes und/oder fremdes personales Leben eher mehren denn mindern" (LAY 1989b, 62). Das internalisierte Biophilie-Postulat kann dem Individuum nicht nur als handlungsleitendes Prinzip dienen, sondern auch zur Stabilisierung seines psychischen Systems hilfreich sein. Das Biophilie-Postulat beansprucht seine Gültigkeit auch für Strukturen und Funktionen von sozialen Systemen insofern "sie strukturell geeignet (vielleicht sogar darauf ausgelegt) sind, die personale Biophilie aus der Abstraktion in das Konkrete zu führen, wenn sie sie funktional zu sich bringen" (LAY 1989b, 63). Das Gegenteil von "biophil" ist "nekrophil".

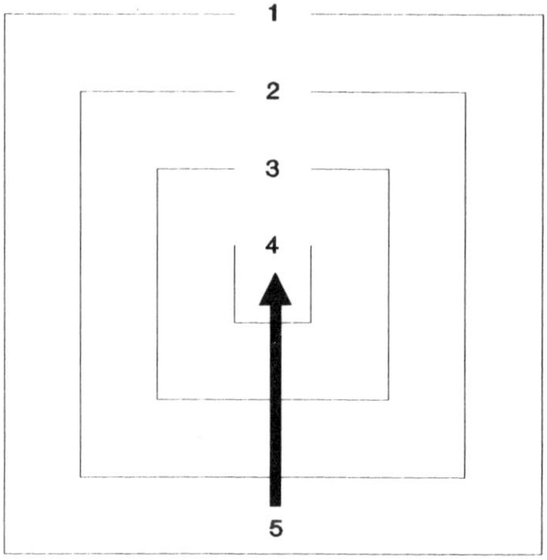

Abb. I/4: Biophilie-Postulat und Mitarbeiterführung (1 = Biophilie-Postulat, 2 = Erziehung, 3 = Bildung, 4 = Ausbildung, 5 = Mitarbeiterführung)

Gleichzeitig wird dadurch eine einseitige ökonomische Wertorientierung überwunden. Man kann demzufolge der Hypothese von KÖNIG (1980, 162) beipflichten:

> "Die Abkehr vom Primat der materiellen Ziele und eine Hinwendung zu ideellen Werten ist noch lange nicht vollzogen. Pessimismus und destruktive Kritik tragen nicht zum Wachstum des Geistes bei. Die Suche nach neuen Maßstäben hat aber bereits eingesetzt. Es gibt Anzeichen dafür, daß die Menschen umzudenken beginnen. Eine Gesellschaft, in der der *Mensch Maßstab* ist, hat dann eine Chance, sich im humanen Sinne weiterzuentwickeln, wenn gewisse Grundwerte als absolut anerkannt werden und sich sowohl der Einzelne als auch die Gemeinschaft konsequent an diese Werte halten".

Aus dem Biophilie-Postulat selbst sowie aus dem Kontext des entsprechenden Entstehungs- und Verwertungszusammenhanges läßt sich mit hoher Eindeutigkeit eine intentionale pädagogische Förderungsabsicht ableiten. Durch Bezugnahme auf den Menschen etablieren sich Strukturen, welche in funktionale Erziehungswirkungen einfließen.

Das Biophilie-Kriterium ist geeignet, die in betrieblichen Führungskräften bestehenden Wertvorstellungen zu korrigieren, adäquate Wertvorstellungen zu verfestigen und die Internalisierung neuer Wertvorstellungen zu begünstigen. Es wird damit zum "summum bonum" des zuvor entwickelten Postulates der betriebspädagogischen Mitarbeiterführung, welches die ethisch begründete Persönlichkeitsförderung im Betriebserziehungsprozeß zum zentralen Anliegen des Führungsgeschehens macht. Führungsethische Komponenten bestimmen dann infolge des Wertewandels im einzelnen, auf welche Leitbildvorstellungen und Erziehungsziele sich ein Wirkungssystem Mitarbeiterführung unter den Bedingungen soziokultureller Einflüsse auszurichten hat.

RAHMENBEDINGUNGEN DES WIRKUNGSSYSTEMS MITARBEITERFÜHRUNG

4 SOZIOKULTURELLE EINFLÜSSE AUF DIE MITARBEITERFÜHRUNG

4.1 Auswirkungen des Wertewandels auf die Mitarbeiterführung

Die betriebliche Leistungserstellung und -verwertung erfordert die permanente Interaktion des offenen soziotechnischen Systems Betrieb mit der betrieblichen und der "Generellen Umwelt"[1]. Diese Prozesse werden durch die verhaltensbeeinflussenden Werthaltungen[2] der interagierenden Individuen berührt. Da der Mensch seinem Wesen nach durch Instinktreduktion und Verhaltensunsicherheit gekennzeichnet ist, stellen internalisierte Werthaltungen für ihn grundlegende, als selbstverständlich empfundene, ethische Orientierungshilfen dar. Im kategorialen Bezug auf die pädagogische Zielstellung "Weltbewältigung und Personwerdung" (BLANKERTZ 1973, 45) wurden die obersten Zielstellungen für ein wert- und normbestimmtes Verhalten im betrieblichen Zusammenhang mit führungsethischen Grundsätzen betrieblicher Mitarbeiterführung bereits genannt. Hier geht es, ausgehend von der Metaebene des pädagogischen Grundverhältnisses Mensch, Kultur und Gesellschaft um die Umsetzung im konkreten Anwendungsbereich. Dazu müssen die von den Verhaltensgrundsätzen ausgehenden Wirkungen und die verhaltenssteuernde Wirksamkeit interna-

---

[1] Die betriebliche Umwelt umschließt den Absatz-, Kapital- und Arbeitskräftemarkt, die Wettbewerbssituation sowie die betriebsrelevanten Elemente der staatlichen Ordnungssysteme und der gesellschaftlichen Institutionen. Die "Generelle Umwelt" umfaßt "gesellschaftliche, politische, regulatorische, ökonomische, technologische, ökologische Bedingungen" (SCHERTLER 1988, 63).

[2] Der Begriff "Werthaltung" benennt die konkrete Ausprägung von Werten in einem Menschen, während sich im Begriff "Wert" das "Überindividuelle, über den einzelnen und seine Lebenserfahrung Hinausreichende konzentriert" (vgl. STENGEL 1991, 556).

lisierter Werte in den Blick genommen werden, d. h. es ist zu untersuchen, inwieweit "angenommene Werte" den Menschen "dauerhaft verhaltenssteuernd" (vgl. SCHOLZ 1989, 413) prägen.

Durch ihren stark generalisierenden Charakter können sich Werte zwar nicht direkt handlungssteuernd auswirken, entfalten ihre Wirksamkeit aber im Prozeß des Führungshandelns durch situationsbezogene Umsetzung. Dabei strukturieren sich Werte zu Führungsgrundsätzen als handlungsleitende Prämissen. Werthaltungen erscheinen in diesem Zusammenhang zugleich durchschaubar, komplexitätsreduzierend und daher psychisch entlastend. Je stärker sich die einzelnen Werte als Führungsgrundsätze gegenseitig stützen und zu einem hierarchisch geordneten Führungswertesystem vernetzen, desto effizienter wird ihre Entlastungsfunktion. Für das Führungshandeln erscheint hier die Tatsache von Bedeutung, daß die Mitarbeiter aus der Sicht wertprägender Einflüsse bereits "vorgeformt" in das Betriebssystem eintreten, so daß sich Brüche zwischen gefordertem Verhalten und eingebrachten Wertvorstellungen ergeben können.

Nach psychoanalytischer Erkenntnis ist im "Ich" des Individuums nach der Adoleszenz bereits "ein konsistentes System" (vgl. LAY 1989a, 236 f.) ausgereift. Primäre und sekundäre Sozialisationsprozesse haben Werthaltungen verfestigt, die dem gesellschaftlichen Leben im Bezug auf Tradierung überkommener Werthaltungen entspringen. Dadurch sind im Individuum individuell und sozial relevante Bedürfnisstrukturen gewachsen. Von dieser Warte aus gesehen lassen sich zunächst gesellschaftsbedeutsame Wertsysteme mit ihren Auswirkungen auf Sicherheitsstreben und Pflichtbewußtsein konstituieren.

Das in den westlichen Industriegesellschaften dominante Wertparadigma fußt in dem, durch Max WEBER auf der Grundlage protestantischer Ethik herausgearbeiteten, "bürgerlichen Wertsystem". Wesentliches Kennzeichen dieses Paradigmas ist die Realisierung materieller Werte (Existenzicherung, Sozialvorsorge, Konsumstreben, Lebensstandarderhöhung) unter den Bedingungen einer engen, pflichtethischen Sichtweise (Arbeit als Lebenssinn) und durch Betonung von religiös respektive ethisch begründeten Pflicht- und

Akzeptanzwerten (vgl. WEBER 1920). Heute bestimmen immaterielle Werthaltungen stärker als zuvor die Lebensformen des arbeitenden Menschen.

Ergebnisse empirisch fundierter, sozialwissenschaftlicher Untersuchungen zeigen, daß Werte einem zeitlichen Wandel unterliegen[3]. Diese Feststellung soll zunächst in exemplarischer Form am Auffassungswandel von "Gehorsam" und "Selbständigkeit" aufgewiesen werden, weil diese Grundlagenkategorien des Verhaltens für das Mitarbeiterverhältnis im Wirkungssystem Mitarbeiterführung pädagogisch relevant sind.

Gehorsam kann bei führungsmäßiger "Einflußnahme" als "freiwillige Unterordnung" und als "zwangsweise Unterordnung" des Mitarbeiterverhaltens gesehen werden. Dies hängt von der Intensität einer Machtausübung ab, welche theoretisch zwischen den (Extrem) Werten "0" (bei freiwilliger Unterordnung) und "100" (bei zwangsweiser Unterordnung schwanken kann (vgl. Abb. II/1).

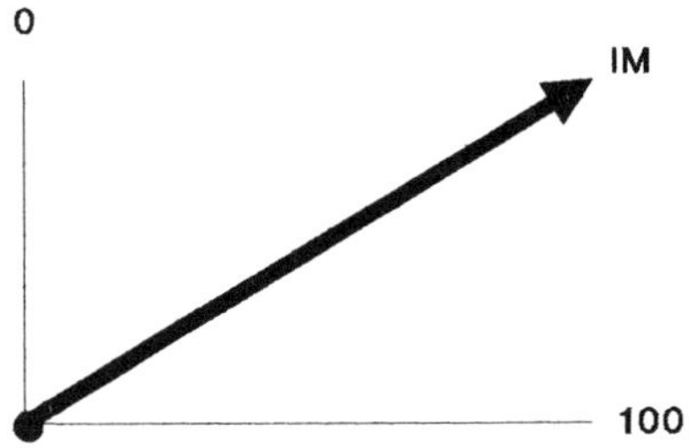

Abb. II/1: Intensität der Machtausübung (0 = freiwillige Unterordnung, IM = Intensität der Machtausübung, 100 = zwangsweise Unterordnung)

---

[3] NEUBERGER präzisiert den Begriff des Wertewandels indem er feststellt, daß sich nicht die Werte an sich ändern, ggf. aber sehr wohl deren Stellenwert (innerhalb einer Wertehierarchie). Aus der Unmöglichkeit, alle Werte gleichzeitig zu realisieren resultiert "ein Spannungsverhältnis, das Prioritäten-Entscheidungen nötig macht" (NEUBERGER 1990a, 107). Ähnlich definiert HERRMANN den Wertewandel, nämlich "als Differenz der Wertorientierungen einer Bevölkerung P im Zeitraum t_i und im nachfolgenden Zeitbereich t_i+1 konzeptualisiert werden" (HERRMANN 1982, 62).

Versteht man mit WEBER (1964, 28) Macht als "Herrschaft", so wird stets die "zwangsweise Unterordnung" unter ein autoritäres Führungsverhalten berührt. Gehorsam rückt faktisch in ein Abhängigkeitsverhältnis. Die Motivationslage des Einzelnen im Hinblick auf die Wahl zweckmäßiger Handlungsalternativen wird restriktiv eingeengt. Aus der Blickrichtung des Wertewandels widerspricht dies dem Idealbild einer betrieblichen Verhaltensintegration durch die sich frei und mündig entfaltende Persönlichkeit. Unter gleichzeitiger "Nutzung von Mitbestimmungs- und Dispositionschancen in humanisierten Arbeitsformen" (KÄRTNER 1978, 16) ist es zu einer deutlichen Trendverschiebung zugunsten zunehmender "Selbständigkeit" gekommen.

Die nachfolgend dargestellte, repräsentative Befragung von Eltern mit erziehungspflichtigen Kindern hinsichtlich der ihnen besonders wichtig erscheinenden Erziehungsvorstellungen, beweist diesen signifikanten Trend zur "Selbständigkeit" als dem primären Erziehungsziel (vgl. ROSENSTIEL/NERDINGER/SPIEß 1991, 22).

Jahr der Befragung **Erziehungsziele**	**1951**	**1965**	**1975**
Gehorsam	25%	19%	4%
Selbständigkeit	28%	31%	58%

Die Literatur zur Erforschung des Wertewandels belegt ein breites Spektrum an Wandlungsbewegungen im Hinblick auf Verhaltensorientierungen. Die vorliegenden Befunde werden allerdings sehr unterschiedlich, teilweise sogar kontroversiell diskutiert. Unter Bezugnahme auf RESCHER (1969), KMIECIAK (1976), INGLEHART (1977), NOELLE-NEUMANN/STRÜMPEL (1984) und SCHMIDTCHEN (1984) wurden jene Werthaltungen extrahiert, die für ein pädagogisch abgestütztes Führungssystem wichtig erscheinen. Um den Entwicklungstrend deutlich zu kennzeichen sind diese Werthaltungen in der nachfolgenden Tabelle nach zunehmenden (+) und abnehmenden (-) Tendenzen gegenübergestellt (vgl. nachfolgende Tabelle).

RESCHER, N.: + Internationalismus + Humanorientierung + Intellektuelle Entfaltung + Akzeptanz seitens sozialer Gruppen + Soziale Wohlfahrt + Öffentliche Daseinsvorsorge	- Individualismus - Leistungsorientiertes Erfolgstreben - Wirtschaftliche Sicherheit - Eigentumsorientierung - Fortschrittsorientierung
KMIECIAK, P.: + Privatistisch-hedonistische Werthaltungen + Partnerschaftliche und auf Gleichheit gerichtete Werthaltungen + Umweltorientierung	- Traditionelle Berufs- und Leistungsorientierungen
INGLEHART, R.: + Postmaterialistische Werthaltungen: + Autonomie + Partizipation + Selbstentfaltung + Lebensqualität	- Materialistische Werthaltungen: - Gehorsam - Pflichterfüllung - Erfolgsorientierung - Lebensstandarderhöhung
NOELLE-NEUMANN, E./ STRÜMPEL, B.: + Balance zwischen Arbeit und Freizeit + "Gleichgewichtsethik"	- Überwiegende Arbeitsorientierung - "Opferethik"
SCHMIDTCHEN, G.: + Kommunikative Tugenden	- Puritanische Tugenden

Aus dieser vergleichenden Betrachtung ergeben sich Hinweise auf eine Änderung der Einstellung zur Berufstätigkeit und aktiven Lebensgestaltung die VOß wie folgt charakterisiert:

> "*Es entsteht zunehmend eine selbstbewußte Orientierung an einem erfüllten und selbstbestimmten Leben und Arbeiten, in dem Erwerbstätigkeit und andere Tätigkeitsbereiche gleichberechtigt verbunden werden sollen*" (VOß 1990, 266).

Für das Grundverständnis moderner Mitarbeiterführung lassen sich aus der Trendverlagerung auf postmaterielle Werthaltungen Folgerungen - besonders im Hinblick auf die Pflicht- und Akzeptanzwerte - ziehen, die sich auf das Mitarbeiterverhalten gravierend auswirken. Berührt hiervon sind vor allem die Bereiche "Selbstzwang und Selbstkontrolle" und "Selbstentfaltung". Nach KLAGES (1987) kann der einzelne Mensch, je nach "Wertetyp", beide Wertbereiche repräsentieren. Als "Wertetypen" unterscheidet er "Aktive Realisten", "Nonkonforme Idealisten", "Ordnungsliebende Konventionalisten" und "Perspektivenlose Resignierte". Die entsprechende Zuordnung ist aus Abb. II/2 ersichtlich.

		Selbstentfaltungswerte: hoch	Selbstentfaltungswerte: niedrig
Pflicht- und Akzeptanzwerte	hoch	Aktive Realisten (27,4 %)	Ordnungsliebende Konventionalisten (19,6 %)
	niedrig	Nonkonforme Idealisten (21,5 %)	Perspektiven-lose Resignierte (31,5 %)

Abb. II/2: Zuordnung der Wertetypen (Klages 1987, 12)

Der Wertewandel berührt die menschliche Handlungsdimension und stellt die Wert- und Einstellungshaltungen der Betroffenen in den sozialen Prozeß "ständiger Anpassung und Erneuerung" (WIESMANN 1983, 10). In Bezug auf die Gesellschaft kommt es zu Veränderungen im systemischen Verhalten, obwohl die Gebundenheit an Betriebszwänge trotz neuer Wertvorstellungen noch keineswegs gänzlich durchbrochen ist. Innere Verhaltensumstellungen hingegen werden in den "am Wertewandel beteiligten Wertegruppen" (KLAGES 1984, 18) überaus deutlich (vgl. Abb. II/3).

	Selbstzwang und -kontrolle (Pflicht und Akzeptanz)		Selbstentfaltung
Bezug auf die Gesellschaft	»Disziplin« »Gehorsam« »Leistung« »Ordnung« »Pflichterfüllung« »Treue« »Unterordnung« »Fleiß« »Bescheidenheit«	idealistische Gesellschaftskritik	»Emanzipation« (von Autoritäten) »Gleichbehandlung« »Gleichheit« »Demokratie« »Partizipation« »Autonomie« (des einzelnen) ....
Bezug auf das individuelle Selbst	»Selbstbeherrschung« »Pünktlichkeit« »Anpassungs-bereitschaft«	Hedonismus	»Genuß« »Abenteuer« »Spannung« »Abwechslung« »Ausleben emotionaler Bedürfnisse«
	»Fügsamkeit« »Enthaltsamkeit«	Individualismus	»Kreativität« »Spontaneität« »Selbstverwirklichung« »Ungebundenheit« »Eigenständigkeit« ....

Abb. II/3: Am Wertewandel beteiligte Wertegruppen (KLAGES 1984, 18)

Bezieht man das individuelle Selbst auf den Umbruch des herkömmlichen Denkens und gewohnter Einstellungshaltungen, so ergibt sich aus den bei KLAGES unter der Rubrik "Selbstentfaltung" aufgereihten Faktoren dahingehend ein Widerspruch, daß "dem gesteigerten Interesse an partizipativer Selbstentfaltung ... in der derzeitigen Situation kaum ein Bewährungsfeld in Unternehmen gegeben" (ZELBER 1991, 52) wird. Umso mehr hat ein Wirkungssystem Mitarbeiterführung Eigenständigkeit und Autonomie des Einzelnen aufzuzeigen und zur Richtschnur des Handelns zu machen, weil im Wandel des Wertsystems Hierarchie und Unterordnung zunehmend ihre Beeinflussungswirkung verlieren und das Verhaltensmerkmal "Unabhängigkeit" unverkennbar in den Vordergrund rückt. Unter den neuen Wertvorstellungen ist bekanntlich "Selbstverwirklichung zum Favoriten unter den Werten heutiger Lebensorientierung avanciert" (LÜBBE 1986, 120). Diese Vision ist künftig als Leitbild allen Führungshandelns aufzugreifen und in der betrieblichen Praxis mehr und mehr zu verwirklichen.

Nach ROSENSTIEL/NERDINGER/SPIEß (1991, 25) verläuft der Wandel der Wertorientierungen in einer dreiphasigen Stufung: Die erste, bis Mitte der sechziger Jahre dauernde Phase, ist durch relativ systemstabilisierende Grundhaltungen gekennzeichnet: "Rationale Effizienz, bürokratische Organisation und traditionelle Selbstbescheidung herrschten im Sinne einer Dominanz der Pflicht- und Akzeptanzwerte vor". In der darauf folgenden Entwicklungsstufe (zweite Phase) expandierten die Entfaltungswerte dahingehend, "daß zunehmend Wert auf Freizeit, Lebensgenuß und Selbstentfaltung gelegt wurde". In der Folge kam es zur Stabilisierung dieser Entfaltungswerte mit gleichzeitiger Verstärkung des ökologischen Problembewußtseins.

> "Wandel aber ließ sich auch in den letzten zehn Jahren beobachten, insbesondere im Hinblick auf die höhere Bewertung der Gleichberechtigung der Geschlechter, der Betonung eigener Gesundheit und der Bewahrung der natürlichen Umwelt".

Im dritten Entwicklungsabschnitt richtet sich zusammen mit einem mentalen Strukturwandel und einer Kritik an menschlichen Beziehungen bzw. am Konzept der Gesellschaft der Wertewandel und die daraus folgenden Einstellungsänderungen auf ein neues Bild vom Menschen. Dieser Prozeß, der derzeit noch anhält, greift den Begriff "Lebensqualität" auf und macht daran die Erziehung zu bewußter Handlungs- und Gestaltungsfähigkeit selbstverantwortlicher Mitarbeiter fest. Dementsprechend ändert sich mit einem Konzept polyvalenter Schlüsselqualifikationen der ökonomische Ansatz von "Verwertungsqualifikationen". Zukunftsorientierte Qualifikationsanforderungen werden aus der Sicht einer antizipatorischen Berufs- und Betriebspädagogik in den weitergesteckten Rahmen berufsübergreifender "Lebensqualifikationen" (BUNK 1981, 262) gestellt. Hier setzt die in pädagogischer Verantwortung begründete Motivationsfunktion der betrieblichen Führungskraft an.

Eine, für die Mitarbeiterführung wesentliche Erkenntnis aus der Wertewandeldiskussion ist, daß alle menschlichen Handlungsfelder im Sinne eines sich gegenseitig bedingenden Wirkungssystems von Wertorientierungen durchdrungen sind. Resümiert man mit COMELLI jene Tendenzen im Wertewandel, welche aus der Mitarbeitersicht wesentlich, daher im betrieblichen Handlungsfeld wichtig und insofern führungsrelevant sind, ergibt sich folgendes, generalisiertes Bild:

" • Trend zu mehr Unabhängigkeit und Autonomie;
- deutliche Unterscheidung (und Entscheidung) zwischen Arbeit und Freizeit;
- Tendenz, über einfache Sicherheitsbedürfnisse hinaus sich selbst zu entwickeln und sein persönliches Potential zu entfalten;
- weniger Bereitschaft, im Konfliktfall die eigenen Bedürfnisse denen der Organisation zu unterwerfen;
- steigende Erwartung, daß die Arbeitsinhalte selbst Anreize bieten und als bedeutsam erlebt werden müssen;
- 'Belohner' ausschließlich 'von außen' (z. B. Bezahlung) werden als nicht mehr ausreichend angesehen;
- Macht und Machtstrukturen verlieren ihre Beeinflussungswirkung, d.h. Organisationen werden neue Wege der Verhaltenslenkung suchen müssen, weil Druck bzw. Geben oder Entzug von finanziellen Zuwendungen nicht mehr ausreichend wirksam sind" (COMELLI 1985, 31).

Führungskräfte werden mit diesen Variablen veränderter Bewußtseinshaltung konfrontiert und haben in ihrem Führungshandeln der Tatsache Rechnung zu tragen, daß Mitarbeiter in verstärktem Ausmaß ihre eigenen Werthaltungen in das Betriebssystem einbringen (vgl. Abb. II/4).

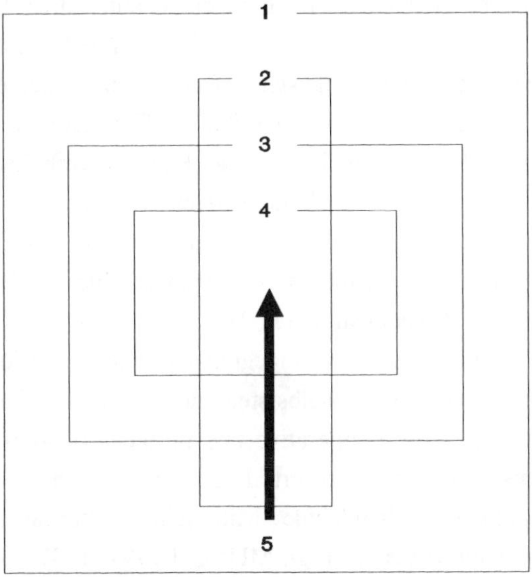

Abb. II/4: Einbringung von Werthaltungen (1 = Generelle Umwelt, 2 = System Mensch, 3 = Betriebliche Umwelt, 4 = System Betrieb, 5 = Werthaltungen)

Im Zusammenhang mit den stärker artikulierten personalen Interessen hat sich die Erkenntnis durchgesetzt, daß menschliche Antizipation als "zentraler Erklärungspunkt" (HEYMANN/SEIWERT 1982, 44) betrieblicher Prozesse zu gelten hat.

Der fördernde Umgang der Führungskraft mit den in ihrer Führungsverantwortung vorfindbaren menschlichen Potentialen zielt folglich nicht mehr darauf ab, "stille Mitarbeiterreserven" ökonomisch zu nutzen. Vielmehr wird es zur deklarierten Führungsaufgabe, durch Schaffung wertgestützter Bedingungen den Mitarbeiter zu effizienter, verantwortungsbewußt erbrachter, zielgerichteter Arbeitsleistung zu führen, um derart dessen kreative Leistungsfähigkeit zu fördern und die persönliche Arbeitszufriedenheit sicherzustellen. Allerdings wird die wertorientierte Entfaltungsmöglichkeit der Mitarbeiter, nämlich Eigeninitiative, Kreativität und Selbstverantwortung innerhalb gegebener betrieblicher Rahmenbedingungen, vielfach noch durch einen autoritären Führungsstil nach dem Muster von Befehl und Gehorsam verhindert (vgl. HAMER 1984).

In autoritär oder patriarchalisch organisierten Systemen bestimmt das hierarchische Gefälle durch die vertikal differenzierten Positionen des "Vorgesetzten" und des "Untergebenen" das Führungsverhalten. In derart konventionellen Führungsstrukturen, kommt dem Vorgesetzten aufgrund seiner statusgestützten Autorität das Anweisungsrecht in Form der Befehlsgewalt zu. Der Untergebene als Adressat dieses Anweisungsrechtes ist Befehlsempfänger, bleibt also Ausführer fremdbestimmten Handelns. Dieses Ausführungshandeln spielt sich meist in einem dezidiert eingegrenzten, eng dimensionierten Entscheidungsrahmen ab[4]. Synergetisch-selbststeuernde Systeme sind demgegenüber durch horizontal orientierte, kooperative und problemorientierte Entscheidungs- und Führungsstrukturen charakterisiert. Die wegweisende "Führungskraft" und der in Selbstverantwortung handelnde "Mitarbeiter" treten anstelle des "Vorgesetzten" und des "Untergebenen" (vgl. MÜNCH 1991, 119). Aktualisierte Werthaltungen sind im vermehrtem Maße von einem demokratischen Verantwortungsbewußtsein getragen, das aktive Anteilnahme der Mitarbeiter am Betriebsgeschehen in edukativer Weise präjudiziert. Wesensmerkmal dieses demokratisch-kooperativen Führungsansatzes ist eindeutig das wertbestimmende Verhalten:

> "Auch Führen ist umso überzeugender, akzeptierbarer, wenn es mit den Werthaltungen begründet wird, die von allen geteilt oder besser noch von allen gemeinsam definiert *wurden*. Denn Akzeptanz ist ein Produkt des Verstehens *und* der Mitwirkung. Die Art und Weise, wie das Verhalten erreicht wird, begründet den Geist, die Qualität, unter der sich Führung und Leistung vollzieht" (JESERICH 1989, 23).

---

[4] Derartige Führungsstrukturen können in bestimmten Organisationen, insbesondere in Extremsituationen durchaus sinnvoll sein (Erste Hilfe Teams im Notfallseinsatz, medizinisches Personal bei Operationsdurchführung, Exekutive, Militär, Feuerwehr, Katastrophendienste im Einsatzfalle u. a.).

Werte stellen eine basale Rahmenbedingung des Wirkungssystems Mitarbeiterführung dar. Die zentrale Erkenntnis des Wertewandels im Hinblick auf die Mitarbeiterführung (vgl. WUNDERER 1990, 35 ff.) gipfelt in der

- Ablehnung von autoritären und patriarchalischen Führungsformen und im
- Wunsch nach kooperativen bzw. delegativen bis autonomen Führungsbeziehungen.

Zur Diagnose aktueller und zur Entwicklung erwünschter Führungskonzepte in Betrieben entwickelt WUNDERER bezogen auf diese neue Führungsauffassung ein Führungsstilportfolio (vgl. Abb. II/5). In diesem Führungsportfolio wird unter Berücksichtigung der führungsrelevanten Begriffe "Teilhabe" (Partizipation) und "Teilnahme" (Mitarbeiterorientierung) das Wirkungsverhalten von Mitarbeiterführung je nach der tendenziellen Ausrichtung des Führungsstils entsprechend der Wertereife und dem Entwicklungsstand eines Unternehmens in Quadranten positioniert, die den vorfindbaren Entwicklungsstand kennzeichnen.

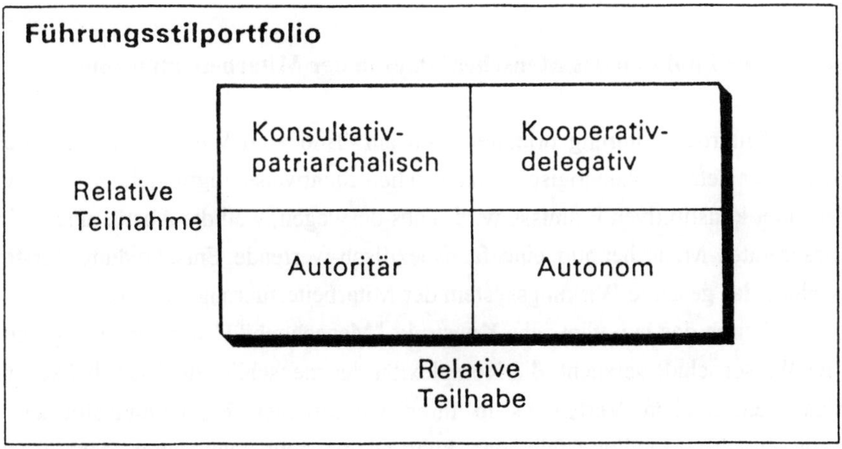

Abb. II/5: Führungsportfolio (WUNDERER 1990, 35)

Führungsstile resultieren aus den in der Führungsrealität vorfindbaren Gegebenheiten. Sie folgen zugleich jedoch wertbestimmten Axiomen, die

Führung zum Gestaltungsprinzip für selbstbestimmtes Handeln macht. Dies bedeutet im einzelnen:

- Entwicklung aufgabenbezogener Führungsstrukturen durch Artikulierung wertgestützter Visionen, die Mitarbeiterführung zu einem kooperativen Prozeß machen.
- Herstellung eines mitarbeiterbezogenen Führungsklimas durch Entwicklung und Pflege der zwischenmenschlichen Beziehungen auf der Grundlage von Vertrauen, Offenheit und Akzeptanz.
- Aufbau teamorientierter Zusammenarbeit durch angemessene Mitarbeiter-Partizipation und fähigkeitsorientierte Durchführungs-Delegation.
- Ethisch verantwortete Förderung all jener Kreativitäts- und Fähigkeitspotentiale der Mitarbeiter, welche einerseits zur betrieblichen Zielerreichung beitragen und die andererseits individuell-berufliche Selbstverwirklichung gewährleisten.

4.2 Zur Funktion des Menschenbildes in der Mitarbeiterführung

Mitarbeiterführung orientiert sich am "Bild vom Wesen des Menschen", das jeder betriebspädagogisch-systemischen Sichtweise zugrundeliegt und daher zu einer konstitutiven Prämisse wird. Dies deswegen, weil die Abstützung auf ein bestimmtes Menschenbild eine fachspezifisch-wertende Entscheidung darstellt, welche das gesamte Wirkungssystem der Mitarbeiterführung tangiert.

Durch das hypothetische Konstrukt "Menschenbild" wird im Alltag und in der Wissenschaft versucht, die Komplexität der menschlichen Persönlichkeit und des menschlichen Verhaltens in ihren wesentlichen Erscheinungsformen zu erfassen. Im Handlungsfeld der Führung versteht man unter dem Begriff "Menschenbild":

"die Gesamtheit der Grundannahmen, Einstellungen, Meinungen, Erwartungen und Vermutungen über systematische Zusammenhänge im Hinblick auf die Beziehungen zwischen Einstellungen und Verhalten bzw. zwischen Emotionen, Kognitionen und Verhalten, die uns helfen, Aktionen und Reaktionen anderer Menschen zu beschreiben, zu erklären und vorherzusagen" (LILGE 1980, 55).

Dieser Erklärungsversuch ist allerdings rein pragmatisch und reicht daher keinesfalls aus, den Wesenskern eines idealtypischen Bildes vom Menschen zu treffen. Die Schwierigkeit, ein "überzeitliches und transkulturell gültiges Menschenbild zu entwerfen" (WUNDERER/GRUNWALD 1980a, 76), wird durch die unterschiedlichen und stark differierenden Befunde der philosophischen Anthropologie sowie der Erziehungs- und Organisationswissenschaften belegt (vgl. GADAMER/VOGLER 1972-1976; LANDMANN 1982; PORTMANN 1962; SCHEIN 1980 u. a.). Hinzu kommt, daß sich das in einer Gesellschaft vorherrschende Selbstverständnis vom Wesen des Menschen durch Veränderungen im Gesellschaftssystem und insbesondere durch den Wandel der Werte geändert hat[5].

Daraus und aus den unterschiedlichen Forschungsperspektiven erklären sich die vielfältigen Konstrukte vom Menschenbild[6], welche insbesondere durch die Sozialwissenschaften erarbeitet und zu unterschiedlichen Typologien verdichtet wurden. WEINERT (1987, 1429) differenziert diese "Zielvorstellungen und Leitbilder menschlicher Existenz" in solche "*allgemeiner Natur*"[7] und in

---

[5] In einer im März 1992 durchgeführten empirischen Untersuchung wurde das Menschenbild der Österreicher erhoben. Von den sechzig auf ihren Stellenwert analysierten Eigenschaften rangieren Ehrlichkeit, Verläßlichkeit, Freundlichkeit, Treue und Umweltbewußtsein (in der angeführten Reihenfolge) an der Spitze. Im ANHANG 3 finden sich "HINWEISE AUF EINE EMPIRISCHE UNTERSUCHUNG ÜBER DAS MENSCHENBILD DER ÖSTERREICHER".

[6] Beispielsweise stellt HIPPOKRATES (400 v. Chr.) im Corpus Hippocraticum eine psychosomatisch orientierte Typologie vor: Sanguiniker (lebhafter, temperamentvoller Mensch), Melancholiker (trübsinniger, schwermütiger Mensch), Choleriker (reizbarer, jähzorniger Mensch), Phlegmatiker (träger, wenig agiler Mensch); (vgl. ORTHBANDT o. J., 164; STAEHLE 1989, 165)

[7] Vgl. JUNG 1921 (Erlebnistypen: Extra- bzw. introvertierter Mensch); KÖHLER 1938 (Typologie der gestaltpsychologischen Wertforschung); KRETSCHMER 1921 (Körperbau-

jene, "die sich auf *spezifische Situationen* der Arbeit, der Führung und der Organisation beziehen"[8]; letztere bilden im Rahmen des Wirkungssystems Mitarbeiterführung das Substrat für die weiterführenden Überlegungen.

Betrachtet man Mitarbeiterführung als interdependentes Wirkungssystem, so muß bei der Funktion des Menschenbildes mitbedacht werden, daß bei den verschiedenen, am Führungsprozeß direkt oder indirekt beteiligten Personen, jeweils individuelle Menschenbilder bzw. Rollenauffassungen generiert werden (vgl. SCHOLZ 1989, 324 ff.). Diese "individuellen" Menschenbilder von Führungskräften werden durch deren frühkindliche Erfahrungen mit gravierenden Bezugspersonen grundgelegt, in den verschiedenen Sozialisationsprozessen erweitert, durch soziale Austauschvorgänge modifiziert und auf diese Weise zu "impliziten Persönlichkeitstheorien" (BRUNER/TAGIURI 1954)[9] verfestigt. Vorprägungen dieser Art manifestieren sich im Bewußtsein als Vor-Einstellungen und Erwartungshaltungen. Daraus folgt:

- Die **Führungskraft** wird in ihrem Denken und Handeln gegenüber dem Mitarbeiter, auf den ihr Führungshandeln abzielt, durch ihr individuelles Menschenbild beeinflußt, und zwar unabhängig davon, ob dieses Menschenbild der Realität ent-spricht oder nicht. Geht die Führungskraft bei-

---

Charaktertypen: Pyknischer, athletischer und leptosomer Mensch); LEWIN 1936 (Typologie der gestaltpsychologischen Wertforschung); SHELDON 1940 (Haupttypen: Endomorpher [korpulenter], mesomorpher [muskulöser] und aktomorpher [schmalgebauter] Mensch); SPRANGER 1914 (Lebensformen der Individualität: Theoretischer, ökonomischer, ästhetischer, sozialer, religiöser und Machtmensch).

8 Vgl. ARGYRIS 1957, ARGYRIS 1964, ARGYRIS 1971; CAMPBELL/DUNNETTE/LAWLER/WEICK 1970; COLIN 1971; ETZIONI 1967; LAU 1975; LEAVITT 1972; LIKERT 1961, LIKERT 1967; MASSIE 1965; McGREGOR 1960, McGREGOR 1972; MILES/PORTER/CRAFT 1966; OUCHI 1981; SCHEIN 1980 u. a.

9 "Implizite Persönlichkeitstheorien" versuchen jene sozialen Wahrnehmungs- und Verarbeitungsmuster zu beschreiben und zu erklären, durch welche der Mensch seine spezifischen Annahmen über die Persönlichkeit und das Verhalten anderer Menschen aufbaut. Verkürzt dargestellt geht es dabei um die Frage, *"wie wir unsere Mitmenschen einschätzen und verstehen, wie Eindrücke, Meinungen oder Gefühle über andere Personen entstehen"* (WUNDERER/GRUNWALD 1980a, 84).

spielsweise davon aus, daß der Mensch eine grundsätzliche Abneigung gegen Arbeit hat und daher straff geführt und kontrolliert werden muß, dann hat diese Einstellung als Voreingenommenheit Auswirkungen auf die Disposition ihres Führungshandelns (verstärkter Einsatz von Machtmitteln, geringere Delegationsbereitschaft, verstärktes Kontrollverhalten etc.). Entsprechend ihrem individuellen Rollenverständnis[10] ordnet sich die Führungskraft von sich aus ebenfalls einem bestimmten Menschenbild zu[11].

- Der **Mitarbeiter** verfügt ebenfalls über ein entsprechend vereinfachtes und generalisiertes Bild seiner Fähigkeiten und Eigenschaften und legt dieses seinem Ausführungshandeln zugrunde. Das Verhältnis zu seiner Führungskraft baut er aus dieser Perspektive auf und wählt aus seiner Vorerfahrung unter den ihm verfügbaren "Mustern" von Führungskräften/Vorgesetzten ein entsprechendes aus; dies ungeachtet der konkreten Persönlichkeitskonstellation. Als Folge gemeinsamer Tätigkeit vermag sich dieses Vor-Bild jedoch zu modifizieren, zumal dann, wenn das Vorbildverhalten der Führungskraft einstellungsverändernd wirkt. Die Reflexion seiner Rolle als Mitarbeiter und die Ausprägung seiner eigenen Identität bilden weitere Komponenten des Menschenbildes, welches der Mitarbeiter von sich selbst entwickelt und das ihn langfristig handlungsleitend begleitet.

---

10 "Rolle" kann hier als das "vorweggenommene Einverständnis zur Standardisierung des Verhaltens (und der Haltung!)" gesehen werden; "sie gibt einen Satz schematisierter Handlungsanweisungen vor, der nicht an die einzelne Person, sondern an den Typus adressiert ist" (SCHREYÖGG 1987, 867).

11 Vgl. die von MACCOBY zwischen 1969 und 1975 an zweihundertfünfzig Managern in den USA durchgeführten Untersuchungen. Als Ergebnis stellt MACCOBY vier Managertypen ("Fachmann", "Dschungelkämpfer", "Firmenmensch", "Spielmacher") mit jeweils idealtypischen Eigenschaftskomplexen vor. Diese, so lautet die implizite Aussage seines Ansatzes, sollten eigenschaftstypisch bzw. situationsspezifisch eingesetzt werden; z. B. der "Fachmann" im Forschungs- und Entwicklungsbereich, der "Dschungelkämpfer" in Krisensituationen des Betriebes, der "Firmenmensch" im Administrativbereich des mittleren Managements, der "Spielmacher" in der Wachstumsphase des Betriebes (MACCOBY 1976).

Menschenbilder finden ihren Erklärungsversuch aber nicht allein aus dem jeweiligen Erfahrungs- und Erlebnishorizont des Individuums, sondern erhalten ihre Grundprägung durch sinngebende Kategorien und gesellschaftskritische Bewußtseinshaltungen, die das Ergebnis von tradierten Bildungs- und Sozialisationsprozessen sind und die zum Sammelbecken subjektiv-verinnerlichter Auffassungen vom Menschen werden.

Dieser Untersuchung wird jene praxisorientierte Sichtweise zugrunde gelegt, nach der Menschenbilder derart gewachsene Auffassungen und Annahmen von Führungskräften über die Persönlichkeit ihrer Mitarbeiter (und umgekehrt) widerspiegeln. Darüber hinaus ist zu prüfen, welche Vorstellungen vom Menschen sich aus der anthropologischen und erziehungswissenschaftlichen Leitbildforschung ergeben. Das Erkenntnisobjekt Mitarbeiterführung hat sich in diesem Zusammenhang auf grundlegende Einsichten zu stützen, die seitens einschlägiger wissenschaftlicher Bezugsdisziplinen historisch und normativ vorgelegt worden sind.

Menschenbilder, die in Führungstheorien impliziert sind, entstanden stets im Zusammenhang mit Auffassungen über die Natur des Menschen und den das Menschsein umfassenden sozial-kulturellen sowie wirtschaftlichen und politischen Bedingtheiten. So gesehen beruhen Menschenbilder stets auf idealtypischen und philosophisch interpretierten Konzeptionen. Leitbilder menschlichen Seins blieben bei Betrachtungen sachorientierter Betriebs- und Volkswirtschaftslehren anfangs "bewußt ausgeklammert" (DÖRSCHEL 1975, 40). Mit der Orientierung auf Kulturperspektiven und die Werteproblematik rückte dann das Problem der Menschenbilder in Bezug auf die Grundstellung des Menschen innerhalb des betrieblichen Systemganzen aus pädagogischer Betrachtung in den Vordergrund, und zwar unter Beachtung von "Deutungshilfen für ein Bild des im wirtschaftlichen Bereich lebenden und arbeitenden Menschen" (DÖRSCHEL 1975, 41).

Zur Erhellung der komplexen Materie sei die zusammenfassende Auslegung von WUNDERER/GRUNWALD zur Menschenbild-Diskussion in Beziehung zur Mitarbeiterführung der weiteren Erörterung vorangestellt:

> "In der Führungsliteratur findet man unter dem Begriff 'Menschenbild' verschiedenartige Annahmen über den Menschen, die das Führungsverhalten von Vorgesetzten beeinflussen. Dieser Begriff tauchte auf, als Vertreter der Human-Relations-Bewegung die mechanistischen Konzepte 'klassischer' Organisationslehren als 'Organisationen ohne Menschen' kritisierten. Über den Begriff 'Menschenbild' sollen Werthaltungen und sozialpsychologische Forschungsergebnisse explizit in Führungskonzeptionen eingehen" (WUNDERER/GRUNWALD 1980a).

In der Regel verbleiben die aus der Betriebswirtschaftslehre erwachsenen Definitionsversuche in eindimensionalen Betrachtungen stecken, weil sie zunächst den ökonomischen, den sozialen und schließlich den nach Selbstentfaltung strebenden komplexen Menschen aus der Sicht rein wirtschaftlichen Denkens und Handelns untersuchen und für ein Konzept kooperativer Führung unter diesem Aspekt aufzubereiten suchen. Philosophische, sozialpsychologische und pädagogisch-anthropologische Zusammenhänge erscheinen in diesen Menschenbildkonstruktionen als relativ vereinfachte Aussagen über das Wesen des Menschen. Erst mit eindeutiger Ausrichtung auf ein philosophisch-pädagogisch begründetes Bild vom Menschen läßt sich jedes instrumentalistische Verständnis des Menschenbildes überwinden. Im nachfolgenden soll der Weg zur Herausbildung jenes Menschenbildes skizziert werden, welches sich mit der These der Selbstentfaltung und Selbstbestimmung an ein pädagogisch unterlegtes Konzept kooperativer Führung bindet.

In der Management- und Führungsliteratur tauchen zur Abstützung ökonomisch orientierter Sichtweisen oftmals Belege zur Charakterisierung des menschlichen Verhaltens auf, die in dieser Form einer extremen Etikettierung zur Kennzeichnung des komplexen Menschenbildes, noch dazu aus dem Zusammenhang gerissen, unbrauchbar sind. Sie seien daher aus der weiteren Untersuchung ausgeklammert. Dazu gehören Aussagen wie z. B.: "Der Mensch ist undankbar und heuchlerisch" (Niccolò MACHIAVELLI 1469-1527), "Der Mensch ist prestige- und machtsuchtig" (Thomas HOBBES 1588-1679), "Der Mensch ist vernünftig" (John LOCKE 1632 -1704), "Der Mensch ist selbstsüchtig" (Adam SMITH 1723[Taufe]-1790), "Survival of the fittest [nur der Tüchtigste überlebt]" (Charles DARWIN 1809-1882), "Der Mensch ist wie ein

Teil einer Maschine" (Frederick TAYLOR 1856-1915), "Der Mensch ist primitiv und triebgesteuert" (Siegmund FREUD 1856-1939) u. a. Derartige Generalisierungen besitzen keinen heuristischen Wert und sind dergestalt für Fragen betriebspädagogisch fundierter Mitarbeiterführung nicht relevant.

Anders verhält es sich mit McGREGORs dualistischem Ansatz (Theorien X und Y). Dieser charakterisiert zwei polare Grundtypen von Menschen; damit führt er die ursprüngliche Tradition der US-amerikanischen Managementforschung - in Extremen zu denken[12] - weiter fort. Diese zwei gegensätzlichen, idealtypischen Modelle erfassen in der "Theorie X" die herkömmlichen, in der Führungspraxis auffindbaren, Hypothesen und Annahmen über das Verhalten von arbeitenden Menschen in Organisationen (Betrieben) und in der "Theorie Y" die idealtypischen Vorstellungen vom Mitarbeiter. Die Kerninhalte der beiden "Theoien"[13] lassen sich in ihren Grundeinsichten wie folgt kennzeichnen:

Kerninhalte der "Theorie X" (vgl. McGREGOR 1960, 33 ff.):

- Der Mensch hat eine angeborene Abneigung gegen Arbeit und wird sie deshalb soweit als möglich vermeiden.
- Deshalb müssen die meisten Menschen kontrolliert, geführt und mit Strafandrohung gezwungen werden, einen produktiven Beitrag zur Erreichung der Organisationsziele zu leisten.
- Der Mensch bevorzugt es, geführt zu werden, er möchte Verantwortung vermeiden, hat wenig Ehrgeiz und wünscht sich vor allem Sicherheit.

---

[12] Vgl. die dualistische Diskussion von Menschenbildern bei KNOWLES/SAXBERG (1967).

[13] Zur wissenschaftstheoretischen Kritik ist anzumerken, daß die von McGREGOR vorgelegten "Theorien" keinerlei empirische Fundierung aufweisen; diese wird durch "mehr oder minder plausible Mutmaßungen" ersetzt. "Die spekulative Sichtweise zielt allenfalls auf logische Widerspruchsfreiheit" (vgl. WUNDERER/GRUNWALD 1980a, 22).

Kerninhalte der "Theorie Y" (vgl. McGREGOR 1960, 47 ff.):

- Der Mensch hat keine angeborene Abneigung gegen Arbeit. Körperliche und geistige Anstrengungen bei der Arbeit sind so normal wie Spielen oder Schlafen. Arbeit kann eine wichtige Quelle der Zufriedenheit sein.
- Überwachung und Bestrafung stellen nicht die einzigen Möglichkeiten dar, die Organisationsziele zu erreichen. Fühlt sich der Mensch den Organisationszielen verpflichtet, wird er Eigeninitiative und Selbstkontrolle entwickeln.
- Die wichtigsten Anreize zur Arbeit sind die Befriedigung der Ich-Bedürfnisse und das Streben nach Selbstverwirklichung.
- Der Mensch sucht unter speziellen Bedingungen und nach entsprechender Ausbildung nach Verantwortung.
- Einfallsreichtum und Kreativität bei Mitarbeitern sind weitverbreitete Eigenschaften, sie werden jedoch nur teilweise genutzt.

Bezieht man McGREGORS "Theorien" auf die bereits untersuchten "Auswirkungen des Wertewandels auf die Mitarbeiterführung"[14], so ergibt sich ein logisches Nahverhältnis "materialistischer Werte" zur "Theorie X" und ein ebensolches von "postmaterialistischen Werten" zur "Theorie Y". Ähnliche Bezüge können zwischen der "Theorie Y" und Auffassungen der humanistischen Psychologie hergestellt werden. Die humanistische Psychologie verfolgt das deklarierte Ziel, für menschliches Handeln brauchbare Wege zum existenziellen Seinsverständnis und zum bewußten Erleben des Daseinsvollzuges zu finden (vgl. ZUCHA 1979, 11 f.).

Ihre philosophischen Wurzeln liegen im Existenzialismus und Humanismus. Tragende Motivstrukturen verknüpfen sich mit den Grundrechten des Menschen (Freiheit, Eigentum, Sicherheit, Widerstand gegen Unterdrückung). Orientierungspunkt bildet das Streben nach Menschlichkeit (Humanität) und nach einer menschenwürdigen Daseinsgestaltung. Auf diese Weise hat die humanistische Psychologie Eingang in die Führungstheorien gefunden.

---

[14] Vgl. Kapitel 4.1 dieser Arbeit.

Bezieht man die Ergebnisse der humanistischen Psychologie auf McGREGORs Theorie Y, so kommt den Motivationsfaktoren (Satisfaktoren, Motivatoren) von HERZBERG[15], dem Konzept der reifen Persönlichkeit von ARGYRIS[16] und den Wachstumsmotiven von MASLOW[17] zur Stützung des menschlichen Verhaltens große Bedeutung zu. Zwischen der "Theorie X" und den HERZBERGschen Hygienefaktoren (Dissatisfaktoren), dem ARGYRISschen Konzept der unreifen Persönlichkeit und den MASLOWschen Defizitmotiven (vgl. STAEHLE 1989, 174) besteht ebenfalls ein korrespondierender Zusammenhang.

Unterstellt man, wie McGREGOR es empfiehlt, dem Führungshandeln ausschließlich einen Idealtypus von Mitarbeiter (nämlich den der "Theorie Y") und dies noch dazu ohne ausreichende Berücksichtigung der aktuellen Führungssituation, dann werden die sozialen Wahrnehmungsmuster der Führungskraft unnotwendigerweise eingeengt. Gerade die situationsorientierte Denkweise[18] zeigt, daß die verschiedenen Aufgabenstellungen der Arbeitssituation und die darin integrierten Variablen der entsprechenden Führungssituation im Führungsprozeß ein hohes Maß an pädagogischer Flexibilität und menschlicher Anpassungsfähigkeit von Führenden und Geführten voraussetzen und bedingen. Diesen Erfordernissen können die "Theorien" McGREGORs als Erklärungsversuch für sich genommen kaum nachkommen. Dennoch ist deutlich geworden, daß das Konzept des Menschenbildes mit der Suche nach einem wirksamen und zweckmäßigen Führungsstil zusammenhängt. Menschenbilder und Führungsverhalten werden stets im engsten Zusammenhang gesehen.

---

15 Vgl. HERZBERG 1968.

16 Vgl. ARGYRIS 1957.

17 Vgl. MASLOW 1977.

18 "Die Situationstheorie geht davon aus, daß Führung bzw. die Position eines Führers nicht ausschließlich von wirklichen oder vermeintlichen hervorragenden Persönlichkeitseigenschaften abhängen, sondern auch und gerade von spezifischen Situationen" (WUNDERER/GRUNWALD 1989a, 134; dort auch ein Überblick zur Situationstheorie der Führung).

Entsprechende Annahmen über den Menschen unterlegt auch SCHEIN (1980) dem Führungshandeln. In seiner Menschenbild-Typologie geht er von der Hypothese aus, daß das Führungshandeln durch bewußte oder unbewußte Vorerfahrungen sowie durch spezifische Einstellungen, Erwartungen, Meinungen und Vermutungen der Führungskraft gesteuert wird. SCHEIN greift auf die gesamte historische Entwicklung der Menschenbild-Typologien zurück und versucht sie vom jeweiligen Erkenntnisstand her chronologisch zu ordnen. Es entstehen vier hypothetische Konstrukte, gestützt auf "managerial assumptions about humans" (vgl. SCHEIN 1980, 50 ff.).

Die bei SCHEIN abgehandelte Menschenbild-Typologie gilt in der Management- und Führungsliteratur inzwischen als klassisch. Sie soll daher im folgenden mit Bezugnahme auf den Prozeß der Mitarbeiterführung herausgearbeitet werden. Denn erst darauf bezogen wird das neue Bild vom Menschen in seinem Bedeutungsgehalt greifbar. Die vier Menschenbild-Typologien entspringen jeweils dem unterschiedlichen Entwicklungsstand des Managementdenkens, sind also zeitgebundene Geisteshaltungen, die ihre Auswirkungen bis in die Gegenwart haben. Im einzelnen handelt es sich um Typologien wie

- der rational-ökonomische Mensch (rational-economic man)
- der soziale Mensch (social man)
- der sich selbst verwirklichende Mensch (self-actualizing man)
- der komplexe Mensch (complex man).

Der Typus "rational-economic man" (der "rational-ökonomische Mensch") wurzelt im Taylorismus und dem daraus resultierenden "scientific management"[19]. Seine sozialphilosophische Grundlegung findet dieser Ansatz in merkantilistischen Wirtschaftstheorien, die durch den Sozialdarwinismus und durch die protestantische Ethik calvinistischer Provenienz geprägt sind. Dieses durch mechanistische Vorstellungen charakterisierte, "tayloristische Menschenbild" entspricht dem der klassischen Nationalökonomie (homo oeconomicus) und

---

[19] Vgl. TAYLOR 1911, TAYLOR 1917.

geht von der Voraussetzung aus, daß (Mit)Arbeiter lediglich durch ein ökonomisch definiertes Eigeninteresse zur Arbeit motiviert sind.

Das Menschenbild des economic man deckt sich weitgehend mit McGREGORs "Theorie X":

- Der (Mit)Arbeiter ist primär passiv und muß durch monetäre Anreize motiviert werden;
- sein Arbeitshandeln ist rational, er muß durch die Führungskraft manipuliert motiviert und kontrolliert werden;
- Arbeit und Privatleben verlaufen bei ihm getrennt.

Daraus ergibt sich für die Mitarbeiterführung eine Reihe funktionaler Konsequenzen:

- Effektive Gestaltung des Produktionsprozesses durch Betonung der Positionsautorität;
- Wahrnehmung der klassischen Managementfunktionen: Planen, Organisieren, Motivieren und Kontrollieren;
- Durchführung tätigkeitsspezifischer Personalauswahl und arbeitsplatzbezogener Ausbildung;
- Sicherstellung der notwendigen Kontrollen zwecks Erhöhung der Arbeitsleistung.

Aus der Sicht der Betriebspädagogik richtet sich die Kritik am rational-ökonomischen Menschenbild auf die mechanistische Führungsperspektive, da die Funktion des Menschen im Arbeitsprozeß und sein Verhältnis zu den Arbeitsmitteln (Produktionsabläufe, Maschinen, Werkzeuge etc.) ausschließlich produktionsbezogen gesehen wird. Unter Außerachtlassung individualpädagogischer Orientierungen sind Rationalisierung und Produktivitätssteigerung bei Aufrechterhaltung einseitiger Macht- und Einflußausübung primäres Betriebsinteresse. WUNDERER/GRUNWALD (1980a, 95) weisen explizit darauf hin, daß derartige Menschenbilder auch aus neueren organisationspsychologischen Ansätzen keineswegs verschwunden sind.

Der Typus "social man" (der "soziale Mensch") ist das Resultat der durch die Human-Relation-Bewegung am Taylorismus geübten Kritik. Die an der Harvard-Universität agierende soziologische Schule[20] lieferte dazu die wissenschaftliche Grundlage. In der sozialwissenschaftlichen Forschungsrichtung wurde durch das Beispiel der berühmten "Hawthorne-Studien" (vgl. ROETHLISBERGER/DICKSON 1939) der Durchbruch zur empirischen Feldforschung geschafft. Eines der wesentlichen Forschungsergebnisse, die Entdeckung der "informellen Organisation" (neben den formal geschaffenen Organisationsstrukturen und Hirarchien existiert in jedem Betrieb ein informelles System von Normen, Werten, Regeln und Sozialbezügen, die sich wesentlich auf das Arbeitsverhalten auswirken), führte dazu, "*daß der Arbeiter nicht mehr als isolierte Produktionseinheit, sondern als soziales Wesen*" (WUNDERER/GRUNWALD 1980a, 96) betrachtet wurde.

Das Menschenbild des "social man" deckt sich weitgehend mit den durch die Human-Relations-Bewegung vorgelegten Erkenntnissen:

- Der arbeitende Mensch ist in erster Linie durch soziale Bedürfnisse motiviert;
- die sozialen Normen seiner Arbeitsgruppe können beim Aufbau seines Sebstwertes helfen und begünstigen auch seine Identitätsfindung;
- die Kräfte des sozialen Feldes seiner Arbeitsgruppe motivieren stärker als betriebliche Anreiz- und Kontrollfunktionen von Vorgesetzten;
- das Arbeitsverhalten verändert sich in Richtung auf Erhöhung der Arbeitszufriedenheit.

Daraus ergeben sich für die Mitarbeiterführung folgende Konsequenzen:

- Je mehr demokratisch-partizipatives Verhalten ein Mitarbeiter erlebt, desto offener wird er für betriebliche Probleme;

---

20 Vgl. MAYO 1945; POLLARD 1973; ROETHLISBERGER/DICKSON 1939; ROSE 1975 u. a. In diesem Zusammenhang verweisen WUNDERER/GRUNWALD (1989a, 95) auf den Umstand, daß "In Deutschland schon Bücher (1899) und Hellpach (1922, 25) auf die Arbeitsmotivierung durch 'gesellige Arbeit' und Söllnheim (1922) auf die Grenzen des Taylorismus" aufmerksam gemacht haben.

- nicht nur arbeitsnotwendige Fähigkeiten, sondern der ganze Mensch soll angesprochen werden;
- die Arbeit ist gruppenorientiert zu organisieren, Gruppenanreizsysteme sind anstelle individueller Motivation zu setzen;
- Bedürfnisse nach Anerkennung, das Zugehörigkeitsgefühl und der Identitätsaufbau sollen berücksichtigt und gestärkt werden;
- die Führungskraft fungiert, über den fachlichen Tätigkeitsrahmen hinaus auch als "Sozialtechnologe" und "Menschenführer".

Die Kritik am Bild des "sozialen Menschen" zielt auf die Überbetonung der sozialen Faktoren und auf die technisch-manipulative Handhabung ("Sozialtechnologie") des Führungsproblems. Nicht unerheblich waren auch die Vorwürfe hinsichtlich der unzureichenden Forschungsmethodik und der mangelhaften wissenschaftstheoretischen Grundlagen, insbesondere im Zusammenhang mit den Hawthorne-Studien (vgl. CAREY 1967, 403 ff.).

Aus betriebspädagogischer Sicht kann aber nicht unberücksichtigt bleiben, daß durch diese Kritik Impulse gesetzt wurden, die im Führungsbereich eine stärkere Hinwendung "zum Menschen" mit sich gebracht haben. STAEHLE (1989, 35) weist darauf hin, daß eine Reihe führungsrelevanter Erkenntnisse direkt an die Human-Relations-Bewegung anknüpft; z. B. Klientenzentrierte Gesprächspsychotherapie (ROGERS 1942, 1987), Kleingruppenforschung/Gruppendynamik (BALES 1950; CARTWRIGHT/ZANDER 1968; COCH/FRENCH 1948; HOMANS 1960; TRIST/BAMFORTH 1951; WHYTE 1948) und organisationsbezogenes Führungshandeln (BARNARD 1970; PARSONS 1960; SIMON 1981).

Der Typus "self-actualizing man" (der "sich selbst verwirklichende Mensch") resultiert ebenfalls aus der Human-Resources-Schule[21]. Allerdings kommt es im Hinblick auf den arbeitenden Menschen selbst zu einer Weiterentwicklung des Menschenbildes dahingehend, daß seine Persönlichkeitsentwicklung als Wirkungsfaktor der Leistungserbringung von Unternehmen mitge-

---

[21] Vgl. ARGYRIS 1957; BENNIS 1959; MILES 1975 u. a.

sehen wird. Pate standen hier die humanistische Psychologie[22] und die durch diese beeinflußten Organisationswissenschaften.

Die inhaltliche Nähe dieses Menschenbildes zur "Theorie Y" von McGregor ist evident:

- Die Bedürfnisse des Menschen lassen sich erfassen und hierarchisieren, dabei spielt im Leistungsprofil[23] über existenzielle Grundbedürfnisse (psychologische Bedürfnisse, Sicherheitsbedürfnisse, soziale Bedürfnisse, "Ich"-Bedürfnisse) hinaus das Bedürfnis nach Selbstverwirklichung die zentrale Rolle;
- Der Mitarbeiter ist von sich aus zur Aufgabenerfüllung motiviert, erstrebt dabei Autonomie und präferiert Selbstkontrolle;
- Mitarbeiterziele und Betriebsziele sind in Einklang zu setzen.

Daraus ergeben sich für die Mitarbeiterführung folgende Konsequenzen:

- Der Status der Führungskraft wechselt von der Positionsautorität zur Sachautorität und Vorbildfunktion;
- dem Mitarbeiter werden zunehmend Aufgaben und Kompetenzen delegiert;
- die fördernden und unterstützenden Komponenten (ServiceFunktion) der Führung werden betont;
- die Partizipation der Mitarbeiter am Betriebsgeschehen rückt in den Vordergrund;
- die intrinsische Motivation selbstbestimmten Handelns findet stärkere Beachtung.

---

22 Die humanistische Psychologie entstand als "dritte Kraft" (MASLOW) zwischen der behavioristischen und der psychoanalytischen Richtung der Psychologie. Ihr Forschungsbemühen ist es, das Erleben und Handeln des Menschen in seiner unteilbaren Ganzheit zu erfassen und zur Weiterentwicklung seiner Persönlichkeit beizutragen (Übersicht bei: ZUCHA 1987).

23 Vgl. HEIDACK 1981, 41 f.; MASLOW 1977.

Der Hauptkritikpunkt am Konzept des "Sich selbst verwirklichenden Menschen" ist der, daß dieses - wie auch die beiden vorhergehenden Konzepte - noch immer die soziale Kontrolle der Führungskräfte über die Mitarbeiter impliziert. Dazu wird der Mitarbeiter nach klar gegliederten Organisationsprinzipien in das Betriebsgeschehen eingebunden. Statt ganzheitlich orientierter Entwicklung der Mitarbeiterpersönlickeit liegt das Führungsschwergewicht auf dessen extrinsischer Motivation durch Leistungsanreize. Die tayloristischen Prinzipien des "scientific management", "nämlich Produktivität und Effektivität durch Aufgabenspezialisierung, Ordnung, Stabilität und Kontrolle anzustreben, wurden nicht in Frage gestellt" (MILES 1975, zit. n. WUNDERER/GRUNWALD 1980a, 106). Daraus entstehen in Führungsprozessen Konflikte, deren Ursachen im Spannungsfeld divergierender Interessen liegen. Individualziele und eindeutig gerichtete Betriebsziele haben eben noch nicht zu einer deckungsgleichen "Übereinstimmung" geführt.

Der Typus "complex man" (der "komplexe Mensch") charakterisiert den Menschen der Industriegesellschaft, schließt aber die Existenz der übrigen Menschenbilder nicht aus; diese können auf bestimmte Mitarbeiter, unter gewissen betrieblichen Bedingungen durchaus zutreffen. Der "komplexe Mensch" ist das Ergebnis der Dynamisierung unserer Gesellschaft. Infolge des technologischen Wandels, der "eine rationale, emotionale und moralische Herausforderung für unsere Gesellschaft" darstellt (SCHLAFFKE 1985, 72), verändern sich die Arbeitsbedingungen. Unternehmen sind vor die Notwendigkeit gestellt, "durch Humanisierung der Arbeitswelt und Ausnützung moderner Kommunikations- und Informationstechniken" (DELVENTHAL 1985, 41) Lebensqualität insgesamt zu verbessern. Begleitet wird diese Entwicklung vom mentalen Wandel. Hier sind "geistige Bewußtseins- und Anpassungsrückstände" im "mentalen Territorium" (BRANDL 1986, 170) aufzuarbeiten. Der Mitarbeiter wird als flexibler und lernfähiger Mensch gefordert.

Das Menschenbild wird durch folgende Statements charakterisiert:

- Der Mensch ist äußerst lern- und wandlungsfähig;
- er erwirbt durch die Herausforderung neue Motive, welche er durch seine unterschiedlichen Systemzugehörigkeiten in verschiedener Weise artikuliert;
- die Dringlichkeit der Motiverfüllung verschiebt sich auf "innere Humanisierung" (SAHM 1984, 44), die sich im Aspekt der Selbstverwirklichung als "Verbesserung der Selbstkontroll-, Selbstbestimmungs- und Selbstverantwortungsmöglichkeiten aller Mitarbeiter" (KRCZAL 1979, 6) umschreiben läßt;
- durch Erhöhung der Flexibilität, Sensibilität und Kreativität vermag sich der Mitarbeiter zusammen mit erhöhter Mitgestaltungsbereitschaft an unterschiedliches Führungsverhalten und sich verändernde Arbeitsbedingungen deswegen besser anzupassen, weil er situationsspezifisch Einfluß auf deren Veränderungen nimmt.

Daraus ergeben sich für die Mitarbeiterführung folgende Konsequenzen:

- Führungskräfte verfolgen mehr als zuvor in der Verhaltensbeeinflussung aus einer fragend-forschenden Grundhaltung heraus eine personenzentrierte Förderungsabsicht;
- die erkannten Unterschiede im Dispositionsgefüge des Mitarbeiterverhaltens werden als konstruktive Individualbestrebungen für das Betriebsgeschehen führungsmäßig nutzbar gemacht;
- dies setzt betriebserzieherische Handlungsmuster voraus, auf die unterschiedlichen Motivationslagen der Mitarbeiter durch flexibles Führungsverhalten zu reagieren.

Der Begriff "komplexer Mensch" kann als Mischform des "rational -ökonomischen", des "sozialen" und des "sich selbst verwirklichenden Menschen" aufgefaßt werden. Damit nimmt die pädagogische Aussagekraft und der führungsmäßige Orientierungswert dieses Menschenbildes in Bezug auf das Mitarbeiterverhalten zu. Da das Modell des "complex man" aber nach wie vor vordergründig systemkonform ausgerichtet bleibt, und die wertschöpfende und sinnstiftende Potenz des Menschen zuwenig Beachtung findet, ist damit eine betriebspädagogische Alternative nur in Ansätzen gegeben. Das Menschenbild bleibt dem instrumentellen Bezug verhaftet. Massive Kritik daran übt NEUBERGER, wenn er abgrenzt:

> "Im Grunde stellt die Rede vom 'komplexen Menschen' die Verteidigung eines Menschen dar, der zum gefügigen Produkt seiner Umwelt wurde: Er ist (nun) so, wie sie ihn braucht" (NEUBERGER 1990b, 26).

Die Diskussion der theoretischen Menschenbild-Klassifikationen zeigt, daß die derart konstruierten Menschenbilder nur bedingt als pädagogische Führungshilfen dienen können. Dies, weil sie ein neues Bild des Menschen auf der betrieblichen Organisationsstruktur und der optimalen Nutzung der technischen Möglichkeiten aufzubauen gedenken und entsprechende "Annahmen über den Menschen" (STAEHLE 1973, 112) stets in Verbindung mit organisationsbezogenen Variablen bringen. Die Beeinflussung des Menschen setzt von außen an, was in führungsmäßiger Hinsicht durchaus zur Erhöhung des Selbstwertgefühls, zur Sicherheit im Arbeitsverhalten und zur Zufriedenheit im Arbeitsbereich führen kann, ohne jedoch die für die Entwicklung der Persönlichkeit ausschlaggebende Eigeninitiative und geistige Beteiligung an der Arbeit zur Handlungsgrundlage zu machen und im humanen Sinne zu fordern. Für eine betriebspädagogisch ausgerichtete Mitarbeiterführung können derart modellierte Menschenbilder daher lediglich Anregungen und Denkanstöße geben bzw. als Orientierungshilfen dienen.

Die Bedeutung von Menschenbildern in der Führungsbeziehung und in deren Umfeld läßt sich schärfer fassen, wenn die Menschenbildproblematik aufgrund der geäußerten Kritik an ihrer normativen verhaltensleitenden Ausrichtung über die Human-relation Bewegung hinaus in den erweiterten Zusammenhang der "kooperativen Führung" gestellt wird (WUNDERER/GRUNWALD 1980a, 109 f.). Kooperative Führung setzt Anforderungen an Führungskonzepte voraus, die bisherige Beschränkung auf Anpassungszwänge und Konformitätsdruck aufzuheben und das Menschenbild an potentielle

Mündigkeit des Menschen und seiner Fähigkeit zur Selbstbestimmung festzuschreiben.

> "Pädagogisch gesehen müssen in diesem Zusammenhang Widersprüche gelöst werden, die zwischen dem Streben nach Selbstverwirklichung und Persönlichkeitsentfaltung auf der einen und betrieblichen Sachnotwendigkeiten auf der anderen Seite zwangsläufig bestehen" (SCHÖLER 1985, Vorwort).

Derzeit überwiegen in betrieblichen Führungssystemen die Elemente der Entfremdung und Abhängigkeit. Selbstregulierungsprozesse mit dem Schwerpunkt der Entwicklung der Persönlichkeit finden in der Infrastruktur soziotechnischer Systeme als Grundqualität des betrieblichen Miteinanders noch nicht den ihnen gebührenden Stellenwert. Hier setzt Betriebspädagogik an, um eine Gestaltung der Organisation "ad personam" zu forcieren. Es gilt vor allem, die Beschränkung der Selbständigkeit und des autonomen Verhaltens im Unternehmenssystem abzubauen. Dementsprechend etabliert sich Betriebspädagogik in ihrem aktuellen Theorieansatz:

> *"Die Betriebspädagogik als die Wissenschaft von der betrieblichen Bildungsarbeit hat nicht die betrieblichen Organisations- und Funktionszusammenhänge als solche zum Gegenstand, sondern das Individuum (den Mitarbeiter bzw. die Mitarbeiterin) als das in seinen Möglichkeiten zu entwickelnde und zu bildende Subjekt. Betriebliche Organisations- und Funktionszusammenhänge stellen für die Betriebspädagogik deshalb nur insofern einen Gegenstand dar, als sie diese determinieren, d. h. auslösen, fördern oder auch behindern"* (ARNOLD 1990, 17 f.).

Der funktionale Aspekt betrieblicher Mitarbeiterführung findet daher seine betriebserzieherische Eingrenzung und Gewichtung in der "Förderungsabsicht"[24], die zu einem erheblichen Teil auf die Vermittlung von Handlungskompetenz zwecks Aufbrechung einschränkender Handlungsregulation ausgerichtet ist. Aufzugreifen sind hier die "vielfältig miteinander interagierenden Determinan-

---

[24] Vgl. BREZINKA 1990, 95.

ten", die menschliche Förderung und Entwicklung pädagogisch bestimmen. Trotz bestehender Systemanforderungen im beruflichen Alltag und den situativ intendierten "förderlichen oder hinderlichen äußeren Bedingungen" (ROSENSTIEL 1987, 1320) richtet sich das Wirkungssystem Mitarbeiterführung auf "Lebensqualität und Emanzipation" (ZIELINSKI 1986, 248), und zwar als ein für pädagogisches Handeln relevanter Erziehungs- und Bildungsbegriff. Normen und Regeln, die das Verhalten in diesem Zusammenhang an "soziales Dürfen" (vgl. Abb. II/6) binden, wirken jedoch in den Bildungs- und Erziehungsprozeß hinein.

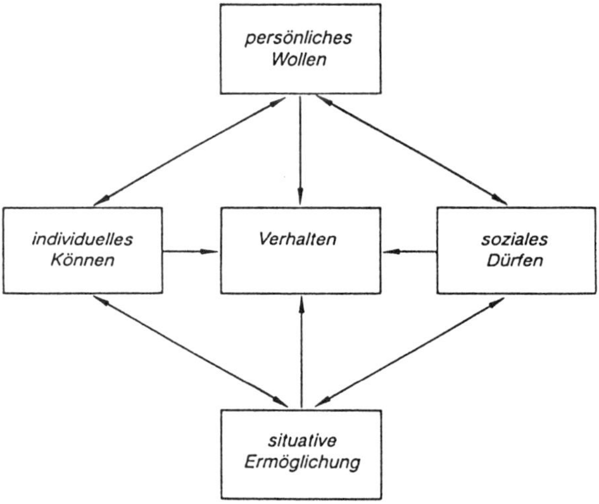

Abb. II/6: Determinanten menschlichen Verhaltens (ROSENSTIEL 1987, 1320)

Zieht man im Hinblick auf die neuen Herausforderungen und den Prozeß der Humanisierung Folgerungen für ein zu kreierendes philosophisch fundiertes Menschenbild, so ergibt sich für Mitarbeiter wie Führungskräfte die Notwendigkeit, "Technik und Organisation auf Mensch und Leben hin zu orientieren" d. h.,

> "nicht die Technik, sondern der Mensch muss die obersten Werte festsetzen; nicht eine maximale Produktion, sondern die optimale *Entwicklung des Menschen* muss das Kriterium für jegliches Planen sein. Die Entfaltung des Menschen und nicht der industrielle 'Fortschritt' muss zum Leitbild der sozialen Organisation werden" (MÜLLER 1990, 38).

Entworfen wird auf dieser Grundlage aus einer neuen Sicht von Mensch und Organisation für "Führung" das "Menschenbild 2000: Der mündige Mitarbeiter" (MÜLLER 1990, 41). Der Mensch ist mündig und als "mündige Person" pädagogisch gesehen "zur Selbstbestimmung und individuellen Entscheidung fähig" (SCHIEFELE 1974, 130). Er begreift Arbeit als Bestandteil autonomer Lebensgestaltung. Daher gilt es in einem pädagogisch zu fassenden Wirkungssystem Mitarbeiterführung, das Potential mündiger Mitarbeiter als das eigentliche Aktivum eines Unternehmens zu begreifen und durch Delegation und Selbstgestaltung das autonome Handeln freizusetzen. Menschlichkeit statt Fremdbestimmtheit, persönliche Initiative statt Gleichschaltung, so läßt sich eigenständiges Denken und Handeln verantwortungsbewußter Mitarbeiter bei der Gestaltung ihres Arbeitsverhältnisses artikulieren. Für Führungskräfte bedeutet dies:

> "Humanisten verstehen ihre Mitarbeiter als lernwillig und leistungsbereit und räumen ihnen neben Verantwortung und Kompetenzen den nötigen Freiraum ein. Sie führen aufgrund ihrer natürlichen, persönlichen Autorität, die auf äussere Statussymbole und blosse Machtausübung verzichten kann. Ihr Ziel: Entfaltung des menschlichen Potentials auch im Unternehmen!" (SCHULTHEISS 1988, 235)

Aus dieser Zielrichtung gewinnt Betriebspädagogik ihre entscheidende Positionierung. Sie orientiert Führungshandeln an pädagogischen Grundsätzen. In diesem Sinnverständnis sieht man sich "also gehalten, nicht grundsätzlich zu sozialer Anpassung *sondern zur Mündigkeit* zu erziehen" (ZDARZIL 1985, 147). Für ZDARZIL folgt daraus, der Mensch "soll nicht nur reproduzierend und tradierend, sondern ebenso schaffend und schöpferisch tätig werden". Theorie und Praxis klaffen in der Realität betrieblicher Handlungsstrukturen weit auseinander. Mündigkeit bleibt so gesehen Vision. Den Grundsehnsüchten des Menschen nach Bestätigung der eigenen Lebensleistung und selbstbestimmter

Handlungsfreiheit wird derzeit in den Betriebssystemen noch zu wenig entsprochen. Vordergründige Verhaltenstechniken und -anweisungen vermögen diese im Bereich von Mensch und Arbeit nicht zu ersetzen. Es bleibt daher zu prüfen, inwieweit ein pädagogisch ausgelegtes Wirkungssystem Mitarbeiterführung diesen Widerspruch zu beheben vermag.

5 SYSTEMATIK DES WIRKUNGSSYSTEMS MITARBEITER-FÜHRUNG

5.1 Entwicklung des Arbeitsbegriffes "Mitarbeiterführung"

Durch die bisherige Untersuchung wurde die hohe Komplexität des Problemfeldes "Mitarbeiterführung" als immanenter Bestandteil jeder Unternehmensführung aufgezeigt und versucht, eine Eingrenzung desselben aus betriebspädagogischer Perspektive vorzunehmen. Im nachfolgenden Arbeitsschritt geht es nicht darum, den Kanon der Führungsdefinitionen um eine weitere Variante zu bereichern, sondern es sollen jene betriebspädagogisch relevanten Bestimmungsmerkmale erhoben und zu einem Arbeitsbegriff verdichtet werden, welche für das Verständnis der in ein Wirkungssystem einzubindenden Mitarbeiterführung zweckdienlich sind.

Die durchgeführten Explikationen in Bezug auf ethisch-philosophische und anthropologisch-pädagogische Grundrelationen haben offengelegt, daß aus betriebspädagogischer Sicht Mitarbeiterführung und Erziehung in einem engen, sich gegenseitig bedingenden Zusammenhang stehen. Bereits das soziotechnische System Betrieb an sich enthält umfassende funktionale Erziehungsstrukturen:

> "Wenn Menschen in einem Betriebe gemeinsam arbeiten, dann widerfährt ihnen dort zwangsläufig eine pädagogische Formung, die zwar von niemandem geplant und gelenkt wird, trotzdem jedoch sehr wirkungsvoll ist" (ABRAHAM 1957, 173).

Die im Betrieb erfolgende Formung des Mitarbeiters erhält dann ihre pädagogische Ausrichtung, wenn das mitarbeiterbezogene Handeln der Führungskraft von einer unmittelbaren Förderungsabsicht in erzieherischer Hinsicht getragen wird. Im Verhältnis von Führungskraft und Mitarbeiter entwickelt sich ein "pädagogischer Bezug" (NOHL 1970) als Grundkategorie gegenseitigen Verhaltens. Im pädagogischen Bezug aktualisiert sich die Bewährung verantwortlichen Handelns in einer konkreten Situation. Ein nach Selbstentfaltung strebender Mensch ist fähig, "effektiv mit seiner Umwelt zu verkehren" (MÜLLER 1981, 64), und zwar je nachdem, welche Urteils- und Entscheidungsfähigkeit er in Bezug auf Sachkompetenz, Sozialkompetenz und Selbstkompetenz als Voraussetzung zu einer selbstbestimmten Lebensbewältigung bisher erworben hat.

Erst durch diese Förderungsintention erhalten die sozialen Handlungen der Mitarbeiterführung auf allen Führungsebenen Erziehungsqualität.

> "Die von ihr vorgelebten Denkweisen, Wert- und Zielvorstellungen haben einen tiefgreifenden Einfluß auf die sozialen Normen in der gesamten Unternehmung, sei es dass die Mitarbeiter sich mit den Wert- und Zielvorstellungen der obersten Leitung weitgehend identifizieren, oder sei es dass sie diese für wenig überzeugend oder unglaubwürdig halten und ihnen im Extremfall sogar Widerstand entgegenstellen" (ULRICH/FLURI 1992, 38).

Der Anspruch, auf das psychische Dispositionsgefüge des Mitarbeiters einzuwirken, um seine Persönlichkeit zu fördern, bedarf daher einer differenzierteren Betrachtung.

In jedem betrieblichen Handlungsfeld existiert ein spezifischer Bezugsrahmen, an dem sich die Führungskräfte als Träger des Erziehungshandelns orientieren und in dem Mitarbeiter agieren. Erziehungshandeln aktualisiert sich in diesem Bedingungsgefüge und formt sich im "pädagogischen Bezug" zu einem erzieherischen Verhältnis von beiden Seiten.

> "Der pädagogische Bezug ist ein gleichgewichtiges Wechselverhältnis" (SCHIEFELE/TRÖGER 1973, 45).

In diesem Gegenseitigkeitsverhältnis bedarf es ausgeloteter Handlungsspielräume, um das betriebliche Kommunikationsgeschehen deutlich in einen pädagogischen Zusammenhang zu stellen und an menschliches Handeln unmittelbar zu binden.

Mitarbeiterführung bildet ein "Wirkungssystem 'Menschliches Handeln'" (ZIELINSKI 1981, 109) und setzt voraus, daß der Mitarbeiter fähig und willens ist, an der Führungsinteraktion als menschlich gleichberechtigter und fachlich kompetenter Partner mitzuwirken[25]. Die Realisierung der personalen Förderungsabsicht wird im Führungsprozeß zu einer aktiven Komponente mit dem Ziel, die Persönlichkeit des Mitarbeiters durch Hebung seiner betrieblichen Handlungskompetenz zu fördern, um dadurch die geforderte Partizipation zu gewährleisten. Führungshandeln ist daher auf die zwischenmenschliche Beziehung auszurichten.

Die erziehungswissenschaftlich orientierte Betriebspädagogik stellt die Förderungsabsicht als Kernelement des Erziehungsbegriffes in das Zentrum ihrer Bemühungen. Die durch BREZINKA (1990, 90) erfolgte Begriffsdifferenzierung kann daher für die Grundlegung des Erziehungshandelns herangezogen werden:

> *"Die sozialen Handlungen, die 'Erziehung' genannt werden, sind durch die Absicht gekennzeichnet, die Persönlichkeit anderer Menschen zu fördern - sei es, sie zu verbessern, sei es, ihre wertvollen Bestandteile zu erhalten, sei es, die Entstehung von Eigenschaften, die negativ bewertet werden, zu verhüten".*

Genauso wie Erziehung ist auch Mitarbeiterführung als *"zielgerichtes Handeln"* (BREZINKA 1990, 100) zu begreifen. Die verhaltensbeeinflussenden Einwirkungen der Führungskraft gelten dem Zweck, Mitarbeiter systematisch für die Erreichung der Betriebsziele zu gewinnen. Aus betriebspädagogischer Sicht kommt daher der kooperativen Erarbeitung und Vereinbarung der zu erreichenden Ziele motivierende Bedeutung zu. Dem Mitarbeiter soll die Möglichkeit geboten werden, sein Qualifikations- und Motivationspotential als gleichberechtigter Partner in den Zielbildungsprozeß einzubringen. Daraus erwächst für den Mitarbeiter nicht nur ein höheres Engagement bei der Zielerreichung, son-

---

25 In Anlehnung an KRAPPMANN kann dazu festgehalten werden, daß ein Mitarbeiter, welcher nicht in der Lage ist seine eigene Perspektive in die Interaktion einzubringen und welcher sich nur an den Erwartungen der anderen orientiert, als gleichberechtigter Partner für die Führungskraft ausfällt. Dies deswegen, weil ein derartig disponierter Mitarbeiter keine neue Problemsicht, keine Konfliktlösungsmöglichkeit und keine Bestätigung der eigenen Identität, auf die er angewiesen ist, anbieten kann (vgl. KRAPPMANN 1978, 57).

dern es entsteht für ihn auch eine Chance zur Persönlichkeitsentfaltung und Erweiterung seiner betrieblichen Handlungskompetenz.

Das Phänomen "Mitarbeiterführung" umfaßt in erster Linie soziale Handlungen[26] im Sinne von Interaktionen, welche unmittelbar die situationsorientierten und kommunikativ strukturierten Handlungsabläufe betreffen. Dies erfordert im Betriebsgeschehen die pädagogische Orientierung der Führungskraft an der aktuellen Führungssituation und setzt sowohl auf seiten der Führungskraft als auch auf seiten der Mitarbeiter ein "Denken in Prozessen statt Denken in Funktionen" (HINTERHUBER 1992) voraus.

Im Hinblick auf diesen funktionsübergreifenden ganzheitlichen Handlungsaspekt kann aus betriebspädagogischer Sicht vorerst festgestellt werden:

Mitarbeiterführung ist der von Förderungsabsicht getragene Einflußprozeß einer Führungskraft auf ihre Mitarbeiter, um vereinbarte Betriebsziele im kooperativen Zusammenwirken zu erreichen.

Damit sind die konstitutiven Bestimmungsmerkmale des zu konzipierenden Arbeitsbegriffes "Mitarbeiterführung" angesprochen, nämlich (1) die betriebspädagogische Förderungsabsicht, (2) die Zielorientierung der Führungshandlung, (3) die Prozeßhaftigkeit der führungsmäßigen Einflußnahme und (4) der kooperative Aspekt des gemeinsamen Arbeitshandelns. Durch diese vier Bestimmungsmerkmale wird primär die "humane Komponente" als Interaktion zwischen Führungskraft und Mitarbeiter im Führungsprozeß ausgeformt.

Die Bindungen an betriebliche Rahmenbedingungen bestimmen das Verhalten der Menschen im Betrieb wesentlich mit. Der Handlungsspielraum findet im Systemganzen seine organisatorisch-instrumentelle Verankerung. Inwiefern sich in einem soziotechnischen System Bedingungsstrukturen einschneidend und

---

[26] Es wird der Terminologie Max WEBERs gefolgt: "'Handeln' soll dabei ein menschliches Verhalten (einerlei ob äußeres oder innerliches Tun, Unterlassen oder Dulden) heißen, wenn und insofern als der oder die Handelnden mit ihm einen subjektiven *Sinn* verbinden. 'Soziales' Handeln aber soll ein solches Handeln heißen, welches seinem von dem oder den Handelnden gemeinten Sinn nach auf das Verhalten *anderer* bezogen wird und darin in seinem Ablauf orientiert ist" (WEBER 1984, 19).

begrenzend für menschliches Denken und Handeln auswirken, hängt von der Wertorientierung und Bewußtseinshaltung der leitenden Führungskräfte (Unternehmensspitze) ab. Wir sprechen hier von Führungskultur, die sich im Leitbild des Systems manifestiert und durch das vorherrschende Menschenbild ihre Ausprägung findet. Leitbilder der Mitarbeiterführung beinhalten Verhaltensgrundsätze als Leitlinie, an die sich Handlungen von Führungskräften und Mitarbeitern einstellungsmäßig binden. Dabei kann gelten:

> "Die Handlungsmaximen sind keine Dogmen für die Ewigkeit. Sie sind Orientierungspunkte, die - wechselnden Anforderungen entsprechend - präzisiert, ergänzt oder sogar geändert werden können" (KUENHEIM 1991, 32).

Die im Leitbild fixierte Tendenz wertbestimmenden Verhaltens schlägt sich in Führungsgrundsätzen nieder, die wiederum als Gesinnungs- und Verantwortungsethik ihren Ausdruck darin finden, "für die Folgen eigenen Handeln einzustehen" (ULRICH 1987, 647). Führungsgrundsätze bedürfen dieser klar definierten ethischen Fundierung. Unser betriebspädagogischer Arbeitsbegriff kann an dieser Stelle wie folgt erweitert werden:

Mitarbeiterführung ist der von Förderungsabsicht getragene, ethisch fundierte Einflußprozeß einer Führungskraft auf ihre Mitarbeiter im Sinne der kooperativen Führung.

Dieser Arbeitsbegriff nimmt somit auf das von der erziehungswissenschaftlich begründeten Betriebspädagogik[27] entworfene Konzept des "homo educandus" Bezug. Zum zentralen Erkenntnisobjekt wird "der im Betrieb funktional und intentional zu erziehende Mensch oder pointierter: der arbeitende Mensch im Lernfeld Betrieb" (TWARDY/ENGGRUBER/HAHN 1990, 85), dessen autonomes Handeln zur zentralen Basis betrieblicher Zusammenarbeit wird.

---

[27] Vgl. die bei ABRAHAM 1957, 54; ARNOLD 1982, 1990; DÖRSCHEL 1975, 17 ff; GEIßLER 1989b; KRASENSKY 1952, 3 ff; PREYER 1978, 93 ff und NIBBRIG 1973, 663 diskutierten Ansätze sowie die Zusammenführung bei TWARDY/ENGGRUBER/HAHN 1990, 83 ff. u. a.

Das Unternehmen muß in diesem Zusammenhang "als ein lernendes, wirtschaftspädagogisches Subsystem" aufgefaßt werden, "eng geknüpft an einen Lernprozeß, der sich sowohl funktional als intentional in der Unternehmung vollzieht" (CZYCHOLL 1974, 230). Infolge des permanenten Wandels wurde das Leitbild der kooperativen Führung aus der Sicht der Organisationsentwicklung um den Aspekt des "Organisationslernens" (SASSEN 1983, 6) erweitert, verstanden als ein Lernen in verschiedenen sozialen Dimensionen, bezogen auf Individuen, Gruppe und Organisation.

Die "Organisationsdynamik" (HOFER 1987, 97) zwingt zur Erhöhung des Problemlösungspotentials und verlagert das Führungshandeln daher auch auf "Wirkkräfte", die sich in "menschenformenden und lernbeeinflussenden Vorgängen" (ROSENKRANZ/GEISSLER 1977, 14) manifestieren. Im Hinblick auf das Wirkungssystem Mitarbeiterführung kommen Verhaltensmerkmale zum Tragen, die sich auf "Förderung individueller Fähigkeiten und Interessen, Förderung der Selbsttätigkeit und Selbständigkeit, Ermöglichung von Selbsterfahrung und Stärkung der sozialen Kooperation" (ZELBER 1985, 60) beziehen. Mitarbeiterführung wird so gesehen auch zu einem didaktisch-methodischen Problem.

5.2 Didaktisch-methodische Aspekte der Mitarbeiterführung

Die im Rahmen betrieblicher Mitarbeiterführung ablaufenden sozialen Einflußnahmen von Führungskräften auf Mitarbeiter entfalten ihre pädagogischen Wirksamkeit im Wege von Lehr- und Lernvorgängen. Da sich Mitarbeiterführung als interaktiver Prozeß vollzieht, kann davon ausgegangen werden, daß derartige Lernvorgänge nicht nur auf seiten der Mitarbeiter, sondern auch auf seiten der Führungskräfte stattfinden. Berührt wird davon das aktuelle und zukünftige Verhalten insgesamt, das sich auf der Grundlage eines erfahrungsorientierten Lernens zu einem "existenziellen Lernen" gestaltet, ein Begriff, mit dem man "die Entwicklungsprozesse von Menschen in Organisationen am angemessensten erfassen und umschreiben kann" (RIECKMANN 1983, 36). Betroffen davon ist der gesamte berufliche Sozialisationsprozeß, weil sich sowohl die Einstellungs- und Erwartungshaltungen, als auch die Normen und Bedürfnisse fortlaufend im betrieblichen Handlungsfeld verändern.

Lehren und Lernen stellen also zentrale pädagogische Kategorien im Prozeß der Mitarbeiterführung dar, zumal die Persönlichkeitsförderung des Mitarbeiters sich hinsichtlich der Qualifikationsanforderungen über Erweiterung beruflicher Fachqualifikationen hinaus in der Persönlichkeitsentfaltung auf soziale und konzeptionelle Fähigkeiten bezieht, die "Bildung" und "Lernen" ganzheitlich und "funktionsübergreifend" (THIELE 1987, 40) zum "Schlüssel" kommunikativer Transferleistung machen. In Abhebung vom "Qualifikationslernen" haben wir, angesichts der wechselnden Erfordernisse betrieblichen Handelns auf der Grundlage reflektierter Handlungserfahrung und bezogen auf selbstgesteuerte Lern- und Handlungsprozesse bei jeder erzieherisch wirksamen Förderungsabsicht vom "Identitätslernen" (SIEBERT 1985, 17) auszugehen.

> "Lehr-/Lernvorgänge sind dann mit Erziehungsvorgängen identisch, wenn sie über einen bloßen Qualifikationserwerb hinaus auf eine umfassende Persönlichkeitsförderung angelegt sind und über die Wertorientierung und das Wollen ein reflektiertes Handeln des Betreffenden zu begünstigen suchen" (SCHMIEL/ SOMMER 1985, 14).

Eine erziehungswissenschaftlich orientierte Betriebspädagogik vertritt im Zusammenhang mit der Ausbildung von Führungskräften die These von der grundsätzlichen Lehr- und Lernbarkeit der Mitarbeiterführung, "die heute auch in anderen wissenschaftlichen Disziplinen unbestritten ist" (HUBNER 1985, 90). Der Betriebspädagogik eröffnet sich dadurch ein breites Forschungsfeld, welches durch die Komplexe: "Qualifizierung zum Führen"[28] und "Führen als Qualifizieren" schlagwortartig gekennzeichnet werden kann.

---

[28] HUBNER (1985, 90 ff.) stellt im Rahmen seiner Untersuchung zum Thema "Die Qualifizierung zum Führen von Mitarbeitern als betriebspädagogisches Problem" einen fachspezifisch fundierten Diskussionsbeitrag in Form eines entsprechenden Theoriekonzeptes vor. Darin wird der Versuch unternommen, jene Kriterien zu erfassen welche Führungskräfte befähigen, unter betriebspädagogischen Aspekten kompetent zu handeln.

In diesem Kontext ist, in Übereinstimmung mit DOLCH (1969, 45), Didaktik zunächst als Wissenschaft und Lehre vom Lernen und Lehren zu definieren, die ihren Gegenstand in dem "Lernen in allen Formen und dem Lehren aller Art auf allen Stufen ohne Besonderung auf den Lehrinhalt" hat. Diese auf Lehren und Lernen unmittelbar ausgelegte Begriffsauffassung umgreift gezielte und ungezielte Lehr- und Lernvorgänge, intentionales und funktionales Lernen sowie die entsprechenden Methoden, Organisationsformen, Verfahrensweisen und Hilfsmittel.

Curriculare Zielsetzungen und deren konkrete Realisierungsformen werden in Abhebung von DOLCHs pragmatischen Didaktikansatz durch die Vertreter der bildungstheoretischen Didaktik pointiert. Lehren und Lernen knüpfen sich stärker an den Erziehungs- und Bildungsprozeß und auch das methodische Vorgehen ordnet sich als Bildungsvermittlung der "Theorie der Bildungsinhalte und Bildungsverfahren" (KLAFKI 1963, 19 ff.) unter.

Didaktik realisiert sich abgestimmt auf die Bezugspunkte "Selbst" und "Welt" im "kategorialen Bezug auf Weltbewältigung und Personwerdung" (BLANKERTZ 1973, 45). Der Bildungsbegriff wird daher zur "zentrierenden Kategorie für die Klärung des Problems der Didaktik" (KLAFKI 1963, 22).

> "Die Bildungsdidaktik macht menschliches Lernen als Aneignung von Kulturgütern und sozialen Verhaltensweisen im Gesamtprozeß einer 'Enkulturationshilfe'[29] begreiflich" (SCHÖLER 1977, 13).

Ausgehend von dieser hermeneutisch und auf Sinnvergewisserung ausgerichteten Begriffsbestimmung, kommt es mit Bezugnahme auf die lernende Person und das pädagogische Handlungsfeld zu einer Differenzierung: "Didaktik als Theorie der Bildungsinhalte" (vgl. DERBOLAV 1964; WENIGER 1963) bildet die Grundlage für die Ausarbeitung der Lerninhalte (Curriculum) und Methodik bestimmt den Lernweg, "als Weglehre zur Veranstaltung des Bildungsgeschehens" (DAUENHAUER 1969, 48). Zugrundegelegt wird der "Didaktik der

---

[29] Vgl. die Abhandlung von LOCH (1968) zur Enkulturation als anthropologischer Grundbegriff der Pädagogik.

Bildungslehre" das Lernen, "auf welches der ganze Bildungswert mittelbar oder unmittelbar zurückgeht". Diesen Tatbestand faßt WILLMANN (1957, 415) ins Auge wenn er folgert: "Lehren ist Lernen machen".

Auf ein solches didaktisches Verständnis soll im Hinblick auf die didaktisch-methodischen Integrationsprozesse im Führungshandeln bezug genommen werden, denn eine handlungsanleitende Didaktik und Methodik realisiert in der Führungssituation den eigentlichen "pädagogischen Auftrag nach Selbstbestimmung, Urteilsfähigkeit und Mündigkeit" (HEITGER 1980, 213).

Aus der These von DECKER (1985, 176), daß sich die Engpässe der betrieblichen und gesellschaftlichen Entwicklung immer stärker von den reinen Sachproblemen zu den sozialen-interaktiven und personalen Problemen verlagern, ergibt sich ein zunehmend komplexer werdendes, mehrdimensionales Anforderungsprofil an betriebliche Führungskräfte.

Der Betriebserziehungsprozeß zielt auf Transformation jener Inhalte, die Mitarbeiter und Führungskräfte befähigen, den beruflichen Anforderungen über fachspezifische Kenntnisse hinaus im Sinne von "mehr Autonomie, Selbst- und Mitbestimmung" (BUNK/FLICKE 1979, 67) genügen zu können. Das Schwergewicht verlagert sich im handlungsorientierten Ansatz auf Schwerpunkte wie: "Urteils- und Kritikfähigkeit, Engagement und Aufgeschlossenheit, Kommunikationsfähigkeit und Teamgeist, Zielbewußtsein und Entscheidungsfähigkeit" (SCHLAFFKE 1985, 80). Unter der Sammelbezeichnung "Kompetenzen" stützt sich das didaktisch-methodische Axiom somit auf ein Fähigkeitsspektrum, das unter den gegebenen Berufsbedingungen individuelle und soziale Identität des Menschen mit eigenen schöpferischen Leistungen ermöglichen soll. Didaktisch-methodisch ist also die "Wertung des Menschen" höher zu veranschlagen als die bloße Zurüstung für betriebliche Erfordernisse.

> "Berufliche Bildung ist also nicht allein orientiert an der Anpassungsflexibilität des einzelnen, sondern (führt) auch zur Verstärkung seiner Gestaltungsfähigkeit und seiner Mitsprachekompetenz" (MEYER-DOHM 1987, 177).

In der betrieblichen Praxis nimmt Lernen beim Erwerb interaktiver und kommunikativer Verhaltensmuster innovativen Charakter an. Aus betriebspädagogischer Perspektive bedarf daher das "Führen als Qualifizieren" einer didaktisch-methodischen "Überformung" in Richtung auf das grundsätzliche Fähigkeitsspektrum "Methodenkompetenz". Dies erscheint überall dort erforderlich,

> "wo im weitesten Sinn Informationen zwischen Betroffenen ausgetauscht, Menschen geführt und motiviert, Wissenswertes gelehrt, Mitarbeiter weitergebildet, Sozial- und Individualprozesse analysiert, Organisationen entwickelt, Gruppenprozesse 'gecoacht', Supervisionstätigkeiten durchgeführt, Auszubildende trainiert, Unternehmensentwicklungen beeinflußt, Unternehmensphilosophien 'verordnet' und -strategien überlegt werden" (PONGRATZ 1992, 32).

Methodenkompetenz und Fachkompetenz[30] bilden gemeinsam die Grundlage für die Sachinformation an den Mitarbeiter und gestalten mittels didaktischer Instruktionen den Inhaltsaspekt jeder Führungskommunikation. Didaktisch-methodische Erklärungsstrukturen sind stets an soziale Interaktionen[31] gebunden, verlangen daher menschlichen Umgang, gestützt auf Sozialkompetenz[32]. Eingebracht wird überdies die selbstbestimmte Handlungsperspektive des Individuums als "Grundstruktur jedes menschlichen Handelns" (HUBER/ MANDL 1986, 559). Fähigkeiten zur Reflexion, Partizipation und Selbststeuerung, die zur Eigenständigkeit individueller Lernbemühungen und Lerntätigkeiten beitragen, entspringen dem bildungsmäßig entfalteten Eigenvermögen der Persönlichkeit und werden als Individualkompetenz in betriebserzieherisch wirksame Lehr- und Lernprozesse eingebracht.

---

30 Diese implizieren Sozial- und Individualkompetenz.

31 "Soziale Interaktion meint die wechselseitige Bedingtheit des Verhaltens von zwei oder mehr Personen aufgrund verbaler und nonverbaler Kommunikation, wobei das gemeinsame Verhalten als Ergebnis der Interaktion angesehen werden kann" (zit. n. WUNDERER/GRUNWALD 1980a, 59 unter Hinweis auf CROTT 1979).

32 In den Sozialwissenschaften werden unter "Sozialkompetenz" unterschiedliche Fähigkeitenkomplexe verstanden. Im vorliegenden Kontext sind die Kommunikations-, Konflikt- und Kooperationsfähigkeit gemeint; also jene personengebunden Fähigkeiten, welche zur humanen Gestaltung sozialer Arbeitsbeziehungen unabdingbar erscheinen (vgl. ARNOLD/MÜLLER 1991, 23; LAY 1991a, 331; TSCHIRKY/SUTER 1990, 192).

Im Grunde lassen sich die "inneren Verhaltensmodelle" aus einer ganzheitlich verstehenden Didaktikauffassung heraus als "die wahrhaften Regulatoren des Lernverhaltens" bezeichnen. Darauf fußt die "Subjektbezogenheit didaktischer Entscheidungen" (SCHÖLER 1977, 28), weil aus diesen Motivierungen für die Qualifizierung des Mitarbeiters unter Bezugnahme auf seine Persönlichkeitsformung erwachsen.

Betriebliche Instruktionsprozesse unterliegen, wie Unterrichtssysteme überhaupt, im didaktisch-methodischen Kontext einem "Ziel-Zug"-Zwang (WINNEFELD 1971, 221). "Führen als Qualifizieren" bedeutet darauf bezogen die Realisierung von Betriebszielen in einem Prozeß, welcher unter Bedachtnahme auf die begleitende Persönlichkeitsförderung durch zielorientierte Qualifizierung des Mitarbeiters im umfassenden Sinne abläuft. Damit wird "Erziehung unter den besonderen Bedingungen des Betriebslebens, speziell als Qualifizierung betriebsgebundenen Verhaltens ... zum Angelpunkt der betriebspädagogischen Fragestellung" (BAUMGARDT 1975, 644).

Die betriebsdidaktische Zielgestaltung nimmt ihren Ausgang in didaktisch-methodischen Überlegungen zur Bestimmung von Lehr- und Lernprozessen in arbeitsbezogenen Handlungsabläufen. Dabei sind jene strukturellen Zusammenhänge von Lernprozessen aufzudecken, welche sich potentiell im Mitarbeiter aktualisieren.

Didaktisch strukturierte Lehr- und Lernprozesse stützen sich auf grundlegende Dimensionen des Lernens und Verhaltens, nämlich auf

- Kognition (Bereich des Verstandes/Intellektes),
- Affekt (Gefühle/Wertungen/Einstellungen) und
- Psychomotorik (psychisch gesteuerte, körperliche Bewegungsvorgänge).

Eine Strukturierung dieser Dimensionen (vgl. GROSS-Modell/Abb. II/7) nach der jeweiligen Zunahme von

- Komplexität (kcgnitive Dimension/Spalte K),
- Internalisierung (affektive Dimension/Spalte A) und
- Koordination (psychomotorische Dimension/Spalte P),

versinnbildlicht in vier Stufen den zunehmenden Lern- und Erkenntnisgewinn, ohne jedoch Lernen als denkendes Handeln in den strukturellen Zusammenhang von Lernprozessen einzubeziehen.

Da im GROSS-Modell für die drei grundlegenden Dimensionen des Lernens/Verhaltens in den vier Prozeßstufen die gleichen Oberbegriffe (Akquisition, Reproduktion, Organisation und Transfer) eingesetzt werden, ergibt sich eine logische Gesamtstruktur von Lernprozessen behavioristischer Genese, deren praxisorientierter Nachvollzug jedoch überwiegend in der kognitiven Struktur individueller Lernanstrengung verbleibt. Es wird somit noch nicht deutlich, wie kommunikatives Verhalten sich informations- und erlebnismäßig zu einem lernenden Handeln strukturiert und zu einem handlungorientierten Lernen in einer konkreten Anforderungssituation ausformt.

Stufen Lernprozeß ↓	Dimensionen K Kognitive Dimension (Komplexität)	 A Affektive Dimension (Internalisierung)	 P Psychomotorische Dimension (Koordination)
Akquisition 1	Aufnahme Eine Nachricht (ein Reiz) erreicht das System des Lernenden	Anmutung Reize beeinflussen das Empfinden oder Gestimmtsein	Nachahmende Manipulation Schauen, fühlen, erstes Versuchen von Bewegungsabläufen
Reproduktion 2	Speicherung Information wird behalten (event. für sehr kurze Zeit)	Erleben Gemütsbewegung und stimmungsmäßige Ausrichtung	(wechselhaft ablaufende Rückmeldung im System des Adressaten)
Organisation 3	Verstehen Eingabe verbindet sich mit den vorhandenen und neu geschaffenen Strukturen	Einstellung/ Gesinnung Sichtweisen und Betroffenheit ändern sich im Gesamt der Person	Grundfertigkeit besteht verbesserte, noch nicht vollendete Motorik oder Fertigkeit
Transfer 4	Anwendung Bezug und Übertragung neuer Informationen und Strukturen auf den Komplex der vorhandenen	(in bestimmten Situationen werden die Einstellungen entsprechend verhaltenswirksam, doch nicht immer kausal identifizierbar)	Routine Perfektion der Bewegungsabläufe

Abb. II/7: Strukturelle Zusammenhänge von Lernprozessen (GROSS 1991, 112)

Handlungsorientiertes Lernen ist sozial determiniert und stützt sich auf die "Grundannahme, daß die Möglichkeit der Selbstverwirklichung und Persönlichkeitsentwicklung zu einer humanen Arbeit notwendig gehört" (ZELBER 1991, 212). Lehr- und Lernprozesse im beruflichen Handlungsfeld, vollziehen sich zunächst unter Einflüssen von außen (Arbeitsziele, Arbeitsinhalte und Arbeitsorganisation). Sie realisieren sich dann jedoch durch sozial-kooperative Verhaltensweisen handelnder Individuen und deren Lernbereitschaft im Arbeitsverhalten.

Neben der kommunikativen Beziehungsstruktur und dem institutionellen Handlungsrahmen entscheidet demzufolge die innere Verfassung (Psychostruktur) der Betroffenen über die Qualität der Lernprozesse. Lernaktivität gründet sich auf Motivation, die Bewußtseinshaltungen in Lernprozesse transzendiert. Als lernrelevant für eine kooperative Zusammenarbeit gelten objektive Handlungsbedingungen, die unter Aufhebung hierarchischer Handlungsbeschränkung Spielraum für soziale Interaktion und Kommunikation schaffen. Darin liegt der entscheidende Qualitätssprung für ein dispositives entscheidungsorientiertes Lernen.

"Führung hat in diesem Zusammenhang im Aspekt des handlungsorientierten Lernens das Fundament für gemeinschaftsbewußtes Verhalten in der Berufsarbeit" (GAUGLER 1987, 74) zu legen und handlungsrelevante Fähigkeitspotentiale freizusetzen. Dazu gehören nicht nur die dem GROSS-Modell zu entnehmenden konditionierenden analytisch dimensionierten Denkstrukturen, sondern es wird eine ganzheitliche Informationsverarbeitungsfähigkeit verlangt, die prozeßorientiertes Denken in fachübergreifenden Zusammenhängen und kreativen Dimensionen bei gleichzeitiger Entfaltung der Kooperationsfähigkeit notwendig macht. Diese Zielsetzung läßt sich nur mit "eigengesteuertem, kritischem und autonomen Verhalten" (LAY 1991c, 63) erreichen. Hier liegt der didaktisch-methodische Ansatz der Mitarbeiterführung.

Aufzugreifen ist aus der Handlungsperspektive betriebsimmanenter Lehr- und Lernprozesse deren kommunikative Vernetzung in ein Systemganzes von Führung. Diesem ist der umfassende Begriff von Kommunikation zugrunde zu legen, die sich in der "Begegnung von Mensch zu Mensch" begründet und es uns mit ZIELINSKI (1980, 3.5) ermöglicht, "Erziehung als einen Sonderfall mitmenschlicher Kommunikation" zu beschreiben. Wenn Kommunikation als ein Verhalten angesehen werden kann, das Information in sozialer Absicht zur Wirkung bringt, so stellt Kommunikation einen vielschichtigen Handlungsprozeß dar, den wir nur über ein komplexes, systemisch orientiertes Modell in den Griff bekommen. Dies führt zur Konstruktion der, Didaktik und Methodik übergreifenden, Grundelemente des Führungsprozesses.

5.3 Konstruktion des Wirkungssystems Mitarbeiterführung

Das gemeinsame Merkmal der vielschichtigen Erscheinungsformen von Mitarbeiterführung ist Kommunikation. Die soziologische These, daß Kommunikation nicht nur stark vom sozialen Kontext abhängig ist, sondern auch die meisten sozialen Tatsachen konstituiert oder zumindest prägt, beruht auf dem fundamentalen Begriffszusammenhang zwischen "Kommunikation und Interaktion" (vgl. HRUBI 1988, 67 ff.).

Kommunikation weist einen nachrichtentechnischen und einen verhaltenswissenschaftlichen Aspekt auf; daher kann mit STAEHLE (1989, 274) zunächst zwischen einer "technischen" und einer "sozialen" Kommunikation unterschieden werden.

Die kybernetische Kommunikationstheorie von SHANNON/WEAVER (1949) steht am Beginn der Kommunikationsforschung, ihr Erkenntnisinteresse gilt der Nachrichtenübertragung. Der Kommunikationsprozeß wird darin durch die formalen Komponenten Sender - Nachricht - Kanal - Empfänger (einschließlich aller Nebenfunktionen wie z. B. Kodieren, Senden, Empfangen, Dekodieren etc.) schematisch symbolisiert. Der Nachrichten- und Informationsumsatz reduziert sich in diesem informationstheoretischen Denkansatz auf mathematische Meß- und Stellgrößen. Zielpunkt bildet die "Quantifizierung, d. h. Meßbarmachung der Lehrmethode" (ANSCHÜTZ 1964, 48). Die Gesamtheit der informationellen Relation (Anschauungsprozesse, semantischer Gehalt etc.) bleibt in solchen kybernetischen Regelkreisabläufen allerdings ebenso vernachlässigt, wie die soziale Dimension von Lernprozessen überhaupt. Vom pädagogischen Standpunkt aus gesehen ist der kybernetische Zugang für ein Wirkungssystem Führung als ein kommunikatives Handlungsgeschehen nur in seinen prinzipiellen Strukturen, nicht aber im Hinblick auf die soziale Dimension des Führungshandelns relevant.

Dagegen versteht man unter sozialer Kommunikation

> "den zwischenmenschlichen Austausch von Mitteilungen, Gedanken und Gefühlen (auch nichtverbaler Art), sowie die Fähigkeit von Menschen, in Gruppen soziale Beziehungen zu unterhalten" (STAEHLE 1989, 275).

Erziehungshandeln ist nach MOLLENHAUER (1972, 42) "kommunikatives Handeln". Er präzisiert dies dahingehend, daß derartiges Handeln "seine Zwecke in den daran beteiligten Subjekten selbst hat ... und Verständigung über Sinn-Orientierungen und Handlungsziele erreichen will". Diese Auffassung kommt dem betriebspädagogischen Führungsverständnis nahe. Erziehungshandeln im Führungsprozeß bedeutet soziales Handeln, "welches seinem von dem oder den Handelnden gemeinten Sinn nach auf das Verhalten *anderer* bezogen wird und daran in seinem Ablauf orientiert ist" (WEBER 1984, 19). Nach HRUBI (1988, 67) verweist der Zusammenhang zwischen sozialen Komponenten im Kommunikationsprozeß darauf hin, daß sich soziales Handeln im Prozeß einer beruflichen Sozialisation ausformt, und zwar gebunden einerseits an normative Verhaltenserwartungen der Konformität und sich andererseits im Hinblick auf künftiges Verhalten auf die menschlich-dispositive Komponente zu stützen hat. Hier wird das soziale Phänomen der Führung angesprochen und zugleich erkennbar, daß die Sozialisation "von den Systemgegebenheiten nicht ablösbar" (BAEYER-KATTE 1972, 1078) ist. Kommunikation verweist also stets auf wechselseitige Einwirkung korrespondierender Verhaltensformen in einem zielansteuernden System.

Das dynamische Ergebnis dieser wechselseitigen Verschränkung im Kommunikationsprozeß läßt sich pädagogisch in der zwischenmenschlichen Beziehungsebene an den Begriff Interaktion binden, der im Strukturgefüge betrieblicher Verhaltensintegration zur entscheidenden Grundlage der Persönlichkeitsentwicklung wird und zugleich das Verhalten prägt. Soziale Interaktion läßt sich bei der Akzentuierung spezifischer Handlungsmuster als ein pädagogisch determinierter Prozeß verstehen,

> "in dem zwei oder mehr Personen ihre Handlungen unter Berücksichtigung des Kontextes aufeinander beziehen, wodurch diese Handlungen, die Interaktanden und die in die Handlungen einbezogenen Objekte ihre situative Bedeutung bekommen" (OSWALD 1989, 756).

Führung gleicht so gesehen einer "erzieherischen Interaktion", die sich auf Einstellungs- und Verhaltensänderung richtet. Von der Warte dieses pädagogischen Ansatzes her läßt sich über Kommunikation in Wirkungssystemen erst diskutieren.

In den Führungstheorien wird davon ausgegangen, daß die entsprechenden Interaktionen hinsichtlich ihrer betrieblichen Systemverankerung zunächst äquivalent sind. Durch das Wirksamwerden der verschiedenen

> "Beeinflussungspotentiale in Form von Persönlichkeitszügen, Fähigkeiten und organisatorischen Macht- und Statusattributen der Beteiligten sowie durch das Ausmaß, in dem es diesen gelingt, ihre Beeinflussungsaktionen der gegebenen Situation anzupassen oder diese zu ändern, Zielvereinbarungen zu erreichen und individuellen sowie kollektiven Erwartungen zu entsprechen, können sich symmetrische oder asymmetrische Interaktionsstrukturen ergeben, die eine Gleich- oder Über-/Unterordnung bedingen" (REBER 1977, 169).

Aus der Sicht betrieblicher Personalentwicklung tritt hier als Wesenszug führungsmäßig verankerter Interaktion der "enorme Machtunterschied zwischen den Beteiligten" (HARGREAVES 1976, 83 f.) zutage. Insofern besteht von vornherein ein gravierender Unterschied zur pädagogischen Begriffsauslegung des Interaktionsprozesses, der sich auf ein "sich wechselseitig bedingendes Verhalten" bei welchem "die Aktivität des einen der Aktivität des anderen folgt bzw. von ihr angeregt wird" (FRITZ 1975, 9) stützt und der als fiktive Annahme "die Gleichberechtigung der Partner und die Freiwilligkeit der Teilnahme an einer Kommunikation" (SCHÖLER 1977, 90) postuliert. In der betrieblichen Situation muß diese Prämisse dahingehend eingeschränkt werden, daß Mitarbeiter in der

Regel "keine Wahl" haben, sich den Kommunikationspartner selbst auszusuchen. Wohl aber bleibt es die Zielsetzung aller interaktionspädagogischen Verfahren "Selbsterfahrung" in den Kommunikationsprozeß einzubringen und das Bemühen darauf zu richten "eine Kommunikationsstruktur zu etablieren, die den Erwerb von Fähigkeiten zum Diskurs ermöglicht" (MOLLENHAUER 1972, 68). Nur auf diesem Wege lassen sich graduelle Unterschiede im Entscheidungsverhalten der Beteiligten ausgleichen. Auf Betriebserziehung als Führungshandeln bezogen heißt das: Abbau von Hindernissen im Systemganzen der betrieblichen Kommunikation und gleichberechtigte Teilnahme aller am betrieblichen Gestaltungsprozeß.

Interaktionstheorien der Führung erweisen sich infolge der rein pragmatischen Verwendung des Interaktionsbegriffes "wegen der Komplexität des Variablensystems und der schwierigen forschungsstrategischen Beherrschbarkeit der Beziehungsvielfalt als äußerst sperrig" (STAEHLE 1989, 331). Keinesfalls wird zudem Kommunikation in hinreichendem Maße als ein pädagogisch zu unterlegendes Wirkungssystem von Handlungen aufgefaßt.

Ein Modell der Mitarbeiterführung hat die interaktiv wirksamen Führungsphänomene aufzugreifen und in ein geordnetes System des Führungshandelns einzubringen. Herangezogen werden muß in diesem Zusammenhang das von ZIELINSKI (1980, 3.7) konzipierte "Wirkungssystem menschliches Handeln", indem alle Elemente, Strukturen und Funktionen der Kommunikationsform "Erziehung" enthalten sind. Im Bemühen, die wesensbestimmenden Merkmale des dynamischen Erziehungsprozesses modellhaft zu strukturieren, werden bei ZIELINSKI die folgenden allgemeinen Bedingungen genannt, die prinzipiell für Modellentwicklungen gelten:

"1 Das Modell muß für die Betrachtung durch unsere Sinne und unser Denken unmittelbar zugänglich sein;
2. das Modell muß uns erlauben, uns eine Vorstellung von dem Gegenstand, seinen Eigenschaften und Wirkungsmöglichkeiten zu machen;
3. das Modell muß so beschaffen sein, daß es die Teile (Elemente), den Aufbau (Struktur) und die Wirksamkeit (Funktion) des Gegenstandes verdeutlicht und sinnfällig macht;
4. das Modell braucht nicht alle Details des Gegenstandes aufzuweisen, sondern es hat nur die wesentlichen Elemente, Strukturen und Funktionen aufzuzeigen."

Zwar läßt sich auf der Grundlage eines solchen Denkmodells das Erkennen, Erfassen und Durchschauen der Wirklichkeit (in diesem Falle des betrieblichen Führungsgeschehens) erleichtern, die enge Vernetzung und die Prozeßhaftigkeit des kommunikativen Geschehens bleiben jedoch weitgehend unreflektiert, weil situatives Handeln ein Prozeßgeschehen darstellt, das in seiner situativen Verhaftung als Gesamthandlung nicht in allen Punkten vorhersehbar ist. Wohl aber werden Stützpunkte und Kommunikationsbahnen als pädagogische Strukturen der Mitarbeiterführung sichtbar.

Nach ULRICH (1968, 105) ist ein System[33] als Konstrukt "eine geordnete Gesamtheit von Elementen, zwischen denen irgendwelche Beziehungen bestehen oder hergestellt werden können". Diese Definition nimmt auf die inneren Prozeßverläufe des Systems Bezug, ohne jedoch, von der inneren Vernetzung abgesehen, den Zusammenhang zu komplexen Systemen sichtbar machen zu können, der aus Subsystemen erwächst. Die Ebenen innerhalb der Systemhierarchie (Supersystem, System, Subsystem) sind relativ, d. h. je nach Betrachtungsstandpunkt ergibt sich, welche Ebene als Supersystem, System oder Subsystem anzusprechen ist (vgl. HILL/FEHLBAUM/ULRICH 1989, 21). Für ein Wirkungssystem Mitarbeiterführung bedeutet dies, all jene Elemente aufzufinden, die den Erziehungsprozeß in seinem Bezugssystem ganzheitlich kennzeichnen.

---

[33] Zur historischen Entwicklung der Systemtheorie vgl. BERTALANFFY 1950 und ULRICH 1968; zum Wissenschaftscharakter der Systemtheorie vgl. KOSIOL/SZYPERSKI/CHMIELEWICZ 1965 und MASER 1968.

Nach ZIELINSKI (1976/77, 50 f.) bilden folgende, systemstrukturierende Prinzipien den Bestimmungspunkt für das "geordnete Ganze":

"(1) Die Prinzipien schaffen die Ordnungsstruktur des Ganzen.
(2) Innerhalb des Systems werden Erkenntnisse als Bausteine verwendet.
(3) Erkenntnis gewinnt der Mensch - das ist für KANT selbstverständlich durch logisches Denken. Die Zuordnung der einzelnen Bausteine zum Gebäude des Systems erfolgt auf logische Weise.
(4) Das Ganze steht im Dienste der Erkenntnis."

Die Systemauffassung von ZIELINSKI wird dadurch gekennzeichnet, das ein System als "ein nach Prinzipien geordnetes Ganzes der Erkenntnis" aufzufassen ist. Als komplexes Wirkungsgebilde folgen Systeme einer Denkbewegung, die Überblick und Gemeinsamkeiten eines Systemganzen mit Richtung auf die beabsichtigten Wirkungen erfassen und darstellen. Geordnete Systeme[34] sollen auf diese Weise Handeln einleiten. Erkenntnissystemen und Wirkungssystemen ist gemeinsam, daß sie aus ungeordneten, verstreuten und abgesonderten Teilen durch Herstellen logischer Gliederungen und Relationen sinnvoll strukturierte Ganzheiten schaffen, um dadurch eine "umfassende Vorstellung von einem Erkenntnisgebiet oder von einer Wirkungseinheit" zu ermöglichen (vgl. ZIELINSKI 1976/77, 49 ff.).

Wirkungssysteme unterscheiden sich von Erkenntnissystemen durch ihre Fähigkeit, einen bestimmten Input unter folgenden Rahmenbedingungen in einen meßbaren Output zu transformieren (ZIELINSKI 1976/77, 52):

[34] Vgl. den Bedeutungsinhalt des griechischen "systema" (das Zusammengesetzte, das Zusammengestellte, die Zusammenstellung).

"(1) Wirkungssysteme sind Ganzheiten von Teilen (oder Phänomeneinheiten), die zwischen einen Input und einen Output eingespannt sind.
(2) Sie stehen als eine klar definierbare Eigenwelt der Außenwelt gegenüber, mit der sie sich jedoch unabdingbar im Zustand der Kommunikation befinden.
(3) Für ein Wirkungssystem ist alles, was es nicht selber ist, Außenwelt.
(4) Das Wirkungssystem erhält von der Außenwelt Reize, Informationen
(5) Die Außenwelt weiß, daß das Wirkungssystem diesen Input selbständig, d.h. nach einem 'Programm' be- und verarbeitet.
(6) Das Ergebnis dieser Verarbeitung wird als erwarteter oder überraschender Output - als Wirkung (daher der Name) - an die Außenwelt adressiert und abgegeben."

Jedes Wirkungssystem verarbeitet einen spezifischen Input nach seiner eigenen Wirksamkeit und Dynamik zu einem gewünschten, geplanten, respektive angezielten Output. Die Systemtheorie folgt hier der Kybernetik als Lehre von der Steuerung und Regelung von Wirkungszusammenhängen. Legt man dieses kybernetische Paradigma als Maßstab an das hochkomplexe Phänomen "Mitarbeiterführung" an, zeigt sich folgendes Bild:

- Mitarbeiterführung vollzieht sich zwischen einem betriebsspezifischen Input (Betriebsziele, Leistungsanreize, aufgabenspezifische Informationsvorgaben, arbeitsnotwendige Materialien etc.) und einem beabsichtigten und meßbaren Output (Leistungserbringung, Arbeitsergebnis). Sie beeinflußt in diesem Zusammenhang das menschliche Handeln.
- Die Besonderheit des Phänomens Mitarbeiterführung ist durch die aus dem Wirkungssystem "Menschliches Handeln" (s. u.) abgeleiteten Elemente klar definiert und steht mit der Außenwelt "unabdingbar" in Kommunikation.
- Für ein pädagogisch orientiertes Wirkungssystem ist alles Außenwelt, was es handlungsmäßig nicht selber erfaßt, wohl aber dessen Einfluß unterliegt.

Was nicht durch die das Wirkungssystem Mitarbeiterführung konstituierenden Elemente (s. u.) erfaßt ist, ist Außenwelt.

- Die Außenwelt führt dem Wirkungssystem Mitarbeiterführung ständig unterschiedliche Reize, Informationen und Materialien als Input zu.

- Die Außenwelt weiß, daß dieser Input durch das dem Wirkungssystem Mitarbeiterführung immanente Programm eigenständig be- und verarbeitet wird.
- Das Ergebnis dieser Verarbeitung wird an die Außenwelt adressiert, in Form von Arbeitsergebnissen oder Dienstleistungen an diese abgegeben und stellt den meßbaren Output dar.

Implizierte Erziehungseinflüsse, Lernprozesse und Verhaltensänderungen scheinen in diesem Input-Output Modell jedoch nicht auf. Daraus folgt: Die Lehre von den Wirkungssystemen[35] fußt zwar auf Erkenntnissen der Kommunikations-, Informations- und Systemtheorie sowie der Kybernetik, stützt sich sogar auf deren Begrifflichkeiten und Terminologie, vermag jedoch keinesfalls bei ihrer Ausformung zu einem pädagogisch relevanten System auf der Stufe einer rein statischen Systembetrachtung stehenzubleiben. Der Mensch als Wesen der Erziehung ist aufgrund seiner Geistesausstattung, Bildsamkeit und dem Vermögen zur Gestaltung seiner Umwelt befähigt und in der Lage, mit seinem Lernen und Handeln selbst in Erkenntnis- und Wirkungszusammenhänge gestaltend einzugreifen. Ein Wirkungssystem menschlichen Handelns konstituiert sich infolgedessen in menschlichen Fähigkeits- und Handlungspotentialen. Wirkungssysteme bieten dazu lediglich eine Orientierungshilfe und stecken den äußeren Rahmen ab.

Die Konstituierung eines Wirkungssystems Mitarbeiterführung greift also über den systemtheoretischen Ansatz hinaus und stellt mit der Antizipation menschlichen Denkens und Handelns von vornherein ein Beziehungsgeflecht mitmenschlicher und moralischer Gegebenheiten und Verhältnisse dar, welche die Möglichkeit des Anders-Handelns und der Veränderung von Handlungen aufgrund schöpferischen Wirkens trotz aller Systemgebundenheit impliziert. Im

---

[35] "Das hier infrage stehende Modell 'Wirkungssystem' ist seiner Natur nach ein Gedankenmodell. Solche **Denkmodelle** erleichtern uns das Erkennen, Erfassen und Durchschauen der Wirklichkeit, und zwar gerade dort, wo uns die direkte Beobachtung unmöglich ist" (ZIELINSKI 1981, 78).

Wirkungssystem Mitarbeiterführung fließen also von vornherein Systemvernetzung und Humanpotentiale zusammen. Darin liegt die spezifische Eigenart des Wirkungssystems Mitarbeiterführung.

Dieses ist durch sechs Charakteristika gekennzeichnet: (1) Elemente, (2) Konnektivität, (3) Regelung, (4) Kommunikationsbahnen, (5) systemimmanente (diskrete) Entscheidungsprozesse sowie (6) Zustandsänderungen, mit Auswirkungen auf das System. Diese Charakteristika bilden in der Folge den Untersuchungsgegenstand und erleichtern die Abgrenzung intendierter pädagogischer Systemzusammenhänge.

(1) Elemente

1. Element: "Führungsleitbild"

Der Mensch als handelndes Individuum besitzt eine Vorstellung der anzustrebenden Ziele und versucht diese unter Einsatz der ihm zur Verfügung stehenden Handlungsmöglichkeiten zu verwirklichen (vgl. RÖSCH 1987, 11). Daher kommt der Zielbildung im Prozeß der Unternehmens- und Mitarbeiterführung grundlegende Bedeutung zu. Die Vorstellungen des Unternehmens über dessen ökonomische und soziale Zielausrichtung und Funktion am Markt und in der Gesellschaft sowie die Gesamtheit der entsprechenden Grundeinstellungen, Normen und Werte finden - wie bereits erwähnt - in der jeweiligen Unternehmensphilosophie ihren Niederschlag. "Jeder Konzeption der Unternehmensleitung liegt nämlich eine bestimmte Unternehmensphilosophie zugrunde - nur ist sie den Führungskräften nicht immer bewußt" (ULRICH/FLURI 1992, 54). Mitarbeiterführung stellt das humanorientierte Subsystem der Unternehmensführung zur Realisierung der Unternehmensziele dar und orientiert sich in ihren betrieblichen Zielbildungsprozessen an einem Führungsleitbild.

2. Element: "Führungskraft"

Als Träger der Zielerreichung fungiert die Führungskraft. Im Kontext des Wirkungssystems Mitarbeiterführung übernimmt sie die Verantwortung dafür, daß "Handeln als zielgerichtetes Geschehen sich in der Wirklichkeit von Raum und Zeit ereignet" (ZIELINSKI 1981, 109). Aus betriebspädagogischer Sicht bedarf die Führungskraft der Befähigung zum verantwortlichen Handeln und eines spezifischen Spektrums an führungsrelevanten Eigenschaften, Qualifikationen und Verhaltensweisen. Die "Öffnung der Betriebswirtschaftslehre gegenüber den Verhaltenswissenschaften" (STAEHLE 1989, 122) hat zu einer verstärkten Humanorientierung geführt und die Entwicklung menschlicher Ressourcen zur "Top-Aufgabe" der Unternehmensleitungen werden lassen (vgl. JESERICH 1989). Für die Führungskräfte bedeutet dies, daß eine verstärkte Mitarbeiterorientierung zur pädagogischen Leitkategorie des Führungshandelns wird.

3. Element: "Mitarbeiter"

Führung als Prozeß baut im pädagogischen Bezug ein Mitarbeiterverhältnis auf. Der Mitarbeiter als handelnder Mensch (Selbstmanagement, Selbstkontrolle, Eigenverantwortung etc.) oder im Sinne sozialen Handelns als Mitmensch in Arbeitsgruppen, wirkt von sich aus sowohl auf Zielfindungsprozesse als auch auf Ausführungshandlungen ein. "Ein Handeln ohne einen solchen Bezug gibt es nicht" (ZIELINSKI 1981, 109). Im betrieblichen Interesse ebenso wie im Interesse der Persönlichkeitsentwicklung bedarf es der Mitarbeiterförderung, d. h. einer zunehmenden Befähigung zu betrieblicher Partizipation und Kooperation. Dies stützt sich nicht zuletzt auf die Tatsache, daß Motivierung zur Arbeitsleistungsfähigkeit und -zufriedenheit sich gegenseitig bedingt bzw. Leistungsanreize und Selbstverwirklichungsstreben in enger Beziehung zueinander stehen.

4. Element: "Führungsgrundsätze"

Jede zielorientierte Handlung unterliegt einer spezifischen Thematik und weist einen zieladäquaten Zusammenhang auf. Die durch Führungskraft und Mitarbeiter in den Führungsprozeß eingebrachten Verhaltensmuster sowie die gesetzten Rahmenbedingungen können in der Führungssituation unreflektiert bleiben bzw. zu Störelementen werden. Im Wirkungssystem Mitarbeiterführung orientiert sich daher das Führungshandeln an expliziten Führungsgrundsätzen, welche in der Kultur der jeweiligen Organisation wachsen und sich im Sinne des Führungsleitbildes entfalten. Derartige Führungsgrundsätze bestimmen infolge ihres handlungsleitenden Charakters die Führungshandlung. Sie ersetzen bürokratisch-formalisierte Führungsstrukturen und öffnen den "Spielraum für Flexibilität, Kommunikation und die Verwirklichung von Zielen der Unternehmung und der Mitarbeiter" (DECKER 1985, 131).

5. Element: "Führungsmethoden"

Wenn festgelegte Ziele zweckrational erreicht werden sollen, dann erscheint es systemtheoretisch logisch und handlungsorientiert sinnvoll, dafür entsprechende Methoden zu wählen. Im Wirkungssystem Mitarbeiterführung wird die Realisierung von Führungsaufgaben durch Führungsmethoden angestrebt. Betriebspädagogisch begründete Führungsmethoden können die Reflexion des Führungsprozesses begünstigen und dadurch Hilfestellung für dessen Optimierung geben. Mitarbeiterführung hat überdies im Hinblick auf innovatives und flexibles Handeln die Kreativität der Mitarbeiter zu fördern und selbstbestimmte Handlungsaktivitäten auszulösen. Diesen Umstand ist methodisch in besonderer Weise Rechnung zu tragen.

6. Element: "Führungshandlung"

Eine zieladäquate Verlaufssteuerung der Mitarbeiterführung erfolgt durch die Abfolge einzelner Führungshandlungen, welche in ihrer Gesamtheit den Führungsprozeß ausmachen. Handlungen sind an ihre Träger gebunden und werden im unmittelbaren Handlungsvollzug durch menschliche Entscheidungsfähigkeit determiniert. Der Handlungsbegriff gewinnt pädagogischen Charakter aus dem Umstand, daß für objektbezogene Handlung zwischenmenschliche Interaktion die Voraussetzung bildet. Daraus ergibt sich das Postulat einer "Erziehung zum Handeln" (SCHURER 1984, 13). In der Führungshandlung verwirklicht sich der betriebspädagogische Anspruch, dem Mitarbeiter für sein Handeln ein "Minimum an Freiheit" (vgl. WIESMANN 1983, 61) zu gewähren und damit eine "Organisation nach Menschenmaß" zu schaffen.

7. Element: "Führungssituation"

Handeln entfaltet sich in Raum und Zeit durch die in einem situativen Rahmen gesetzten Bedingungen. Diese können im Prozeß selbst- oder mitbestimmten Handelns förderlich oder hemmend sein. Menschliche Handlungsvoraussetzungen, "worunter die Gesamtheit der die aktuelle Tätigkeit bedingenden Bedürfnisse und Erwartungen, Einstellungen und Gewohnheiten, Kenntnisse, Fähigkeiten und Fertigkeiten" (DULISCH 1986, 126 f.) zu verstehen sind, tragen wesentlich dazu bei, den durch die Situation gegebenen Handlungsspielraum in seiner Spannweite abzugrenzen und in seiner Größenordnung zu bestimmen. Der Situationsbegriff läßt sich in Analogie zu Unterrichtssystemen als "fortlaufende Abfolge von Situationen, die, wenn sie gelöst sind, jeweils als Element in die folgende neue Situation eingehen" (PONGRATZ 1987, 145) hinsichtlich seiner qualitativen Dimension exakt erfassen. Führungssituationen gestalten sich infolgedessen dynamisch.

8. Element: "Führungsevaluation"

Für das Wirkungssystem Mitarbeiterführung ergibt sich die Notwendigkeit ständiger Evaluierung von Führungshandlungen und deren zieladäquater Ausrichtung. Zu prüfen ist, ob und in welchem Umfang die angestrebten Zielstellungen tatsächlich erreicht wurden, welche Faktoren sich dabei als fördernd oder hemmend erwiesen haben und wo Verbesserungen respektive Veränderungen vorzunehmen sind; dies, um künftiges Führungshandeln zu optimieren. Da sich das Wirkungssystem Mitarbeiterführung als offenes System kennzeichnen läßt, sind in Evaluierungsprozessen auch externe Einflußfaktoren in ihren Auswirkungen auf die Mitarbeiterführung zu analysieren. Rückmeldungen daraus haben Auswirkungen auf alle übrigen Systemelemente insbesondere aber auf jene, die menschliches Handeln unmittelbar berühren und sich in Verhaltensänderungen niederschlagen.

Halten wir noch einmal fest: Aus den genannten Elementen läßt sich das Wirkungssystem Mitarbeiterführung strukturieren und in seinen Wesensmerkmalen erfassen. "Es hat sich gezeigt, daß Systeme, denen menschliches Handeln und Denken zugrunde liegt, in der Regel aus 8 Elementen bestehen" (ZIELINSKI

1976/77, 58). Diese bilden den äußeren Rahmen, der Führungshandlung unterlegt. Damit ist jedoch der innere Zusammenhang des Führungsprozesses selbst noch keineswegs in seiner dynamischen Struktur erfaßt. Es gilt daher, das Wirkungssystem Mitarbeiterführung als Konstrukt hinsichtlich der im Handlungsfeld bestehenden Beziehungverflechtung näher zu umreißen, und eine Verbindung (Konnektion) zwischen den Elementen als Teile des Gesamtsystems herzustellen.

(2) Konnektivität

Das Charakteristikum der Konnektivität beruht auf der Hypothese, daß Elemente "eine Ansammlung miteinander in Beziehung stehender Teile" bilden. Diese stehen jedoch keineswegs statisch nebeneinander, sondern formieren sich zu einem dynamischen System, das "Wirkung" äußert und so gesehen Zustandsänderungen nach sich zieht. Daraus folgt:

> "Ein dynamisches, in Aktion befindliches System kann plötzlich und zwar für unbegrenzte Zeit von einem Zustand in den nächsten übergehen" (BEER 1963, 26).

Innerhalb eines Wirkungssystems bestimmt das Beziehungsnetz und die in diesem bestehende Konnektivität die Ganzheit der vernetzten Elemente. Dies gilt insbesondere für ein Modell, das wie das Wirkungssystem Mitarbeiterführung (vgl. Abb. II/8) zudem noch die Handlungsprämisse inkludiert.

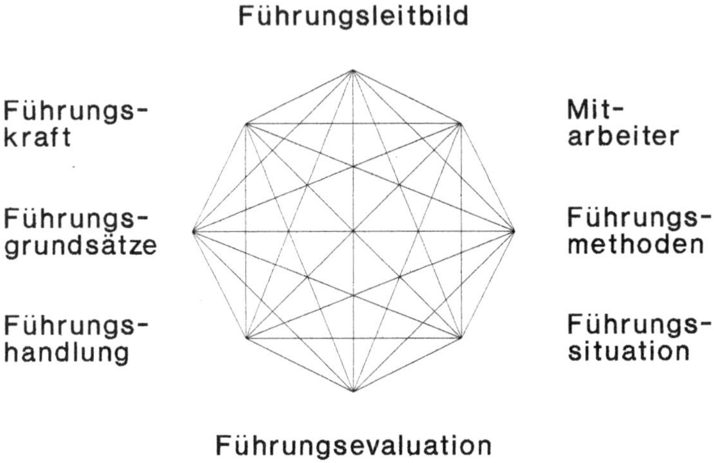

Abb. II/8: Wirkungssystem Mitarbeiterführung

Die Konnektivität des Wirkungssystems Mitarbeiterführung vermittelt zwei wesentliche Erkenntnisse: Sie gibt (1) Aufschluß über die zwischen den einzelnen Elementen bestehenden Relationen und verweist (2) auf deren Dynamik. Diese entsteht durch die Art und Qualität der wechselseitigen Einwirkungen der systemimmanenten Elemente. Das Wirkungssystem Mitarbeiterführung erhält auf diese Weise seine funktionale Relevanz die systemlogisch auf Fragen lenkt:

- WER (Führungskraft) führt
- WEN (Mitarbeiter)
- WONACH (Führungsleitbild)
- WIE (Führungsgrundsätze)
- WOMIT (Führungsmethoden)
- WODURCH (Führungshandlung)
- WANN und WO (Führungssituation) mit
- WELCHEM Erfolg (Führungsevaluation)?

In ihrer systemischen Gesamtheit unterliegen Wirkungssysteme also, dies zeigt sich insbesondere am Wirkungssystem Mitarbeiterführung, unmittelbar der funktionalen Umsetzung, und zwar gestützt auf Handlungsparameter, die den Prozeß der Regelung von jeder formalen Verlaufsstruktur abheben. Konnektivität als Gestaltungsansatz der Vernetzung kennzeichnet daher in Steuerungs- und Regelungsprozessen lediglich den systemorientierten Ablauf.

(3) Regelung

Wie bereits angedeutet wurde sind Wirkungssysteme rein formal dadurch definiert, daß sie einen bestimmten Input nach einem immanenten Programm zu einem systemadäquaten Output verarbeiten. Sie unterliegen hier in Bezug auf Soll- und Istwerte (vgl. Abb. II/9) im schematischen Ablauf bekanntlich den kybernetischen Regelungsvorgängen.

Aus dieser Sicht besteht die Grundfunktion eines Wirkungssystems darin, einen bestimmten **Input (I)** aufzunehmen, um ihn nach immanenter **Be-/Verarbeitung** als **Output (O)** wieder abzugeben. Im Output liegt das angestrebte Ziel. Die Regelung selbst erfolgt über ein **Stellglied (S)** das auf Be-/Verarbeitung zurückwirkt. Entsteht zwischen dem gemessenen Istwert und dem intendierten Sollwert ein Differenzwert, wird dieser an den **Regler (R)** weitergegeben, der eine Korrektur im Regelungsablauf veranlaßt. Dazu muß das Ergebnis dieser Be-/Verarbeitung (Istwert) mittels einer **Meßeinrichtung (M)** erfaßt, gemessen und mit dem Sollwert verglichen werden.

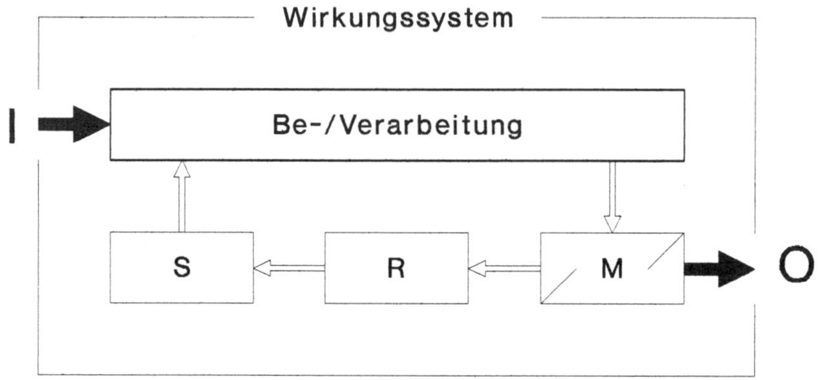

Abb. II/9: Kybernetischer Regelungskreislauf

Auch menschliches Handeln läßt sich nach dem Schema des Regelkreises veranschaulichen. Somit ist eine formallogische Nähe zur Führungshandlung gegeben. In der aktuellen Führungsliteratur findet sich eine Reihe derartiger Interpretationen[36].

Kybernetisch aufgefaßt wird im Wirkungssystem Mitarbeiterführung ein zwischen Führungskraft und Mitarbeiter vereinbartes und operationalisiertes Führungsziel (Sollwert) einer Be-/Verarbeitung unterzogen. Das dadurch zustandegekommene Arbeitsergebnis (Istwert) wird durch die Führungskraft (Regler/R) im Wege der Endkontrolle (Meßeinrichtung/M) gemessen, mit dem Sollwert verglichen, und den Erfordernissen entsprechend modifiziert. Solange das zustandegebrachte Arbeitsergebnis vom vereinbarten Führungsziel abweicht, wird der festgestellte Differenzwert (Stellgröße) durch die Führungskraft durch Führungsmaßnahmen (Stellglied/S) rückgekoppelt. Ein neuer Regelungsablauf beginnt und wird solange fortgesetzt, bis der erbrachte Istwert und der vereinbarte Sollwert deckungsgleich erscheinen.

---

36 Vgl. BISANI 1985, 128 ff.; MALIK 1989, 80 ff.; RUMPF 1991, 195 ff.; SCHOLZ 1989, 399 ff.; STAEHLE 1989, 40 ff., 384 ff.; TSCHIRKY 1981, 320 ff.; WILD 1973, 45 ff.; ZIELINSKI 1981, 115.

Das Charakteristikum der Regelung birgt allerdings die Gefahr der direkten Übertragung mechanistischer Strukturen auf die Mitarbeiterführung in sich. Zielgerichtetes intentionales Handeln ist von der Interpretation des Individuums abhängig. Kybernetische Denkvorstellungen sagen infolgedessen noch nichts darüber aus, ob der Mensch innerhalb eines Wirkungssystems zu verantwortlichem Handeln findet. Dies läßt sich aus der Grundstruktur jedes menschlichen Handelns herleiten:

"- Handeln ist ein *zielgerichteter* Prozeß, der sich unter anderem durch die Vorwegnahme möglicher Handlungsfolgen auszeichnet. Neben dem bewußt angestrebten Ziel *antizipiert* der Handelnde auch Ergebnisse, die aus der augenblicklichen Situation ohne eigenes Zutun entstehen würden. Er hat Situations-, Handlungs-, Ereignis- und Ergebnis-Folgen-Erwartungen (Heckhausen, 1980). Es kann angenommen werden, daß diese Antizipationen die Ergebnisse und Folgen simulieren. Mentale Veränderungen gehen also realen Veränderungen voraus.
- Handeln ist ein *konstruktiver* Prozeß, der die Umwandlung der Ausgangssituation in eine erwünschte Zielsituation anstrebt.
- Handeln ist ein *hierarchischer* Prozeß in dem eine Abfolge von untergeordneten Operationen abläuft.
- Handeln ist ein *kontrollierter* Prozeß, der die Zielgerichtetheit des Handelns bzw. die angemessene Auswahl von Handlungsmöglichkeiten oder Operationen durch den ständigen Vergleich der Zielantizipationen mit Rückmeldungen über tatsächliche Zwischenergebnisse ermöglicht" (WEIDENMANN/KRAPP 1986, 559).

Vom Standpunkt eines pädagogisch-psychologisch ausgelegten Handlungsmodells läßt sich der äußere Rahmen ebenfalls nach einem Ablaufschema von Handlungen der Struktur nach ordnen, und zwar im Hinblick auf Orientierung (Problemanalyse), Ausführung (Erarbeitung von Lösungsansätzen) und Kontrolle (Evaluation). Diese Teilprozesse sind jedoch aufgrund der bestehenden Wechselbeziehungen zwischen den Handelnden selbst als Auseinandersetzung mit dem gegenständlichen Handeln aufzufassen. Handeln als situationsbezogene Tätigkeit vollzieht sich im Subjekt-Objektbezug, sodaß jede handlungstheoretische Interpretation davon auszugehen hat,

> "wie der Mensch in zielgerichteter, denkender und planender Auseinandersetzung mit seiner Umwelt handelnd seine Umweltbedingungen verändert und dabei gleichzeitig seine eigene Persönlichkeit entwickelt" (GREIF 1983, 88).

Damit ist klar, daß kybernetisch determinierte Regelkreisverläufe im Wirkungssystem Mitarbeiterführung stets ihrer Ausweitung auf die menschliche Handlungsdimension erfährt, denn

> "Grundlegender Bezugspunkt für das verantwortliche Handeln ist immer die menschliche Person, die von Natur aus dialogisch mit ihrer Welt kommuniziert" (BIRKENBEIL 1986, 6).

Menschliches Denken und Handeln ist daher in kommunikativen Prozessen zu verankern. Rein äußerlich gesehen folgen auch systemische Input-/Outputfaktoren bestimmten Kommunikationsbahnen. Es obliegt der Betriebspädagogik, auf inhumane Verengungen und Reduktionen dieser steuerungstechnischen Modellkonstruktionen hinzuweisen und die Individualität des Mitarbeiters sowie die Qualität der interpersonellen Beziehungen im Betrieb zu unterstreichen.

(4) Kommunikationsbahnen

Die Regelung der Input-/Outputfunktion in Wirkungssystemen bedarf einer funktionierenden Verknüpfung zwischen den einzelnen Elementen. Die durch die Konnektivität im Wirkungssystem formal vorgegebenen Kommunikationsbahnen stellen die "Kanäle" dar, durch welche Austauschbeziehungen zwischen In- und Output geknüpft werden können. Sind derartige Kommunikationsbahnen gestört oder fehlen sie gänzlich, dann ist die Outputrealisierung erschwert oder unmöglich.

Die Kommunikationsbahnen des Wirkungssystems Mitarbeiterführung bauen sich um vier Achsen auf (vgl. Abb. II/10), welche im interpersonellen Bezug als Informationskanäle dienen. Entsprechend der führungsmäßigen Zielstellung wird die Input-/Outputachse (Führungsleitbild/Führungsevaluation) im System menschlichen Handelns zur Hauptachse des kommunikativen Prozeßablaufes; quer dazu liegen die Sozialachse (Führungskraft/Mitarbeiter), die sachbezogene Informationsachse (Führungsgrundsätze/Führungsmethoden) und die Organisationsachse (Führungshandlung/Führungssituation). Um diese vier Achsen strukturieren sich die Kommunikationsbahnen (vgl. Abb. II/10), woraus zugleich ersichtlich wird, daß sie sich gegenseitig bedingen und beeinflussen.

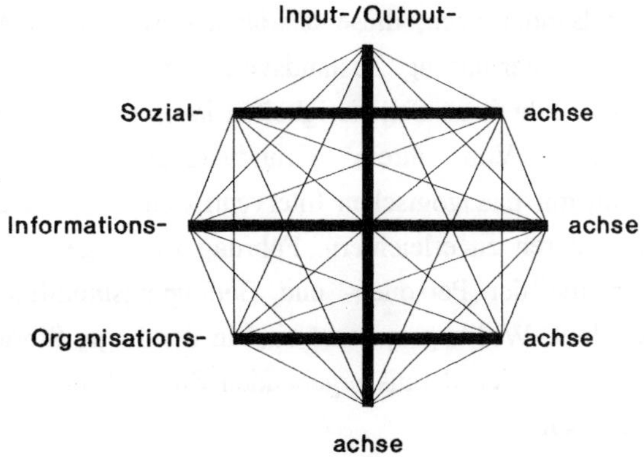

Abb. II/10. Darstellung der Kommunikationsbahnen (vgl. ZIELINSKI 1981, 116)

(5) Systemimmanente (diskrete) Entscheidungsprozesse

Der in das Wirkungssystem eingebrachte Input stellt die Elemente desselben vor immanente Entscheidungen, welche von außen nicht feststellbar sind, also "diskret" erfolgen. Diese Entscheidungen implizieren Veränderungen von Zuständen innerhalb des Systems. Die damit verbundenen Lösungsmuster und Erklärungsmodelle erfordern Modifikationsentscheidungen und veränderte Handlungsstrategien, die vor dem Hintergrund des bisherigen Verhaltens und der vorausgegangenen Entwicklung nur durch führungsmäßige Maßnahmen im Sinne von Verhaltensmodifikationen herbeigeführt werden können.

(6) Zustandsänderungen

Die Relationen zwischen den einzelnen Elementen bilden zu bestimmten Zeitpunkten spezifische Handlungsmuster. Wenn diese Muster bestimmenden Einfluß auf das Wirkungssystem und seinen Output nehmen, dann entsteht dadurch ein aktueller Systemzustand. Störungen von außen und solche von innen führen zu Zustandsänderungen; diese charakterisieren die Dynamik des Wirkungssystems Mitarbeiterführung. Zustandsveränderungen greifen als Störung in das System ein und führen zu Schwierigkeiten im Leistungsbereich ebenso wie im Sozialverhalten. Von ihrem Grundverständnis her vermag hier Mitarbeiterführung mit pädagogischen Interventionen den Übergang von einem Zustand in den anderen zu erleichtern. Führung ist so gesehen zugleich auch immer auf Probleme der Personen- und Bedingungsmodifikation im Handlungsverlauf gerichtet. Wirkungssysteme sind in der Lage, Störungen immanent zu verarbeiten und die sich daraus ergebenden Zustandsänderungen als Output nach außen abzugeben.

Ohne den intendierten Zusammenhang von Mitteilungen, verstanden als Suche nach Übereinstimmung und zweckmäßigen Handlungswegen, vermögen effektive Handlungsziele, welche die Qualität pädagogischer Führung beeinflussen, ebensowenig umgesetzt zu werden wie schöpferisches Handeln selbst. Handeln impliziert stets bewußte Stellungnahme zu den zu lösenden Aufgaben und zur Anstrengung der eigenen Person, die in kritischer Reflexion und aktiver Mitgestaltung Kommunikationskanäle auf diese Weise erst belebt und dadurch die Gesamtheit systemadäquater Handlungen realisiert.

Zustandsänderungen resultieren in diesem Zusammenhang aus Rückkoppelungsprozessen, die auf der menschlichen Ebene Deutungsmustern unterliegen. Diese implizieren Wertmaßstäbe dafür, wie Systemorientierungen bewußtseinsmäßig zu verarbeiten sind und welche Widersprüche und Inkonsistenzen sich auf der Handlungsebene ergeben. Damit wird zugleich verhindert, daß eigenes Handeln lediglich äußeren Bedingungsfaktoren angepaßt und systemadäquat verfügbar gehalten wird. Jedes System erhält durch menschliches Denken und Handeln sein Gepräge. Wir können auch sagen:

"Der Mensch bildet als Handelnder die Grundeinheit sämtlicher sozialer und soziotechnischer Systeme, die dadurch gekennzeichnet sind, daß sie auf kognitiver Ebene Ziele anstreben und ihre auf diese bezogene Situation einschätzen und institutionsbezogen als Organisationsentwicklung lernend verändern" (ZELBER 1991, 141).

Daraus folgt: Wirkungssysteme dürfen menschliches Handeln nicht einschränken. Sie müssen vielmehr dazu beitragen, daß die Autonomie des menschlichen Handelns trotz systemadäquater Vernetzungen erhalten bleibt. Damit ist für den Gang unserer Untersuchung klar: Die Authentizität des Menschen ist über jede Systembetrachtung zu stellen, die lediglich praxisorientierten Modellcharakter besitzt. In diesem Sinnverständnis begründet sich die zentrale These dieser Arbeit (vgl. Abb. II/11).

**Mitarbeiterführung
ist ein
Wirkungssystem menschlichen Handelns**

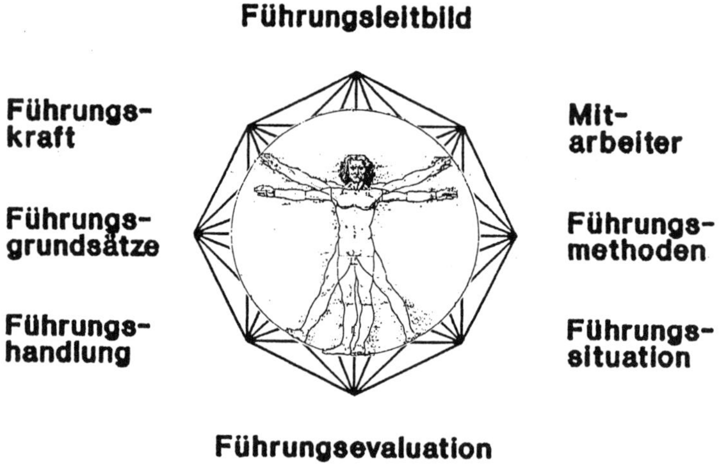

Abb. II/11: Zentrale These

PÄDAGOGISCHE ELEMENTE DES WIRKUNGSSYSTEMS MITARBEITERFÜHRUNG

6 ELEMENT "FÜHRUNGSLEITBILD"

6.1 Grundlagen und Funktion des Führungsleitbildes

In der erziehungswissenschaftlichen Ziel- und Normenforschung wird der Begriff des Leitbildes als Bezeichnung pädagogischer Zielvorstellungen für "gewöhnlich in begrenzterer Bedeutung als die Begriffe 'Bildungsideal' und 'Menschenbild' verwendet" (KLAFKI 1986, 45). Dennoch umreißt das Führungsleitbild Handlungsorientierungen für menschliches Verhalten in der eingegrenzten Lebens- und Arbeitssituation des Betriebes. Bezweckt wird damit die eigenverantwortliche Auseinandersetzung mit Leitkategorien pädagogischen Handelns.

Aus betriebspädagogischer Sicht sollen Führungsleitbilder einen Betriebserziehungsprozeß stützen, welcher das Ziel hat, den Mitarbeiter in seiner Entwicklung zur Mündigkeit zu einer kritischen Reflexion vorfindbarer Normen und Werte zu veranlassen. Denn "Ansatzpunkt der Pädagogik ist das Individuum und nicht die Organisation oder der Betrieb" (ARNOLD 1990, 17).

Diese Feststellung bedarf allerdings insofern einer Relativierung, als innerhalb jedes betrieblichen Systems sozio-kulturelle Normen existieren, in die Mitarbeiter durch berufliche Sozialisation hineinwachsen bzw. die sie selber mitgestalten. Organisationskultur entsteht aus und durch den gelebten Betriebsalltag "als eine Art gemeinsam akzeptierte Realitätsinterpretation". Dadurch wird das "Unternehmensgeschehen nachhaltig, aber 'unsichtbar' - über nicht reflektierte Selbstverständlichkeiten - beeinflußt" (KASPER 1987, 5). Das Leitbild der Mitarbeiterführung entsteht so gesehen im Kontext reflexiven Verhaltens und

Gestaltens von Führungskraft und Mitarbeiter. Führungsphilosophie[1] resultiert in diesem Zusammenhang aus der Summe aller Grundeinstellungen und Normen, welche der jeweiligen Kultur des Unternehmens zugrunde liegen und die in handlungsorientierenden Leitbildern[2] ihren Niederschlag finden. Das Unternehmensleitbild übernimmt die "Funktion eines obersten handlungsorientierenden Wertesystems des Managements" und begründet "die gesellschaftliche Legitimation des unternehmerischen Handelns" aus ethischer Sicht (ULRICH/FLURI 1992, 17).

Nach LATTMANN (1982, 526) beruht die Erarbeitung eines derartigen führungsphilosophisch unterlegten und führungspolitisch ausgelegten Leitbildes auf drei Grundlagen, nämlich: (1) "den *Wertvorstellungen*, welche die Willensträger der Unternehmung an die Mitarbeiterführung herantragen", (2) den führungsrelevanten Unternehmenseinflüssen (Anforderungen an das Mitarbeiterverhalten hinsichtlich der Leistungserbringung, Machtaufbau, Organisationsklima), (3) den Umweltkomponenten, die sich aus der Einbettung der Unternehmung in die Gesellschaft ergeben (Erwartungen an die Behandlung von Mitarbeitern, Verpflichtungen gegenüber dem Mitarbeiter). Daraus können *"generelle Imperative"* eines *"führungspolitischen Leitbildes"* abgeleitet werden (LATTMANN 1982, 527):

---

[1] Unter "Philosophie" versteht man ganz allgemein jene Bemühungen des Menschen, welche auf die ganzheitliche Interpretation des Daseins gerichtet sind und den Zweck haben, daraus eine vernünftige Weltanschauung zu gewinnen. Diese kann die Funktion eines Leitbildes für die praktisch-normative Lebensausrichtung des Individuums übernehmen. Die "Unternehmensphilosophie" basiert auf den Wertvorstellungen und Grundannahmen der umfassenderen Wirtschafts- und Sozialphilosophie; sie schließt ein Menschenbild, ein Leitbild der Wirtschafts- und Gesellschaftsordnung sowie ein Unternehmensleitbild ein (vgl. ULRICH/ FLURI 1992, 53).

[2] In der Führungsliteratur finden sich zur Darstellung dieses Sachverhaltes neben der Bezeichnung "Unternehmensleitbild" beispielsweise noch Bezeichnungen wie "Organisationsgrundsätze", "Unternehmensgrundsätze" (WUNDERER/GRUNWALD 1980a, 405); "Unternehmenspolitische Leitsätze" (PLESSER 1974) u. a.

"- die an das Arbeitsverhalten der Mitarbeiter zu stellenden Forderungen;
- der von ihnen zu erreichende Fähigkeitsstand;
- die bei ihnen anzusprechenden und unter Umständen zu weckenden Motive;
- die ihnen gegenüber zu übernehmenden Verpflichtungen;
- die Art, in welcher ihre Eingliederung in das Unternehmungssystem erfolgen sollte;
- der hierzu erforderliche Aufbau dieses Systems;
- das in diesem herzustellende Organisationsklima."

Leitbilder wirken auf die Gestaltung der Führung und Einbindung des Mitarbeiters in das Organisationssystem der Unternehmung. Aus Leitbildern werden das führungspolitische Normensystem und die einzuhaltenden Verhaltensgrundsätze sichtbar, als deren tragende Pfeiler im konkreten Anwendungsbezug Führungsrichtlinien gelten. Diese üben eine deutliche Orientierungsfunktion für das Verhalten von Führungskräften und Mitarbeitern aus.

Führungsleitbilder tragen zur Transparenz der einzuhaltenden Führungsgrundsätze bei und enthalten zugleich Vorgaben, die für die Erreichung der Betriebsziele und -zwecke unumgänglich sind. Es muß jedoch vermieden werden, daß solche Leitbilder in Gestalt von Führungsrichtlinien eine Einengung der Persönlichkeitsförderung und der Eigenständigkeit des Mitarbeiterverhaltens nach sich ziehen. Damit erst lassen sich Leitbilder pädagogisch relativieren.

6.2 Betriebspädagogische Relevanz von Führungsleitbildern

Die betriebspädagogische Relevanz von Führungsleitbildern liegt nicht nur in dem Umstand, daß sie Rahmenbedingungen für die Mitarbeiterführung an sich schaffen, sondern daß sie darüberhinaus auch die Zielrichtung im Prozeß der Betriebserziehung bestimmen. "Pädagogik ist auf Leitbilder angewiesen" (DÖRSCHEL 1975, 53). Erziehung wird durch Leitbilder unterstützt. Dadurch wird das Individuum in seinem arbeitsorientierten, sozialen Kontext pädagogisch wahrgenommen. Betriebspädagogisch fundiertes Erziehungshandeln orientiert sich am Mitarbeiter *"als das in seinen Möglichkeiten zu entwickelnde und zu bildende Subjekt"* (ARNOLD, 1990, 17).

Führung erhält damit die Grunddimension "Mitarbeiterorientierung", die in der Partizipation, Kooperation und sinnstiftenden Potenz menschlicher Selbsterfahrung und Selbstfindung ihren maßgeblichen Bestimmungspunkt findet. Gesamtgesellschaftlich gesehen kann hier mit dem Bestreben nach Demokratisierung sozialer Systeme[3] von einem emanzipatorischen Verständnis der Betriebserziehung gesprochen werden, das in das Führungsleitbild eingeht. ALTMANN/BERNDT (1982, 231) begründen diesen Ansatz so:

> "Das kooperative Führungssystem birgt die Chance in sich, dem Demokratiegedanken unserer Epoche auch einen Platz in der Führung zu sichern, um damit dem im Grundsatz verbrieften Recht der weitestgehenden Verwirklichung der Individualität des einzelnen bei gleichzeitiger Beachtung des Gemeinwohls Geltung zu verschaffen"[4].

In diesem Sinnverständnis, und zwar deutlich ausgerichtet auf die individuelle Komponente der Selbstbestimmung, wird Führung mit "Humanisierung" gleichgesetzt, verstanden als das Bemühen um Schaffung menschengerechter Arbeitsbedingungen und verstärkter Hinwendung zur Persönlichkeitsförderung, um die Chancen auf Selbstverwirklichung zu erhöhen. Dies setzt Mitarbeiter in die Lage, in Prozesse der Ziel- und Entscheidungsfindung lernend und handelnd einzugreifen, sich selbst also verstärkt in das betriebliche Handlungsgeschehen mit dem Willen zur Veränderung einzubringen. Für einen human ausgerichteten Führungsansatz folgt daraus:

> "Die Zielsetzung ist nicht mehr Humanisierung für Betroffene, sondern Humanisierung durch Betroffene, denen alle Möglichkeiten zu eröffnen sind, die dafür erforderlichen Qualifikationen zu erwerben" (NIEDER 1987, 1082).

---

3 "Von Demokratisierung sozialer Systeme kann bei solcher Einflussnahme gesprochen werden, wenn zwischen den verschiedenen Anspruchsgruppen ein Machtausgleich (Power Equalization) angestrebt wird (z. B. zwischen Kapitalgebern/Management, Mitarbeitern und Öffentlichkeit)" (HILL/FEHLBAUM/ULRICH 1989, 264).

4 Vgl. auch PELINKA 1974; STAEHLE 1973, 22 ff; WUNDERER/GRUNWALD 1980b, 45 f.

Fest steht zunächst einmal, daß Erziehung im pädagogischen Bezug Einflußpotentiale enthält, unabhängig davon wie diese im einzelnen gerichtet sind. Auf den Interaktionsprozeß bezogen kommt WATZLAWICK (1989, 177) zu dem Schluß: "Alle Beeinflussung ist Macht, und niemand kann seine Mitmenschen nicht beeinflussen". Dies wirkt sich unmittelbar auf "Freiwilligkeit" und "Unfreiwilligkeit" der Mitwirkung des Mitarbeiters im Führungsprozeß aus, der sich auf formalisierte Über- und Unterordnungen stützt und durch entsprechende Weisungsrechte (Befehlsgewalt) abzusichern vermag. Der Autoritätsbegriff legitimiert sich so gesehen auf den Inhaber von Führungspositionen in einer Organisation bezogen als formale Amtsautorität. Im Gegensatz dazu erwächst funktionale Autorität (Sachautorität) aus der Fachkompetenz ("fachliche Autorität") oder aus der Integrität ("personale Autorität") einer Person (vgl. WUNDERER/GRUNWALD 1980a, 73).

Eine demokratische Führungsstruktur verlagert das Autoritätsproblem von organisationalen "Vollmachten" (Macht und Machtmittel) auf den partnerschaftlichen Beziehungsrahmen (vgl. ROSNER 1981, 118), in welchen Abhängigkeiten und Präferenzen eingegrenzt werden. Dies setzt im Bestreben der Förderung nach Selbständigkeit Verringerung von Machtpotentialen (Hierarchie) im Sinne humanistischer Führungsgrundsätze voraus, die den Wandel "von der Kontrolle zur Mitverantwortung" (WALTON 1986, 64) zeigen. Leitsätze der Führung knüpfen an Partner- und Situationsorientierung an, die den Mitarbeiter auf "freiwilliger" Basis (HOEFERT 1979, 191) zu verantwortlichem und mitbestimmtem Handeln bewegen will. Ein gegenseitiges Vertrauensverhältnis setzt Kooperationsbereitschaft voraus und begünstigt die Befolgung gemeinschaftlicher Anliegen, gestützt auf Fachkompetenz und persönliche Autorität, die in enger Mitarbeiterbeziehung sowohl auf Seiten der Führungskraft als auch beim Mitarbeiter ihren Ausdruck finden und partnerschaftliches Verhalten begründen. Führungsleitsätze manifestieren sich in Verhaltenskategorien, die Mitwirkung und damit Persönlichkeitsentfaltung bezwecken. Dazu gehören:

"* Teilhabe am Entscheidungsprozeß
* Respektierung personaler Interessen
* Kollegialität in der zwischenmenschlichen Beziehung
* Beachtung der menschlichen Belange bei der Zusammenarbeit"
(HEIDACK 1981, 19).

Kooperative Führung kann also nicht autoritär vollzogen werden. Sie stellt vielmehr eine Führungsperspektive dar, welche sich auf Zusammenarbeit und grundlegende Erwartungshaltungen stützt, womit auf der Grundlage freiwilliger Akzeptanz ein "psychologischer Vertrag" (LATTMANN 1982, 70) zwischen Führungskraft und Mitarbeiter zustande kommt. Führungskompetenz begründet in diesem Zusammenhang die notwendige Autorität der Führungskraft.

Die partizipative und kooperative Grundorientierung eines betriebspädagogisch fundierten Führungsleitbildes schlägt sich pragmatisch in einer Synopsis der kooperativen Führung nieder (vgl. Abb. III/1). Erkennbar wird der Abbau hierarchischer Strukturen und die Verlagerung des Schwergewichtes auf "gemeinsame Einflußausübung", die allerdings nur dann gelingen kann, wenn "Vertrauen als Grundlage der Zusammenarbeit" besteht und ein tragfähiger Konsens bei der Gestaltung der Arbeits- und Sozialbeziehungen hergestellt wird.

Dazu schlägt DECKER (1985, 129) die Orientierung an einem "Kooperationsleitbild" vor. Dieses macht sich an Leitbegriffen wie "Kommunikationsfähigkeit", "Flexibilität", "Vertrauenswürdigkeit" und "Leistungsfähigkeit" fest und bewirkt auf diese Weise partnerschaftliche Zusammenarbeit auf der Basis einer Strukturierung der interpersonellen Bezüge im Führungsprozeß. Dies wird aber nur möglich sein, wenn

"Freiräume anstelle von Zwängen,
Eigeninitiative anstelle von Anweisungen,
Wahlmöglichkeiten anstelle von Vorgaben,
Partnerschaftlichkeit anstelle von Autoritätsbezogenheit,
Offenheit anstelle von Abgeschlossenheit,
Flexibilität anstelle von Starrheit,
Vertrauen anstelle von Mißtrauen,
Selbstverwirklichung anstelle von Fremdbestimmung,
Führung anstelle von Bevormundung,
Information anstelle von Geheimniskrämerei"
(HEYMANN/SEIWERT 1982, 44)

treten.

Kooperative Führung
- Definition, Merkmale, Grundwerte -

4 Dimensionen

1. Zielorientierte soziale Einflußnahme zur Erfüllung gemeinsamer Aufgaben →	*Ziel-Leistungs-Aspekt*	*Führung in Organisationen*
2. in/mit einer strukturierten Arbeitssituation →	*Organisations-Aspekt (Situationsgestaltung)*	
3. unter wechselseitiger, tendenziell symmetrischer Einflußausübung →	*partizipativer Aspekt (Machtgestaltung)*	*Qualität der kooperativen Führung*
4. und konsensfähiger Gestaltung der Arbeits- und Sozialbeziehungen →	*prosozialer Aspekt (Beziehungsgestaltung)*	

9 Merkmale
1) Ziel- und Leistungsorientierung
2) Funktionale Rollendifferenzierung und Sachautorität
3) Multilaterale Informations- und Kommunikationsbeziehungen
4) Gemeinsame Einflußausübung
5) Konfliktregelung durch Aushandeln und Verhandeln
6) Gruppenorientierung; partnerschaftliche Zusammenarbeit
7) Vertrauen als Grundlage der Zusammenarbeit
8) Bedürfnisbefriedigung von Mitarbeitern und Vorgesetzten
9) Organisations- und Personalentwicklung

3 Grundwerte
1) Arbeit und Leistung
2) Wechselseitigkeit
3) Selbstverwirklichung

Abb. III/1: Synopsis der kooperativen Führung (WUNDERER 1987, 1259)

Partnerschaft als die wesentliche Komponente des Führungsleitbildes signalisiert, wie sich aus dem angeführten Katalog emanzipativer Grundforderungen ergibt, die Beseitigung bestehender Ungleichheiten im betrieblichen Handlungsgefälle. Mit der Aufhebung hemmender und einschränkender Bindungen gewinnt das Führungsleitbild progressiven Charakter und ist von dieser Warte aus gesehen in den übergeordneten ganzheitlichen Zusammenhang der gesellschaftlichen Entwicklung zu stellen, die ihren Zusammenhalt in "stabilisierenden Eckwerten einer offenen Gesellschaft" (vgl. Abb. III/2) findet.

In der durch Wertewandel und Einstellungsänderungen vor dem politischen, sozialen und kulturellen Hintergrund gekennzeichenten "offenen Gesellschaft" entstehen divergierende Wertauffassungen, wodurch aufgrund unterschiedlicher Standpunkte und Überzeugungen Orientierungen prinzipiell erschwert erscheinen. Leitbilder sind also der Spannung ausgesetzt allgemeingültige Orientierungspunkte des Verhaltens aufzugreifen und sie als solche in ein pädagogisches Konzept verhaltensdeterminierender Leitvorstellungen einzubringen. Daher kommt den durch FRITSCHI (1986, 335) postulierten, "stabilisierenden Eckwerten einer offenen Gesellschaft" bei der Ausarbeitung betrieblicher Führungsleitbilder besondere Bedeutung zu; dies deswegen, weil sie jene Basisdimensionen umfassen, welche dem Verständnis nach auf ein ganzheitliches Welt- und Menschenbild ausgerichtet sind. Führungsleitbilder erhalten dadurch eine konsensfähige Gewichtung und einheitliche Ausrichtung:

"Partnerschaft" als Bindeglied der kooperativen Führung (Mensch als Träger des Betriebsgeschehens) wird in den Zusammenhang mit individuellen, sozialen und sinnbezogenen Kategorien des menschlichen Handelns zu stellen sein.

"Ich-Stabilisierung" (Identitätsfindung) als geforderte Verhaltenskategorie bedeutet im Führungsleitbild die Aufforderung zu einem Führungshandeln, welches das Selbstvertrauen und Selbstbewußtsein des Mitarbeiters stützt bzw. sein Autonomiestreben begünstigt. Ich-Stabilisierung fördert die Entfaltung personaler und beruflicher Identität.

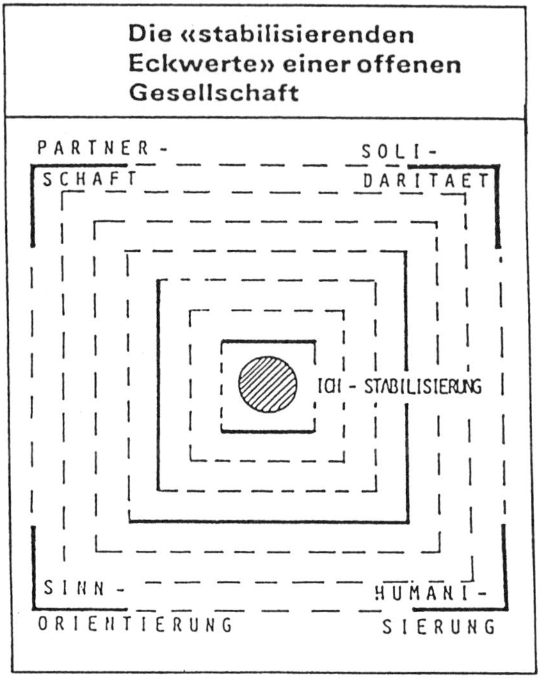

Abb. III/2: Stabilisierende Eckwerte einer offenen Gesellschaft (FRITSCHI 1986, 335)

"Solidariät" als ursächlich pädagogische Führungskomponente ("Pädagogischer Bezug") zielt auf die Gestaltung der Führungsbeziehung ab, im welcher helfende und entwicklungsfördernde Unterstützung zum integrativen Bestandteil jeglichen Führungshandelns wird. Solidarität in der Mitarbeiterführung heißt Kompetenzaufbau und das "Hereinführen" der Mitarbeiter in die Betriebsgemeinschaft.

"Humanisierung" (menschengerechte Arbeitsgestaltung) bezweckt die Überwindung tayloristischer Betriebsstrukturen im Arbeitsprozeß. Es geht darüberhinaus um die Akzeptanz der Gesamtpersönlichkeit (personale Würde) des zu Führenden und um die Entwicklung der Fähigkeit, sich selbst eigenverantwortlich und verhaltenswirksam in das betriebliche Kommunikationsgeschehen einzubringen.

"Sinn-Orientierung" (Suche nach dem Handlungssinn) berührt die Wertkategorie des menschlichen Verhaltens. Ein Verlust an Werten führt stets zur Identitätskrise, was dann der Fall ist, wenn tiefgreifende Wandlungen in die Daseinspraxis des Menschen eingreifen, ohne bewußtseinsmäßig mit Blickrichtung auf den Sinn des Tuns verarbeitet worden zu sein. Die Sinnorientierung im Führungsleitbild richtet sich infolgedessen darauf, den Mitarbeiter sensibel für Veränderungen zu machen und ausgelegt auf neue Werte, die Inhalte seiner Arbeitstätigkeit und die gesellschaftliche Funktion des soziotechnischen Systems Betrieb als sinnvoll, zielgerichtet und vernünftig begreifbar werden zu lassen.

Aus ganzheitlicher Sicht kann festgestellt werden, daß sich die Effizienz wirtschaftlicher und gesellschaftlicher Organisationen auf einige wenige zentrale Botschaften zurückführen läßt. Diese Botschaften sprechen das Individuum in wichtigen emotionalen und sozialen Bedürfnissen an, entwerfen Zielvorstellungen, vermitteln Sinn und ermöglichen dadurch die Identifikation mit der Organisation (vgl. LAUTERBURG 1990, 19).

Menschen droht die Gefahr des Sinnverlustes. "Mensch-Veränderungen" (COMELLI 1985, 19) erweisen sich als Erziehungsaufgabe, "Zukunftsethik" und "Wertwissen" (JONAS 1986, 3) im Aspekt der Verantwortungspflicht und Befähigung des Menschen zur Bewältigung der Zukunftsaufgaben bewußtseinsmäßig zu verankern. Dies stellt für die Führungskraft zugleich eine Herausforderung dar, angesichts des gesellschaftlichen Strukturwandels entsprechende Führungs- und Integrationshilfen zu leisten.

Handlungsprämisse:

"Wenn Du ein Schiff bauen willst,
fang nicht an,
Holz zusammenzutragen,
Bretter zu schneiden
und Arbeit zu verteilen, sondern
wecke in den Männern
die Sehnsucht nach dem endlosen,
weiten Meer."

(Antonie de SAINT-EXUPÉRY)

7 ELEMENT "FÜHRUNGSKRAFT"

7.1 Herausforderungen der Führungskräfte durch den aktuellen Strukturwandel

Wie bereits angeschnitten vollziehen sich in Gesellschaft, Wirtschaft und Technik Veränderungsprozesse, welche sich in den Betrieben tiefgreifend auswirken. Veränderte Werthaltungen sind die Folge. Durch vermehrten Einsatz neuer Technologien entstehen zusätzliche Tätigkeitsfelder mit spezifischen Qualifikationserfordernissen. Als Konsequenz daraus ergibt sich nicht nur ein gesteigerter Weiterbildungsbedarf, sondern auch ein anderer Umgang mit den Menschen im Betrieb. In diesen Prozeß sind Führungskräfte intentional eingebunden, und zwar im Hinblick auf die Entwicklungsrichtung einer "strategischen Vision". Dies wird in der Feststellung SATTELBERGERs (1989, 156) deutlich: "Führungskräfte sind Personalentwickler".

Diese neue Rolle der Führungskraft nimmt auf strukturelle Bedingungen zukünftiger Unternehmensgestaltung bezug und filtert sich deutlich aus den betrieblichen Zukunftserfordernissen heraus, die RUMMLER (1991, 7 f.)[5] in einer Situationsanalyse für das Führungshandeln aufschlüsselt und präzisiert:

---

[5] Einen ähnlichen, auf der Metaebene angesiedelten Paradigmenwechsel ortet NAISBITT (1984, 7 ff.) und prognostiziert in diesem Zusammenhang 10 "Megatrends" künftiger Entwicklung.

"– Flexibilisierung und Differenzierung der organisatorisch-technischen Arbeitsgestaltung
- Initiieren und Gestalten von Innovationen, um den Wandel zu bewältigen und zu lenken
- Neubewertung und Neugestaltung der Führungskräfte-Weiterbildung durch lebenslanges Lernen und institutionalisierter Lernkultur (ebenso für Organisationen)
- Dezentralisierung der Unternehmensstruktur und des Führungsverhaltens
- Betonung neuer Verhaltenskomponenten von Führungskräften, wie z. B. Kreativität und Phantasie, Risikobereitschaft und Engagement, Sozialkompetenz und Ambiguitätstoleranz und Kommunikations-und Kooperationsfähigkeit in einem von der Unternehmenskultur getragenen Wertesystem
- Problemerkennungs- und Problemlösungskompetenz
- Ganzheitliche Arbeits- und Entscheidungsabläufe
- Erwerb von neuen Denk-, Einstellungs- und Verhaltensweisen"

Mit dem aktuellen Strukturwandel wird für die "Führungskraft" eine Aktualisierung insbesondere der führungsmäßigen Qualifikationen unabdingbar. Das Ziel führungskräfteorientierter Förderungsmaßnahmen ist die profilierte Führungspersönlichkeit, denn

> "Nur Persönlichkeiten mit einem erkennbaren Profil sind in der Lage, eine leistungsorientierte Unternehmenskultur zu prägen und dafür zu sorgen, daß sich selbständige, innovative Mitarbeiter mit dem Unternehmen identifizieren und voll dafür einsetzen" (BÖNING 1989, 43).

Die Auswirkungen des aktuellen Strukturwandels auf die Betriebe sind derart komplex, daß reaktive Anpassungsmaßnahmen des Managements im Hinblick auf die rein fachlichen Qualifikationen zu kurz greifen und eine darauf bezogenen Mitarbeiterförderung nicht in der Lage wäre, dieser Komplexität Rechnung zu tragen. Daraus ergibt sich die Frage nach der Art und Weise der Qualifizierung von Führungspersönlichkeiten, deren Förderungsbemühungen sich auf die "Herausbildung von Fähigkeitspotentialen und Verhaltensweisen des innovativen Menschen schlechthin" (MEßNER 1987, 182) ausrichten. Zu untersuchen sind jene Persönlichkeitsaspekte einer Führungskraft die, getragen von Teamgeist und Toleranz sowie von Verantwortungsbereitschaft und Sicherheit im Handeln, es erlauben, uneingeschränkte Kommunikation beim Aufbau partizipativer Beziehungen mit entsprechenden Initiativsetzungen und durch Schaffung einer kreativen Atmosphäre herzustellen.

7.2 Persönlichkeitsaspekte von Führungskräften

Das Wirkungssystem Mitarbeiterführung macht deutlich, daß sich eingebettet und gestützt auf den menschlichen Handlungsrahmen, die Wahrscheinlichkeit von Führungserfolgen nur durch optimierendes Zusammenwirken aller Elemente des Wirkungssystems vergrößert. Persönlichkeitsaspekte von Führungskräften können daher nicht isoliert gesehen werden. Insofern erscheint es gerechtfertigt, die unterschiedlichen führungstheoretischen Erklärungsansätze, insbesondere jene der "Eigenschaftstheorie der Führung"[6] betriebspädagogisch zu untersuchen und zu interpretieren. Der traditionelle eigenschaftstheoretische Ansatz besitzt infolge seiner isolierten und extrem detailorientierten Sichtweise keinen ausreichenden Erklärungs- und Prognosewert. Werden jedoch eigenschaftstheoretische Persönlichkeitsmerkmale von Führungskräften in einen funktionalen Kontext[7] gestellt, dann können sie für ein progressives Führungsverhalten durchaus Bedeutung gewinnen.

Die eigenschaftstheoretische Grundannahme bestand ursprünglich darin, daß in der Psychostruktur von Führungspersönlichkeiten relevante Merkmale vorliegen, welche Führung erfolgreicher gestalten[8]. In der weiteren Entwicklung kommt es jedoch, nicht zuletzt aufgrund empirischer Forschungsbefunde, zur stärkeren Beachtung des jeweiligen situativen Kontextes. Das wissenschafts-

---

[6] "Sammelbezeichnung für alle Ansätze, die der Persönlichkeit des Führers ausschlaggebende Bedeutung beimessen. Meist ist mitgedacht - wenngleich in den seltensten Fällen ausformuliert -, daß bestimmte Eigenschaften den Führer in Stand setzen, so auf seine *soziale Umwelt* einzuwirken, daß seine Vorstellungen Wirklichkeit werden" (NEUBERGER 1990b, 63).

[7] Z. B. bei der Ermittlung und Beurteilung des Führungspotentials von Nachwuchsführungskräften, bei der Auswahl und Höherqualifizierung von Führungskräften mit Hilfe des Assessment-Center -Ansatzes oder bei der Leistungsbeurteilung etablierter Führungskräfte.

[8] Vgl. die biologisch-evolutionären (DARWIN 1859) und die statistisch-genetischen (GALTON 1869) Begründungsversuche.

theoretische Defizit der Eigenschaftstheorie besteht aber nach wie vor in der Ungeklärtheit der Frage, wie sich Führungseigenschaften in Führungsverhalten transformieren und unter welchen Umständen und auf welche Art, respektive durch welche Mittel, sich der Führungseinfluß unmittelbar auswirkt (vgl. NEUBERGER 1990b, 63 f.).

Aus der bei WUNDERER/GRUNWALD (1980a, 117 ff.) ersichtlichen zusammenfassenden Auswertung und Darstellung empirischer Forschungsbefunde über Führungseigenschaften läßt sich erkennen, daß sich folgende Eigenschaften von Führungskräften idealtypisch als wünschenswert herausfiltern lassen:

> "Verantwortungsbewußtsein; Aufgabenerfüllung; Energie und Ausdauer im Hinblick auf die Zielerreichung; Kreativität bei der Problemlösung; Selbstvertrauen; Bereitschaft, Konsequenzen von Entscheidungen zu akzeptieren; Bereitschaft, interpersonalen Streß und Frustration zu ertragen sowie die Fähigkeit, andere zu beeinflussen."

STOGDILL (1974) weist in diesem Zusammenhang darauf hin, daß die angeführten Eigenschaften nur in kombinierter Form geeignet seien, zwischen effektiven und ineffektiven Führungsverhalten zu differenzieren. Eine ausschließlich personale Begründung von Führungserfolg ist daher nicht haltbar. Als gesichert kann jedoch gelten, daß für eine erfolgreiche Mitarbeiterführung "bestimmte Mindestausprägungen der Intelligenz, Empathie, Dominanz u. ä. notwendige, wenn auch nicht hinreichende Bedingungen darstellen" (WUNDERER/GRUNWALD 1980a, 123).

Eigenschaften der Führungspersönlichkeit sind erst mit dem Führungsverhalten, der Führungssituation und dem erwarteten Führungserfolg zu verknüpfen, um ihrer Ausstrahlungskraft und Wirkung überhaupt definitiv erkennbar werden zu lassen. Dies wird von ROSENSTIEL (1991b, 8) in einem theoretischen Modell visualisiert (vgl. Abb. III/3).

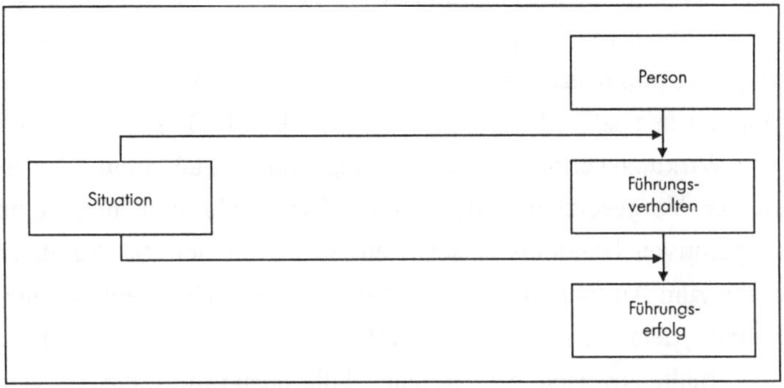

Abb. III/3: Verknüpfung von Führungspersönlichkeit und Randbedingungen (ROSENSTIEL 1991b, 8)

Positive Eigenschaften der Führungskraft sind für den Führungserfolg durchaus signifikant. Führungskräfte mit ausgeprägten Führungseigenschaften bei gleichzeitig ausgeprägter Teamfähigkeit und begleitet von einem reflektierten Durchsetzungsvermögen vermitteln den Mitarbeitern Sicherheit im Verhalten bzw. erhöhen deren Akzeptanz und Selbstwertgefühl, Voraussetzungen, die für jede kooperative Zusammenarbeit überaus wichtig erscheinen. In der Persönlichkeit des Führenden gründet sich quasi eine "führende Hand" (MÜRI 1986b, 67), die in ihrem Ausmaß je nach vorhandenem Selbständigkeitsgrad der Mitarbeiter persönlichkeitsspezifisch zur Wirkung gelangt und Hilfestellung bei auftretender Verunsicherung zu geben vermag.

Die Ausprägung persönlichkeitsspezifischer Eigenschaften macht die Führungskraft aber noch keineswegs zu einem "kooperativen Vorgesetzten", der "interessiert an kompetenten Mitarbeitern" ist und alles tut, um ihre Kompetenz zu erhöhen:

> "Er informiert sie, bezieht sie in seine Überlegungen ein und bietet ihnen gezielt Möglichkeiten der Fortbildung. Er nutzt die Kompetenz seiner Mitarbeiter, indem er sie bei wichtigen Entscheidungen zur Beratung zuzieht. Üblicherweise wirkt sich dies motivierend auf die Mitarbeiter aus" (HAGER 1984, 16).

Das Führungsverhalten erfolgreicher Führungskräfte nimmt seinen Ausgang in der Dimension kooperativer Führung, was stets besagt, daß Führung unabhängig von implizierten Eigenschaften "als Prozeß wechselseitiger Einflußnahme aufzufassen ist" (RIECKHOF 1985, 102). Läßt sich das eigenschaftsspezifische Wirkungsvermögen von Führungskräften und somit "das führerhafte Auftreten der Vorgesetzten" (SHINODA 1979, 421) auch nicht eindeutig im Sinne kooperativen Handelns einschätzen, so lassen sich die Aufgabenbereiche von Führung zum Aufbau und zur Erhaltung positiver Gruppenbeziehungen mehr oder weniger detailliert umreißen. WESSELS (1984, 40) nennt neunzehn wichtige Verhaltensweisen erfolgreicher Führungskräfte[9], die er vier Verhaltenskategorien zuordnet:

1. *Ziele und Aufgaben definieren*

- herausfordernde und erreichbare Ziele entwickeln,
- klare Hauptaufgaben und Fähigkeiten für die Arbeitsplätze festlegen,
- Aufgaben und Projekte gründlich und verständlich erklären,
- meßbare/überprüfbare Kriterien für die erforderlichen Leistungen bestimmen,
- Probleme und deren Ursachen so vollständig abklären, daß sie für die Mitarbeiter korrigierbar werden.

2. *Beraten und unterstützen*

- mehr Anerkennung als Kritik äußern,
- Mitarbeitern Hilfestellung und Unterstützung anbieten,
- hohe persönliche Erwartungen auf informelle Art und Weise vermitteln,
- Wert auf positive zwischenmenschliche Beziehungen zu seinen Mitarbeitern legen,
- den Mitarbeitern die Möglichkeit geben, ihre Fehler selbst herauszufinden und zu korrigieren, anstatt Probleme für sie zu lösen,
- Mitarbeiter in Zielfindungs- und Entscheidungsprozesse einbeziehen.

---

[9] Befragung von mehr als 2.000 Managern in den USA.

3. *Leistungen beurteilen*

- Mitarbeiter im Hinblick auf Innovations- und Risikofreudigkeit fördern,
- regelmäßig mit den Mitarbeitern deren Leistungsfortschritt und Zielerreichungsgrad besprechen,
- ausgezeichnete Mitarbeiterleistungen durch finanzielle und nichtfinanzielle Anreize verstärken,
- das Gesamtbeurteilungssystem (Belohnung, Beförderung, Anerkennung) in erster Linie auf das tatsächliche Leistungsverhalten und weniger auf andere Faktoren (Dienstalter) beziehen.

4. *Organisationsentwicklung*

- Strategien und Ziele für die Organisationseinheiten entwickeln,
- Meetings so durchführen, daß hiedurch die Zusammenarbeit gefördert wird,
- Mitarbeiter ermutigen, Aufgaben und Projekte, die sie für wichtig halten, eigenständig zu entwickeln und zu übernehmen,
- persönliches Engagement in der Verfolgung übergeordneter strategischer Ziele zeigen.

Aus dieser Auflistung ist erkennbar, daß die durchgehende Zielorientierung von Führung auf der Grundlage einer offenen selbstbestimmten Kommunikation und partnerschaftlichen Zuwendung beruht. Positive Führungseigenschaften sind im Führungsprozeß nicht unmittelbar falsifizierbar, wohl aber läßt sich auf der Grundlage von Erfahrungen konstatieren, daß aggressive und dominierende Persönlichkeitseigenschaften im Prozeß der sozialen Interaktion Mitarbeiterförderung und kooperatives Verhalten von vorneherein verstellen. Zu überwinden ist der "Herrschaftscharakter" von Führung. Autorität verschafft sich mit Eigenschaften des Vorbildverhaltens und der Hilfsbereitschaft Geltung.

> "Der Vorgesetzte behauptet seine Autorität heute immer weniger im unreflektierten Durchsetzungsvermögen. Seine Führungsautorität hängt vielmehr davon ab, wie sehr er es versteht, Voraussetzungen zu schaffen, daß der einzelne und mit ihm die Gruppe erfolgreich ist, d. h. sich zu optimalen Leistungen entfaltet. Von der Förderung hierzu hängt wesentlich sein eigener Erfolg ab" (HEIDACK 1981, 21).

Kommunikation im Führungsprozeß bewirkt auf diese Weise "einen achtungsvollen Kontakt mit wechselseitigem Nutzen zwischen Partnern" (BÖNING 1989, 69). Darin liegt zugleich das pädagogische Grundproblem gegenseitiger Beziehungserfassung, die sich in jeder Begegnung als "aktiv entgegentretende Bewegung" (GUARDINI/BOLLNOW 1960, 31) niederschlägt. Erzieherisches Wirken bedeutet daher stets frei von allen Zwängen "Verfügbarkeit für den Anderen" (POPP 1971, 158). Eine solche Orientierung ist in der Führungskräfteentwicklung stets mitzusehen.

7.3 Die betriebspädagogische Orientierung in der Führungskräfteentwicklung

Ohne den Einsatz qualifizierter Führungskräfte vermögen "leistungsfähige Planungs- und Kontrollsysteme, Organisations- und Führungsmethoden nicht die erwartete Wirkung entfalten" (ULRICH/FLURI 1992, 255). Der Entwicklung von Führungskräften kommt daher ausschlaggebende Bedeutung zu. Sie "umfaßt nicht nur die Entwicklung *von* Führungskräften, sondern auch die Entwicklung *zu* Führungskräften" (BERTHEL 1987, 591). Erfaßt man diesen Sachverhalt aus betriebspädagogischer Sicht, so stellt sich die Aus- und Fortbildung von Führungskräften als Erziehung zu kooperativem Verhalten dar. Im englischsprachigen Raum gelten Entwicklungsmaßnahmen dieser Art als "Management Education" und "Management Development"[10]. GEIßLER (1989a, 1031) führt hier in der deutschsprachigen Betriebspädagogik den Begriff "Unterneh-

---

[10] "Management Development" bezeichnet die Entwicklung berufserfahrener Führungskräfte (vgl. KAILER 1990, 188).

menserziehung" als Spezialgebiet der Führungskräfteentwicklung ein. Ausgelegt wird diese auf

> "die explizit gewollte sowie die unbeabsichtigt sich faktisch einstellende Erziehung, die zum einen Führungskräfte in ihrem betrieblichen Umfeld selbst erfahren und zum anderen ihren Mitarbeitern ihrerseits eröffnen, wobei sie in den organisationsstrukturellen und normativen Rahmen des jeweiligen Unternehmens eingebettet ist" (ebd.).

Gemeint ist damit unter deutlicher Bezugnahme auf die Zweckrationalität der Situation, eine erzieherische Leitvorstellung um des Mitarbeiters willen. Faktische Erziehung auch unter betrieblichen Bedingungen greift auf pädagogische Eigenstruktur[11] zurück und darf daher nach pädagogischer Einsicht "nicht von außerpädagogischen Zielen in Dienst genommen und nicht auf die Aufgabe verkürzt werden" GEIßLER (1989a, 1031). Hier setzt die Kritik AXMACHERs an, daß "der Betriebszweck über die Pädagogik dominiert" (AXMACHER 1974, 80) und bloße "Einübung an die Stelle kritischer Reflexion" (ebd. 182) tritt. Man muß zwar das gegebene Spannungsverhältnis zwischen den ökonomischen Erfordernissen beruflicher Tüchtigkeit und dem humanorientierten Aspekt der Erziehung zur Mündigkeit sehen, ohne die Führungskraft dabei "zwischen zwei Fronten" (ebd. 204) zu stellen. Pädagogik dient stets "der Förderung der Menschlichkeit im Betrieb" (SCHANZ 1979, 67). Führungskräfte als Pädagogen werden insofern zum Anwalt der Mitarbeiterförderung, was dahin führt, "daß sie die Werte der Bildung höher stellen, als die bestehenden Anforderungen der Ökonomie" (ZEDLER 1986, 103). Der Gegensatz als Konfliktquelle bleibt jedoch im Einzelfall je nach Überzeugung der Führungskraft latent und ist nur durch erzieherische Hilfestellung für die Führungskraft selbst aufzuheben.

---

[11] "Die Eigenstruktur der Erziehung beinhaltet neben dem Kriterium der Effektivität von Lern- und Entwicklungsarrangements immer auch das Kriterium der Legitimität, die die Beteiligung und Eigeninitiative des Lerners bei der Bestimmung und Realisierung seiner biographischen Entwicklungsperspektiven sowie bei aktuellen Lernzielen und Verfahren verlangt" (GEIßLER 1989a, 1031 f.).

Führungshandeln richtet sich, und das sei an dieser Stelle noch einmal nachdrücklich betont, im Verständnis kooperativer Führung stets auf den "pädagogischen Bezug", der trotz klarer betrieblicher Aufgabenorientierung das menschliche Handeln in Richtung auf ein sinnerfülltes Tun ausrichtet. Für die Beteiligten (Führer und Geführte) ergibt sich daraus eine fest umrissene und zugleich pädagogisch verankerte Führungskonstellation (vgl. Abb. III/4).

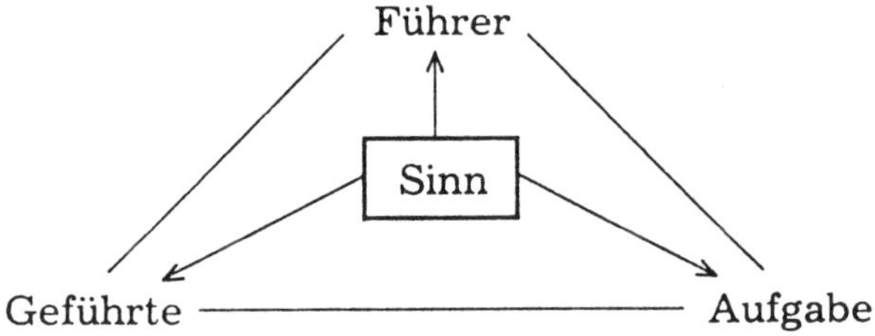

Abb. III/4: Führungskonstellationen (BÖCKMANN 1990, 87)

Auf die Entwicklung von Führungskräfte bezogen geht es betriebspädagogisch nicht sosehr darum aufgabenspezifische Qualifikationen zu vermitteln, sondern vielmehr darum, die Handlungsenergien von Führungskräften bzw. des Führungskräftenachwuchses freizulegen und diese für das Unternehmen nutzbar zu machen. Dabei steht die **Person** der Führungskraft und ihre Entwicklung im Zentrum der Bemühungen um pädagogische Qualifikation (vgl. STIEFEL 1989, 80). Konkretisiert wird dies im Inhaltsbezug an persönlichkeitsspezifischen Verhaltenskategorien, die sich gleichsam zu einem Curriculum führungsmäßiger "Schlüsselqualifikationen"[12] ausformen. Dazu gehören:

---

12 "In der Literatur finden wir die verschiedensten Umschreibungen, wie z. B.: extra-funktionale Fertigkeiten, multifunktionale Fertigkeiten, fähigkeitsübergreifende Qualifikationen, innovative Fertigkeiten, Strukturqualifikation, übergreifende Zielqualifikationen, berufs-, fach-, branchenübergreifende Qualifikationen, Transferqualifikationen, persönliche und soziale Kompetenz" (RUMMLER 1991, 47).

"- Vermittlung von Menschenführung
- Verbesserung der Entscheidungsfähigkeit
- Verbesserung der Kommunikationsfähigkeit
- Verbesserung der Fähigkeit zur Teamarbeit
- Verbesserung der Zielsetzungsfähigkeit
- Steigerung der Leistungsbereitschaft und des Engagements"

(SCHLAFFKE 1985, 81).

Eine solche pädagogische Befähigung von Führungskräften bildet zugleich einen wichtigen Bestandteil übergeordneter Verhaltenspotentiale zukunftswichtiger Managerqualitäten. Mit BERTHEL (1987, 114 ff.) lassen sich diese geforderten Qualifikationen drei Potentialgruppen zuordnen, aus denen sich das Bild benötigter Anforderungsprofile für die "Führungskraft 2000" ergibt (vgl. Abb. III/5).

Die genannten intellektuellen, sozialen und wertbezogenen Qualifikationserfordernisse sind im Prinzip insgesamt pädagogisch durchdrungen. Es schlagen sich in ihnen Notwendigkeiten der Kreativitätserziehung ebenso nieder wie Erziehungsaufgaben der Verhaltensbeeinflussung und Menschenführung. Auch didaktisch-methodische Verhaltensstrukturen sind im Zusammenhang mit der "Lernfähigkeit, -bereitschaft" und der "Fähigkeit zum Lösen schlecht strukturierter Probleme" in dieser Gesamtübersicht eingelassen. Ebenso ist eine deutliche Ausrichtung auf die Herausbildung eines Wertebewußtseins gegeben. Die Persönlichkeitsentfaltung wird zukunftsorientiert ausgerichtet und in ein deutliches Spannungsverhältnis gestellt, "in Polaritäten" zu leben (vgl. FRITSCHI 1986).

GEFORDERTE QUALIFIKATIONEN	BEGRÜNDUNG
INTELLEKTUELLE, KREATIVE POTENTIALE	
Ambiguitätstoleranz Toleranz von • Problemunklarheiten • Zielunklarheiten und -konflikten • Unklarheiten über geforderte Aktivitäten.	Manager müssen ertragen und bewältigen, daß häufig schlechtstrukturierte, komplexe Probleme zu lösen sind, die mit zahllosen subjektiven Ungewißheiten verbunden sind.
Lernfähigkeit, -bereitschaft Ergänzen/Verändern der derzeitigen Potentiale durch Aneignen von Wissen, Fähigkeiten und Verhaltensweisen.	Rasch veraltendes Fachwissen, neue berufliche Anforderungen durch Innovationen.
Fähigkeit zum Lösen schlechtstrukturierter Probleme Wahrnehmen, Erkennen, Definieren und Lösen schlechtstrukturierter Probleme.	Umweltkomplexität, zunehmende Turbulenzen, ungewisse Entwicklung zentraler ökonomischer Größen.
Sensibilität für schwache Signale Aufnehmen und Interpretieren von vagen Informationen aus dem Vorfeld von konkreten Bedrohungen/Chancen.	Verbessern der Konkurrenzfähigkeit durch rechtzeitige strategische Neuorientierung.
Kreativität für De-Novo-Designs Konzeption neuer Arrangements von Objekten, Ressourcen, Produkten und Programmen.	Im Wettbewerb sind deutliche Vorsprünge häufig nur möglich durch merkbares Absetzen von der Konkurrenz mittels gänzlich neuer Lösungen (De-Novo-Designs).
SOZIALE, TEAMDYNAMISCHE POTENTIALE	
Verhaltensbeeinflussung/Menschenführung Beeinflussen der Einstellungen und des Verhaltens anderer; Interaktionen in und zwischen Gruppen.	Die Mitarbeiter haben zunehmend eigene persönliche Ziele, zudem anspruchsvolle Führungserwartungen.
Teamfähigkeit Effiziente, statusfreie Zusammenarbeit mehrerer Personen zum Erreichen gemeinsamer Ziele.	Zunehmend müssen Personen mit unterschiedlicher fachlicher Herkunft zusammenarbeiten; Informationsflut.
Kommunikationsfähigkeit • Soziale Fähigkeit zum Mitteilen von Gedanken/Gefühlen an andere, zu Beziehungen in Gruppen; • Technische Fähigkeit zur fehlerlosen Informationsübermittlung; • Aufdecken, Abbau von Informations-Pathologien.	Hohe Kommunikationsintensität (50 Prozent) der Managerarbeit; größere Anforderungen an das Kommunikationssystem durch komplexe Probleme.
Konfliktfähigkeit Erkennen, Aushalten, Beherrschen von Konflikten mit positiven oder negativen Konsequenzen.	Hohe Konfliktträchtigkeit der Managerarbeit durch die Konkurrenz um knappe Ressourcen.
Erfahrung im Einsatz von Experten • Erkennen, wann anstehende Probleme mit fremdem Sachwissen zu lösen sind; • Experten bestimmen, einsetzen und eingliedern.	Einsatz fremden Sachwissens notwendig durch tiefe Spezialisierung und zunehmend unerwartete, unbekannte Aufgaben.
WERTBEZOGENE POTENTIALE	
Wertebewußtsein Sichtbares Ausdrücken/Pflegen zentraler Werte der Unternehmensphilosophie: strategische Erfolgspotentiale/Innovationen.	Unternehmen abhängig von interner und externer Erkennbarkeit verhaltensprägender und produktbestimmender Werte und Normen (Corporate Identity).
Konzeptionelle Gesamtsicht • Langfristig vorausschauendes, in Alternativen und Konsequenzen strukturiertes Denken im Rahmen übergeordneter Ziele. • Denken in Gesamtzusammenhängen im Bewußtsein der Vernetzung betrieblicher Einzelaktivitäten.	Notwendigkeit zutreffender und distanzierter Diagnose von Stärken/Schwächen des Unternehmens, gezielten Ausbaus/Abbaus für optimale Ergebnisse unter jeweils gegebenen Marktkonstellationen.
Zukunftsorientierung Positive Einstellung gegenüber Veränderungen von Objekten, Personen, Situationen, Zielen; breitere Wahrnehmungsperspektive, Offenheit gegenüber neuen Ideen, Konzeptionen, Strukturen; Bereitschaft für neue Erfahrungen.	Schneller Wandel, wachsende Bedrohung durch Wettbewerb; eine erfolgreiche Bewältigung der Zukunft ist eher wahrscheinlich, wenn sie als Chance begriffen wird.

Abb. III/5: Zukunftswichtige Managerqualitäten (BERTHEL 1987, 115)

Zukunftsorientierung läßt sich angesichts des ständigen Wandels nur als Chance begreifen, um Ideen und Handlungskonzeptionen sowohl mit den materiellen als auch mit den gegebenen menschlichen Ressourcen durchzusetzen. Infolge der Verunsicherung und Ungewißheit gegenüber zukunftsweisenden Veränderungen gerät das Individuum in die Lage, nicht nur die anstehenden Probleme lösen zu müssen, sondern im Inneren "selbst verkrustete Strukturen gedanklich zu durchbrechen" (KATH 1982, 192).

Auf Manager als Führungskräfte bezogen fordert "Zukunftsorientierung" eine Bewußtseinshaltung, die ihrerseits zu einem pädagogischen Anliegen der Führungskräfteförderung wird, nämlich insofern hier ein breites Spektrum an Innovationsbereitschaft und neuen Verhaltensweisen gefordert wird:

> "Positive Einstellung gegenüber Veränderungen von Objekten, Personen, Situationen, Zielen; breitere Wahrnehmungsperspektive, Offenheit gegenüber neuen Ideen, Konzeptionen, Strukturen; Bereitschaft für neue Erfahrungen" (BERTHEL 1987, 115).

Erziehung ist stets in die Widersprüchlichkeit gestellt, Neues und Altes miteinander verbinden zu müssen. Ihrer Absichtstendenz nach trägt sie aus gesamtgesellschaftlicher Sicht über Bildungsprozesse dazu bei, "die Bedingungen des Lebens zu begreifen, zu reflektieren und zu verändern" (LENZ 1987, 124). Dies impliziert für die Führungskraft (für den Menschen überhaupt) die

> "Bereitschaft, stets neu zu lernen, sich den veränderten Verhältnissen anzupassen und sein Verhalten auf neue Situationen und Bedingungen einzustellen" (SCHÖLER 1980, 84).

Im Prozeß der Zukunftsbewältigung und der Modifizierung von Kommunikations- und Handlungsformen in der beruflichen wie in der persönlichen Sphäre steht der Mitarbeiter als Mensch ohne Erziehungshilfen "auf verlorenem Posten" (RUMPF 1982, 142). Zu überwinden sind auch hier Widersprüche und Gegensätze, weil die in der Verhaltensdimension des Miteinanders liegenden Anforderungsstrukturen im Aspekt autonomer Prozesse menschlicher Entwicklung bei gleichzeitiger Einbindung von Subjektivität in Objektivität soziales Handeln und damit kooperative Führung behindern. FRANKE/KÜHLMANN

(1986, 80) beziehen in diesem Zusammenhang eine ganze Palette widersprüchlichen Führungsverhaltens auf die zukünftigen Anforderungen jeder Führungskonstellation; Führungskräfte haben Spannungen auszuhalten:

"- Sie sollen den Nachgeordneten Vertrauen schenken und sie dennoch kontrollieren
- Sie sollen den innerbetrieblichen Wettbewerb anregen und gleichzeitig wechselseitige Hilfen innerhalb der Organisation begünstigen
- Sie sollen den Mitarbeiter als Instrument zur Zielerreichung wirksam einsetzen und ihm Freiheiten bei Entscheidungen und Handlungen einräumen
- Sie sollen die Individualität der Mitarbeiter respektieren und dennoch alle gleich behandeln
- Sie sollen das Bewährte erhalten und zugleich immer durch innovative Ideen in Frage stellen
- Sie sollen Kreativität ermöglichen und die Kontinuität übersichtlicher Ordnungen sichern
- Sie sollen den Mitarbeiter fordern und ihm damit Entwicklungsanreize geben, jedoch die Fürsorge nicht vernachlässigen
- Sie sollen durch ihr Vorbild die freie und offene Auseinandersetzung fördern, ohne die in manchen Angelegenheiten unumgängliche Verschwiegenheit zu verletzen
- Sie sollen sachlich und rational argumentieren, aber trotzdem durch ihre Ausstrahlung ihre Mitarbeiter gefühlsmäßig mitreissen."

Pädagogisch gesehen wird hier die Widersprüchlichkeit des pädagogischen Prozesses prinzipiell berührt. Sie ergibt sich aus dem systemabhängigen Führen ebenso wie aus der gesellschaftlichen Funktion des Führens überhaupt. Führung vollzieht sich demzufolge unter erschwerten Bedingungen. Sie hat einerseits wertbestimmten Normen eines veränderten Menschenbildes zu folgen und andererseits Erziehungssituationen untrennbar mit sozialen Lernprozessen zu verbinden. Mittel ihrer Einflußnahme stoßen zudem auf bestimmte Erwartungshaltungen auf Seiten der Mitarbeiter, die im Spektrum von rollenspezifischen Verhaltensweisen eine Grundorientierung des Handelns an zukunftsweisenden Neuerungen bei gleichzeitiger Freisetzung von Fähigkeitspotentialen verlangen.

8 ELEMENT "MITARBEITER"

8.1 Zur Rollenbestimmung und Identität von Mitarbeitern

Im Rahmen des betrieblichen Sozialisationsprozesses übernimmt der Mitarbeiter eine Reihe sozialer Rollen. Bei dem Begriff "Rolle" handelt es sich um "ein Bündel normativer Verhaltenserwartungen, die von einer Bezugsgruppe oder mehreren Bezugsgruppen an Inhaber bestimmter sozialer Positionen herangetragen werden" (PEUCKERT 1986c, 252). Jede Person steht daher im Zentrum von Rollenerwartungen seines Umfeldes (vgl. Abb. III/6).

Im soziotechnischen System Betrieb hat sich der Mensch in einem vielschichtigen Geflecht interpersoneller Beziehungen zurechtzufinden. Man erwartet von ihm die Erfüllung bestimmter Rollen. Die an den Mitarbeiter herangetragenen Rollenerwartungen beziehen sich auf dessen Arbeits- und Sozialverhalten, Verpflichtungen, Privilegien und Rechte. Mitarbeiter werden aufgrund ihrer Rollenbestimmung für andere Mitarbeiter, Arbeitsgruppen und Führungskräfte in ihren Fähigkeitspotentialen transparent und erleichtern ihrer Umgebung den Aufbau struktureller Rollenbeziehungen, was Interaktionen begünstigt.

> "Rollen werden in einer Gesellschaft ausgeprägt, um die Erfüllung von Aufgaben, die für ihren Erhalt wichtig sind, sicherzustellen. Sie verteilen Zuständigkeit und Verantwortlichkeit; sie machen Verhalten vorhersehbar und erleichtern auf diese Weise soziale Kooperation" (KRAPPMANN 1989, 1314).

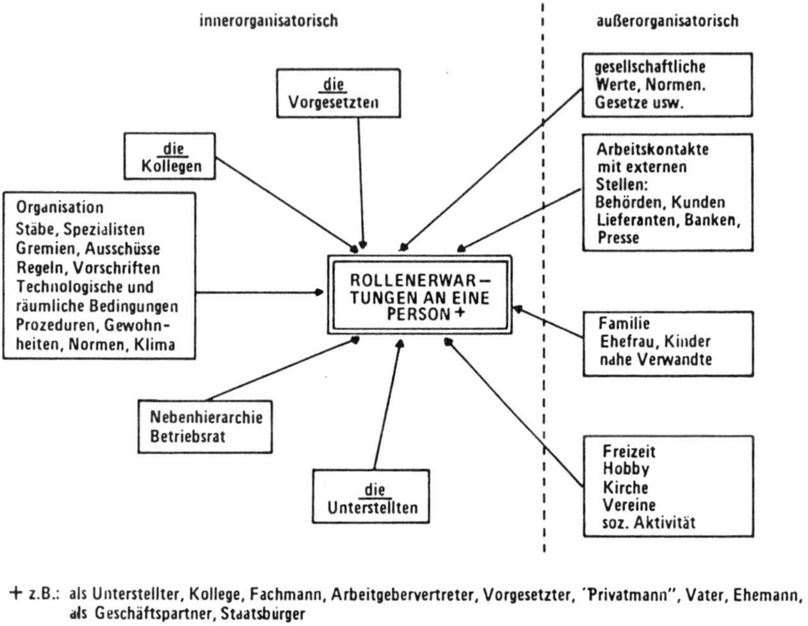

Abb. III/6: Die Person im Zentrum von Rollenerwartungen (NEUBERGER 1990b, 84)

Die Rolle wird so zum Bindeglied zwischen Individuum und Gruppe (vgl. WUNDERER/GRUNWALD 1980a, 134). Aus der Rolle des Mitarbeiters bezieht dieser seinen sozialen Status, woraus sich wiederum Konsequenzen für dessen Verhalten und für die berufliche Sozialisation ergeben. Der sich im Berufsfeld vollziehende Sozialisationsprozeß erfüllt eine wichtige Funktion beim Aufbau der Identität des Mitarbeiters und bei dessen Integration in die Gesellschaft. Für den Menschen bleiben bei der Gestaltung seiner Rolle verschiedene Möglichkeiten offen:

> "er kann ihren Verpflichtungen nachkommen, sich jedoch als Person distanzieren; er kann mit ihr frei umgehen, indem er sich auf den 'eigentlichen' Sinn der Rolle beruft; er kann sie mit Hinweis auf andere Rollen auf das unbedingt geforderte reduzieren; er kann sie unter Ausnutzung von Unklarheit und schwindender Kontrolle neu zu bestimmen versuchen" (KRAPPMANN 1989, 1314).

Mit anderen Worten bedeutet dies, daß im Hinblick auf die Rollenbestimmungen eigene Handlungserwartungen und eigene Handlungsbedürfnisse im Sinne identitätsbezogener Wahrnehmungen einfließen. Diese werden für Erziehung relevant, die ja den reflektierenden Umgang mit Rollen im Sinne der Persönlichkeitsbildung (Individualkompetenz) und zur Sicherung des Fortbestandes der Kooperation in den Sozialbeziehungen (Sozialkompetenz) aufzubauen und "Rollenkompetenz" durch eine solche handlungsbezogene Qualifikationsentwicklung sicherzustellen hat. Jede institutionsgebundene Rollenübernahme setzt im Zusammenhang mit der Identitätsfindung des einzelnen fortgesetzte Durchformung und Neubestimmung der sich im Strukturgefälle betrieblicher Verhaltensintegration entfaltenden Persönlichkeit als handelndes Subjekt voraus.

> "Erst eingebettet in den persönlichen Handlungs- und Überzeugungsbereich lassen sich die generellen Ziele ohne zwanghafte Einbindung und Identitätsverlust auf der Basis von Freiwilligkeit verfolgen" (ZELBER 1991, 244).

Bezogen auf Rollenerwartung und Rollenverhalten bildet der Mensch durch "beziehungs- und kooperationsintensive Eigenarbeit" (DYLLIK 1981, 80) seine Identität heraus,

> "indem er die Haltungen anderer Individuen gegenüber sich selbst innerhalb einer gesellschaftlichen Umwelt oder eines Erfahrungs- und Verhaltenskontextes einnimmt, in den er ebenso wie die anderen eingeschaltet ist" (MEAD 1968, 168).

Mitarbeiterförderung folgt hier als Erziehungseinwirkung dem sozialpsychologisch orientierten Modell des sogenannten symbolischen Interaktionismus, das im Identitätsbezug die psychische und soziale Dimension gleichermaßen aufgreift und zu verbinden sucht. Rollen erhalten ihr Gepräge demzufolge erst durch bewußtseinsmäßige Erfassung der dem Arbeitshandeln zugrundeliegenden Sinnstrukturen sowie durch das kommunikative Zusammenwirken in einer spezifischen Sozialstruktur. Erziehungswirksame Vorgaben tragen in diesem Prozeß zur Förderung sozialer Sensibilität bei, ermöglichen Interaktionserfahrungen und bewirken somit kommunikative Interaktionsqualität. Jede Verfestigung von Rollenklischees behindert in diesem Zusammenhang den Identitätsaufbau und die Persönlichkeitsentfaltung, denn:

> "Ein 'fester' Charakter, eine 'ausgeprägte' Persönlichkeit sind Verhärtungen, in denen plastische Entwicklungsmöglichkeiten ihren (vorläufigen) Abschluß gefunden haben" (NEUBERGER 1990b, 86).

In betriebspädagogischer Hinsicht kommt der Außensteuerung des Mitarbeiters in Form des rollengeleiteten Handelns deswegen Bedeutung zu, weil die zu diskutierenden Konfliktmöglichkeiten die Notwendigkeit von Ermessensspielräumen auf Seiten der Führungskräfte und von Handlungsspielräumen auf Seiten der Mitarbeiter deutlich machen[13]. Die relative Offenheit von Rollen ermöglicht es zwar einerseits der rolleninhabenden "Person" (Mitarbeiter), bestehende Freiräume im Sinne einer Eigengestaltung auszuformen, kann aber andererseits auch zu Rollenkonflikten mit "Rollensendern" (Führungskräften und anderen Bezugspersonen) führen, wie NEUBERGER (1990b, 88) schlüssig nachweist (vgl. Abb. III/7).

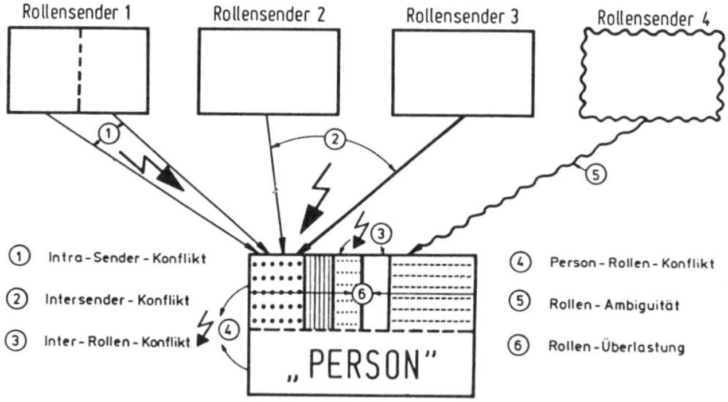

Abb. III/7: Rolle und Person (NEUBERGER 1990b, 88)

[13] Das Rollen-Konzept stellt kein einheitliches sozialwissenschaftliches Theoriegebäude dar. NEUBERGER (1990b, 86) differenziert zwischen einem strukturalistischen, einem funktionalistischen und einem dem symbolischen Interaktionismus zuzuordnendem Paradigma. Die folgenden Ausführungen beziehen sich auf die strukturalistische Auffassung, bei der die Person im Zentrum der Rollenanforderungen steht.

Dies sei im einzelnen näher begründet:

(1) Der *"Intra-Sender-Konflikt"* bezeichnet eine Problemsituation, bei der die Führungskraft eine in sich widersprüchliche Forderung an den Mitarbeiter heranträgt (z. B. maximale Präzision/minimaler Zeitaufwand, maximale Qualität/minimaler Arbeitsaufwand u. ä.). Der Mitarbeiter erlebt diese Problemsituation meist nicht als Selbstwiderspruch der Führungskraft, sondern erfaßt diesen Widerspruch (aufgrund der subjektiven Wahrnehmungen und Deutungen des Rolleninhabers) als "inneren" Konflikt.

(2) Der *"Inter-Sender-Konflikt"* charakterisiert eine Problemsituation, bei der zwei Führungskräfte unterschiedlicher Hierarchiestufen den Mitarbeiter mit unvereinbaren Haltungen konfrontieren (z. B. erwarten Mitarbeiter von ihrer Führungskraft aufgrund der bisherigen Führungspraxis Kooperation, während eine übergeordnete Führungskraft plötzlich autoritäre Durchsetzung fordert). Die Erwartungen des Mitarbeiters können (aufgrund intrapsychischer und situativer Gegebenheiten) einen unterschiedlichen Verbindlichkeitsgrad aufweisen ("Muß-, Soll-, und Kann-Erwartungen"[14]), woraus sich ebenfalls eine Konfliktproblematik für den Mitarbeiter im Hinblick auf die Einschätzung des Führungsverhaltens ergibt.

(3) Der *"Inter-Rollen-Konflikt"* benennt eine Problemsituation, welche dadurch gekennzeichnet ist, daß der Mitarbeiter in mehreren Systemen gleichzeitig Positionen innehat und somit mehrfacher Rollenträger ist (z. B. Sachbearbeiter, Betriebsrat, Familienvater, Parteimitglied, Aktivist einer Religionsgemeinschaft etc.). Da die verschiedenen Systeme unterschiedliche Ansprüche an den Mitarbeiter stellen, ist dieser gezwungen, die damit verbundenen Erwartungen subjektiv zu gewichten. Daraus können für ihn (als Inhaber der verschiedenen Rollen) Konfliktsituationen entstehen.

(4) Der *"Person-Rollen-Konflikt"* tritt dann auf, wenn berufliche Tätigkeiten entgegen der inneren Überzeugung ausgeführt werden müssen (z. B.

[14] Vgl. DAHRENDORF 1965.

Umweltschützer wird mit umweltgefährdenden Arbeitsabläufen befaßt, Pazifist muß an Rüstungsprojekten mitarbeiten etc.). Derartige Anforderungen können zur Entfremdung des Mitarbeiters von seiner Arbeitstätigkeit führen und einen Überzeugungskonflikt heraufbeschwören; dies umso stärker, je mehr die geforderte Leistung als Widerspruch zu grundlegenden inneren Werthaltungen erlebt wird.

(5) Unter *"Rollen-Ambiguität"* wird ein Umstand verstanden, vom Mitarbeiter Arbeiten zu verlangen, die hinsichtlich ihrer Zielstellung nicht klar und eindeutig umrissen sind (z. B. können die Anforderungen an einen Mitarbeiter unpräzise oder mit unausgesprochenen Erwartungen verbunden sein). Daraus können (durch die unterschiedlichen Freiräume für individuelle Ausgestaltungsmöglichkeiten bedingt) beim Mitarbeiter intrapsychische Konfliktsituationen entstehen; diese sind abhängig vom Ausmaß der Ambiguitätstoleranz im Sinne der Fähigkeit, Widersprüche aushalten zu können bzw. zu verdrängen (vgl. HUBER/KRAINZ 1987, 475).

(6) In einer *"Rollen-Überlastung"* befindet sich ein Mitarbeiter dann, wenn er durch die Anhäufung einer Vielzahl von an ihn herangetragenen Rollenerwartungen permanent vor Entscheidungskonflikte gestellt wird. Diese zwingen ihn, laufend Maßnahmen zu setzen um einer drohenden Überlastung zu begegnen.

Aus der Konfliktsituation von Person und Rolle ergibt sich, daß zwischen Rollenerwartung und der Realisierung des Rollenverhaltens Widersprüche liegen, die dazu führen können identitätsfördernde Verhaltensmuster einzuschränken, respektive die Entwicklung einer Ambiguitätstoleranz zu behindern. Begreift man die für die Existenz des Individuums notwendige Ausgeglichenheit zwischen sozialer und persönlicher Identität "als Balanceakt zwischen Selbstbehauptung und Anpassung" (MAUDRICH 1983), so erschweren Spannungen zwischen Selbstbestimmung und sozialer Determiniertheit den Aufbau eines rollenspezifischen Handlungskonzeptes, das infolge auftretender Konflikte deutlichen Beschränkungen unterliegt. Um so mehr ist für die eigene innere Einheit und Kontinuität der Persönlichkeitsstruktur des Mitarbeiters eine identitätsbezogene Antizipation des Verhaltens erforderlich, das für die Ich-Stabilisierung unabdingbar ist und das Selbstkonzept eigenen Handelns in den Mittelpunkt der Betrachtung rückt.

Betriebspädagogisch ist die Interpretation der Rollenauffassung im Sinne des symbolischen Interaktionsismus deswegen beachtenswert, weil sie die sozialen Grundfähigkeiten der am Interaktionsprozeß beteiligten Individuen (Ambiguitätstoleranz, Empathie, Normenflexibilität und Rollendistanz) betont. Folgt man der Identitätskonzeption von GOFFMAN (1967), so kann man die subjektiven Reaktionen des Individuums (Akzeptanz oder Widerstand) auf die von außen herankommenden Erwartungen als Elemente des Aufbaus von (nur subjektiv erfahrbarer) "Ich-Identität" sehen. Diese grenzt GOFFMAN gegen die dem Individuum von den Interaktionspartnern zugeschriebene "soziale" und "persönliche Identität" ab. Während die soziale Identität durch den Charakter normativer Erwartungen geprägt ist (das Individuum hat sich allgemeinen Ansprüchen unterzuordnen), drückt die persönliche Identität die Eigenart des Einzelnen aus (das Individuum soll sich von allen anderen Individuen unterscheiden).

Die sozialen Grundfähigkeiten ermöglichen es dem Individuum, die für seine Existenz wichtige Ausgeglichenheit zwischen sozialer und persönlicher Identität herzustellen und Ich-Identität zu erlangen. KRAPPMANN (1978) sieht dies als "Balanceakt":

> "Ich-Identität erreicht das Individuum in dem Ausmaß, als es, die Erwartungen der anderen zugleich akzeptierend und sich von ihnen abstoßend, seine besondere Individualität festhalten und im Medium gemeinsamer Sprache darstellen kann" (ebd.).

Von ähnlicher betriebspädagogischer Bedeutung ist die soziale Grundfähigkeit der Rollendistanz, wonach das Individuum fähig ist, seine soziale Identität in Beziehung zu seiner eigenen Biographie (personale Identität) zu setzen um situationsbestimmende Normen reflektieren und interpretieren zu können (vgl. HUBER/KRAINZ 1987, 477); dies in jeder relevanten Situation. Die Entfaltung von Rollendistanz im Mitarbeiter begünstigt dessen Emanzipation, also dessen

Entwicklung zu einem mündigen und autonomen Individuum (vgl. SCHEER 1987, 903).

Aus dem Dargelegten ergibt sich, daß zwischen Rollenerwartung und der Realisierung des Rollenverhaltens ein Bereich liegt, welcher durch die Persönlichkeit des Mitarbeiters dominiert wird und der für dessen Verwirklichung verfügbar gemacht werden kann. Dieser Spielraum ermöglicht es dem Mitarbeiter, die jeweilige Rolle für sich zu definieren und somit Entwicklungsrichtungen seiner Persönlichkeit zu bestimmen. Dadurch wird der Mensch befähigt aus seiner Sozialisation herauszutreten, die Ausformung individueller Verhaltensweisen und Wertvorstellungen einzuleiten und derart seine Persönlichkeit aufzubauen. Dieser Prozeß der "Personalisation" ist für ZDARZIL (1972, 102) ein Beweis dafür, daß der Mensch nicht an das Resultat der durch die Sozialisation determinierten Lernvorgänge in jedem Falle gebunden ist.

8.2 Das Selbstentfaltungskonzept als Ausdruck reflexiver Mitarbeiterentfaltung im sozialen Kontext

Sozialisierung und pädagogische Einflußnahme begleiten Identitätsfindung und Verhaltensänderung des arbeitenden Menschen in einem permanenten Prozeß. Die Sozialisation im Sinne des Aufbaues und der Ausgestaltung beruflicher Rollen vollzieht sich in einem Wechselwirkungsgeschehen. Dieses ergibt sich aus den vielfältigen Konstellationsmöglichkeiten zwischen den intrapersonellen Gegebenheiten des Mitarbeiters und den aufgezeigten Integrationsebenen. Die Betriebspädagogik ist von ihrer Aufgabenstellung her bemüht, Erziehungs- und Sozialisationsprozesse im Betrieb in ihrer Gesamtheit zu erfassen und auch für den Mitarbeiter transparent zu halten. Um in einem individuellen Reflexionsgeschehen den Prozeß der Personalisation bewußt steuern zu können und um den, dem soziotechnischen System Betrieb inhärenten Konformitätsdruck adäquat zu begegnen, ist es für den Mitarbeiter notwendig, sich die wesentlichen Inhalte und Funktionen der Integrationsprozesse bewußt zu machen.

Der Mitarbeiter befindet sich bei der Ausgestaltung seines Selbstkonzeptes[15] von vornherein in einer "pädagogischen Situation", sich über individuelle Lernprozesse und ständige Erfahrungsreflexion sowohl mit sich selbst als auch mit der geforderten "Unterwerfung unter Systemnormen" (HOFER 1987, 80) auseinanderzusetzen. Normative Verhaltensorientierungen bestimmen menschliches Verhalten und die Einlassung auf organisationsangepaßte Anforderungen. In diesem Rahmen ist vom einzelnen her gesehen persönliche Identität erst aufzubauen. ZELBER (1988, 603) folgert daraus: "Identität und Konformität stehen im beruflichen Handlungsfeld in einer interdependenten Beziehung, oftmals jedoch im Widerspruch". Der Mitarbeiter (als Lerner) hat in diesem Falle beim Bemühen um subjektorientierte Identitätssuche, da es Normenlosigkeit im beruflichen Handeln nicht geben kann, "nach dem Ausgleich zwischen äußeren normierenden Anforderungen (sozialer Identität) und der Darstellung seiner Individualität (personaler Identität)" zu suchen:

> "Um sich selbst als eigenständige Person zu erleben, muß er gegenüber den normierenden Erwartungen eine gewisse Distanz aufrechterhalten. Lerner verhalten sich also nicht ständig erwartungskonform, sondern versuchen, in ihrem Verhalten ihre Individualität auszudrücken und zur Geltung zu bringen" (HOFER/PEKRUN/ZIELINSKI 1986, 267).

Aus den bisherigen Ausführungen ist bereits deutlich geworden, daß das Wirkungssystem Mitarbeiterführung in dieser Hinsicht Förderungs- und Entwicklungshilfe zu leisten hat, womit zugleich "ein wechselseitiges Aufeinanderwirken zum Ausdruck" (NEUBERGER/CONRADI/MAIER 1985, 59) kommt und gemeinsame Leistungserbringung stets auf "gegenseitige Hilfe und Solidarität" verweist, "die allein erst Konformität erträglich machen kann":

---

15 "**Gesamtheit der Annahmen über die eigene Person** und ihre Bewertung als 'Destillat' der zurückliegenden Erfahrungen in der Auseinandersetzung des Ich mit seiner Umwelt" (BALZEREIT 1991, 47).

"Konformität ist leichter herzustellen, wenn trotz deutlicher Handlungsorientierung von Seiten der Betroffenen den gegebenen Lebensumständen entsprechend und unter kritischer Abgrenzung von Zwangsmechanismen der Anpassung ein Identitätskonzept eigenständiger Persönlichkeitsentwicklung entworfen und unter den Bedingungen beruflichen Handelns auch 'gelebt' werden kann" (ZELBER 1988, 609 f.).

Im Rahmen der Verhaltensstandardisierung grenzt Konformität den "Strom des Verhaltens" (NEUBERGER/CONRADI/MAIER 1985, 123) ein. Dies darf jedoch nicht zur Gleichförmigkeit im Verhalten "um den Preis der Selbstverstümmelung" (BAMMÉ/FEUERSTEIN/HOLLING 1982, 12) führen. Trotz relativer Autonomiegewährung und der Suche nach selbstbestimmten Verhalten, bleibt bei der Ordnung des Verhältnisses zur Umwelt "immer ein Stück Anpassung" (SIEBERT 1985, 103) mit systemorientierten Einbindungsmustern bestehen. Es greifen die sozialen Kontrollmechanismen des Betriebes und die permanenten Anpassungsleistungen des Mitarbeiters stark ineinander. Positive Anpassungsreaktionen und motivationale Anstöße in sozialen Lernprozessen haben Einfluß auf "das Ausmaß der erlebten Befriedigung" (BALZEREIT 1991, 73). Wichtig ist in diesem Zusammenhang daher, daß es zu einem Perspektivenwechsel der sozialen Determiniertheit zugunsten identitätsbezogener Selbstfindung kommt. Diese hängt allerdings "zugleich von dem **individuellen Anspruchsniveau** und der **Art der Dissonanzbewältigung** ab" (ebd.).

Den Widersprüchen zwischen objektiv ungünstigen Arbeits- und Lebensbedingungen und der Leitlinie des individuellen Anspruchsniveaus begegnet das Individuum durch inneren Spannungsabbau nach dem Konzept der "kognitiven Dissonanz" (FESTINGER 1978; FREY 1978). Die Theorie der kognitiven Dissonanz begreift die Menschen nicht als rationale, sondern als "rationalisierende Wesen". Das heißt:

"Um innere Spannungen abzubauen, ändern sie beispielsweise ihre ursprüngliche Meinung zu bestimmten Gegebenheiten, vermeiden neue, verunsichernde Informationen über ihre objektive Lage oder deuten solche Informationen um" (BALZEREIT 1991, 73).

Jedes Individuum besitzt infolgedessen eine Tendenz zur Verminderung solcher Dissonanzen. Diese Tendenz wirkt sowohl verhaltens- als auch einstellungsregulierend und löst dadurch Vermeidungsreaktionen beim Betroffenen aus. Das bedeutet, daß der Mitarbeiter der eine Dissonanz zwischen betriebsspezifischen Verhaltenserwartungen und selbstkonzeptbedingten Einstellungen erlebt, versuchen wird, diese herabzumindern; denn:

> "Je größer die Dissonanz ist, desto größer wird die auf die Reduktion der Dissonanz gerichtete Intensität einer Handlung sein, und desto wahrscheinlicher werden Situationen vermieden, welche die Dissonanz erhöhen würden" (FESTINGER, 1978, 30).

Hier kann Betriebserziehung den Aufbau identitätsstabilisierender und konformitätskritischer Haltungen im Mitarbeiter begleitend unterstützen und derart die Entfaltung des Selbstkonzeptes begünstigen. Dieses Selbstkonzept enthält jenen Fundus an Persönlichkeitsmerkmalen, die jeder Mitarbeiter als Einzelperson bereits vorgeprägt als Gestaltungselemente in alle Berufsrollen einbringt. Zugleich erwachsen daraus generelle Dispositionsunterschiede im Berufsverhalten. Ebenso wird die Fähigkeit zu kritischer Rollendistanz in qualitativen Verhaltensunterschieden je nach Selbstidentifikation des Mitarbeiters und den individuellen Herausforderungen im Berufsleben sichtbar. Daraus ergibt sich letzten Endes, inwieweit selbst bei Schaffung restriktionsfreier Entfaltungsräume das Individuum in der Lage ist, konsensfähige Beziehungen im Rahmen von Konformitätsbindungen auf der Verhaltensebene aufzubauen und im Stande ist, von sich aus das betriebliche Leistungsgefüge zu beeinflussen. Die dazu erforderlichen Handlungsqualifikationen sind:

"- Lernfähigkeit, charakterliche und fachliche Entwicklungsfähigkeit, aus persönlichen Interessen sich entfaltende Kreativität.
- die Fähigkeit zur Selbststeuerung, gerade in den in jeder Unternehmung unausweichlichen Situationen, wo man sich nur Frustration, nicht aber die "Belohner", von denen die Motivationstheoretiker träumen, einhandeln kann.
- die Fähigkeit, situationsadäquat eigenverantwortlich zu handeln, ohne die höhere Ebene durch ständige Rückfragen zu belasten" (MEYER-FAJE 1990, 77).

Entwicklung und Verfestigung beruflicher Identität hängt ab vom individuellen Lebenslauf des Mitarbeiters, sodaß sich in ihm quasi durch Vorerfahrung bedingt "Schaltstellen" (GRIESE 1979, 189) für den Prozeß der Identitätsfindung in neuen Situationen verankern und verhaltenssteuernden Einfluß gewinnen.

> "Die Art und Weise sowie der Erfolg der Bewältigung dieser Schaltstellen im individuellen Lebenslauf sind entscheidende Bedingungen für das Gelingen einer jeweils notwendigen Neukonstitution der Identität" (ARNOLD 1982, 109 f.).

Im Berufsleben prägt die Arbeit des Menschen sein Leben, indem sie Einkommen, Kontakte, soziale Wertschätzung, Zeitrhythmisierung, Identitätsfindung etc. ermöglicht (vgl. NEUBERGER 1985, 174). Daher leistet Arbeit im Rahmen der übrigen Lebensbereiche des Menschen den entscheidenden Beitrag zur Entfaltung der Gesamtpersönlichkeit. Allerdings haben die Auswirkungen des Wertewandels (vgl. 4.1 dieser Arbeit) dazu geführt, daß sich der Selbstwert des arbeitenden Menschen nicht mehr ausschließlich aufgrund seiner beruflichen Position (Macht, Ansehen, Einkommen) bestimmt, und es primär auch nicht mehr darum geht, sich in der Arbeit selbst zu verwirklichen (vgl. NEUBERGER 1985, 173). Vielmehr umfaßt ein selbstbestimmtes Gestaltungskonzept der Identitätsfindung stets den ganzheitlichen Aspekt der Persönlichkeitsentfaltung. Nur der sich in seiner Persönlichkeit (nach seinen Anlagen und Möglichkeiten) entfaltende Mensch ist auch in der Lage, den zunehmend komplexer werdenden betrieblichen Erfordernissen zu entsprechen. Betriebserziehung kann daher als Beitrag zur Identitätssuche verstanden werden, wobei als idealtypischer Zielkomplex erzieherischer Einwirkungen der "entfaltete Mensch", nach der Modellvorstellung von FRITSCHI (1986), dienen kann (vgl. Abb. III/8).

Die Illustration der Notwendigkeit Lernziele und Lernschritte für den sich entfaltenden Menschen in einen umfassenden Entwicklungsrahmen zu stellen, zeigt die Komplexität der Identitätsfindung, bei der Arbeit als schöpferische Leistung nur einen der Koordinatenpunkte im Gesamtprozeß menschlicher Entwicklung bildet. Denn

"Der Mensch ist ein Wesen der Spannung und zugleich ein Wesen der Mitte, das es nach seiner Sinn-Mitte zieht und gleichzeitig nach aussen abdrängt" (FRITSCHI 1986, 336).

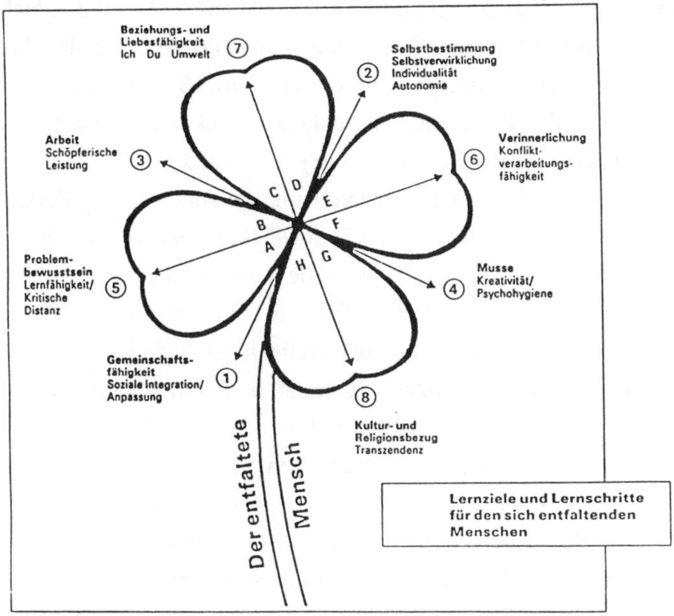

Abb. III/8: Lernziele und Lernschritte für den sich entfaltenden Menschen (FRITSCHI 1986, 336)

Menschsein drückt sich darin aus, Gegensätze ertragen und Spannungen aushalten zu müssen. Im privaten und beruflichen Lebenskreis treten fortlaufend Gegensätze auf, mit denen der Mensch konfrontiert wird und die ihn zwingen ganzheitlich zu denken, sich zu engagieren und Distanz zu halten. Gerade in der Dualität von Engagement und Distanz reift die Persönlichkeit des Menschen, indem Widersprüche aufgearbeitet und Entwicklungsperspektiven reflektiert werden, Prozesse, die keinesfalls problemlos und konfliktfrei verlaufen. Denn "Ohne Leidensdruck und ohne die Erfahrung von Glück und Freiheit werden die Menschen nicht grösser, nicht reifer" (FRITSCHI 1986, 336).

Ambivalenzen begleiten das menschliche Leben und regen zu konkreten Lernschritten an, welche die Persönlichkeit des Menschen gestalten, entfalten und erfüllen (vgl. Kleeblatt/A-H in Abb. III/8). Dabei formt sich bei der Persönlichkeitsentwicklung das Spannungsverhältnis zwischen (1) sozialer Integration und Anpassung (Gemeinschaftsfähigkeit) versus (2) Individualität und Autonomie (Selbstbestimmung/Selbstverwirklichung) in zentraler Weise aus. Menschliche (3) Arbeit unterliegt in diesem Prozeß sinnhaften Gegensätzen ebenso wie fördernden Impulsen. Menschliches Denken und Handeln beruht auf (4) Muße und Kreativität (Psychohygiene) und stützt sich auf (5) Problembewußtsein (Lernfähigkeit/kritische Distanz) und gelangt zur (6) Verinnerlichung (Konfliktverarbeitungsfähigkeit). Die (7) reale Beziehungs- und Liebesfähigkeit des Menschen (Ich, Du, Umwelt) steht dem (8) Kultur- und Religionsbezug (Transzendenz) gegenüber und beeinflußt in bewußtseinsmäßiger und weltanschaulicher Hinsicht die Einsichts- und Reflexionsfähigkeit des Individuums.

Der Mensch gewinnt soziale Identität und korrespondierend dazu Ich-Identität im Spektrum aller Verhaltenseinflüsse und durch aktive Auseinandersetzung auf der Basis eines sich entfaltenden Selbstkonzeptes. In diesem Zusammenhang wird Mitarbeiterführung im pädagogischen Sinnverständnis zum Bindeglied zwischen Sache und Selbst. Entsprechende Handlungsalternativen ergeben sich dabei aus klar umrissenen Führungsgrundsätzen.

9 ELEMENT "FÜHRUNGSGRUNDSÄTZE"

9.1 Führungsgrundsätze im Kontext der Unternehmenskultur

Führungsgrundsätze ergeben sich aus klar definierten Führungsleitbildern. Sie sind Grundpfeiler, auf die sich das Handeln von Führungskräften und Mitarbeitern stützt und können daher als "normative Aussagen über sozial erwünschte bzw. unerwünschte formale und informale Beziehungen zwischen Vorgesetzten und Mitarbeitern sowie zwischen Gleichgestellten, und zwar bezogen auf die unternehmerische Zielsetzung" (LILGE/STEINLE 1985, 25) definiert werden. Infolgedessen gewinnen sie den Charakter von Absichtserklärungen.

> "Es liegt in ihrer Natur, daß sie weniger anwendungsbezogen sind, weil sie eben "grundsätzliche", d. h. wertorientierte Aussagen machen, die das Unternehmen als Ganzes betreffen und dies vor allem in der Beziehung zwischen Vorgesetzten und unterstellten Mitarbeitern. Sie können und sollen nicht in pedantischer Detailbesessenheit Verhaltensregeln für alle nur denkbaren Fälle festlegen - das Grundgesetz regelt auch nicht die Vorfahrtsrechte" (NEUBERGER/PFÜTZNER 1991, 42).

Führungsgrundsätze gestalten Konzepte und Aktionspläne für das betriebliche Handeln, und zwar gestützt auf "Unternehmenskultur-Leitbilder" (HOCHREUTENER 1985, 16), die Verständigungsbereitschaft und Akzeptanz erhöhen und über das Führungsverhalten konstruktive Zusammenarbeit aufbauen. Auf die zwischenmenschliche Beziehung und einen kooperativen Führungsstil ausgelegt bieten Führungsgrundsätze den Orientierungsrahmen für das wechselseitige Verhalten. Da sich Unternehmenskultur durch verantwortungsbewußtes Denken und Handeln ständig verändert, läßt sich mit LILGE/STEINLE (1985, 27) auch sagen (vgl. Abb. III/9):

"Führungsgrundsätze präzisieren - und bedingen - die Unternehmungskultur"

Abb. III/9: Führungsgrundsätze

Indem Führungsgrundsätze unternehmensspezifisch erwünschtes Führungsverhalten definieren, antizipieren sie kognitives und ethisch begründetes Führungshandeln. Sie stellen aber gleichzeitig die strukturelle Komponente der Mitarbeiterführung im gesamten Betriebssystem dar und nehmen dadurch auf die direkten (individuellen) Führungsinteraktionen Einfluß. Strukturelle Führung im Wege der Führungsgrundsätze "modifiziert, ergänzt, legitimiert damit die direkte Führung der Vorgesetzten. Sie setzt zugleich Verhaltensprämissen und begrenzt Verhaltensspielräume in den Subsystemen der Führung" (WUNDERER 1987a, 554 f.). Erkenntnisse aus den Lern- und Verhaltenstheorien zeigen jedoch, daß zwischen dem Realverhalten in Handlungssituationen und den postulierten, beabsichtigen bzw. gewollten Handlungsentwürfen oft große Abweichungen bestehen (vgl. WUNDERER 1987a, 557).

Daraus ergeben sich trotz unternehmenskulturell sanktionierter Denkmuster und Wertmaßstäbe für die Handlungsdimension von Führung Konsequenzen.

> "Führungsgrundsätze stehen zunächst auf dem Papier; ihre Wirkung ist ungewiß. Demgegenüber ist Unternehmenskultur das, was im Unternehmen *gelebt* wird. Während Führungsgrundsätze normativ sind, haben Werte zunächst deskriptiven Charakter und sind für eine normative Optimierung betrieblichen Handelns, etwa durch eine bewußte Gestaltung von Führungsgrundsätzen, offen" (MÜNCH, 1991, 115).

Führungsdispositionen nehmen Einfluß auf die Veränderung von Denk- und Bewußtseinshaltungen. Damit umgreifen sie mit ihrer "Stoßkraft" gleichsam das "*Maß der Übereinstimmung* der effektiv festgestellten und der erwünschten, strategisch erforderlichen Unternehmenskultur" (KOBI/WÜTHRICH 1985, 8). Unter deutlicher Abgrenzung von jeder "administrativen Handhabung kulturell wirksamer Steuerungsmechanismen" im Führungsbereich nimmt ZELBER (1991, 147) die Auseinandersetzung des Mitarbeiters mit Unternehmenskulturen zum Ansatzpunkt, Grundsätze des Führungshandelns auf innere Einstellungen und Verhaltensweisen unmittelbar zu beziehen.

> "Auf das Verhalten der Mitarbeiter kommt es dieser Auslegung zufolge daher in erster Linie an. Kultur äußert sich im Verhalten und bestimmt mit ihren Symptomen die interne und externe Kommunikation, den Prozeß und die Art von Entscheidungsfindungen, die Arbeitsmentalität, Einstellungs- und Erwartungshaltungen, Motivation und vieles andere mehr".

Die Übereinstimmungstendenz wird zwar, getragen von ethischen und moralischen Werthaltungen im tätigen Gestalten sichtbar, findet aber ihre Begrenzung in unsichtbaren Erscheinungen und im Spannungsfeld zwischen Individuum und Gesellschaft. Unternehmenskultur legt für menschliches Denken und Handeln zur Erzielung positiver Wirkungen Parameter fest, stößt aber auf vorhandene Einstellungs- und Verhaltensmuster, die Widersprüche zwischen dem System "kultureller Determinanten der Handlungsorientierung" (HABERMAS 1980, 326 ff.) und der kulturellen Grundausrichtung der Handlungsträger als Akteure im betrieblichen Handlungsgeschehen aufreißt. Dies wird sichtbar am sogenannten "Eisberg-Modell der Unternehmung (Organisation)" (vgl. Abb. III/10).

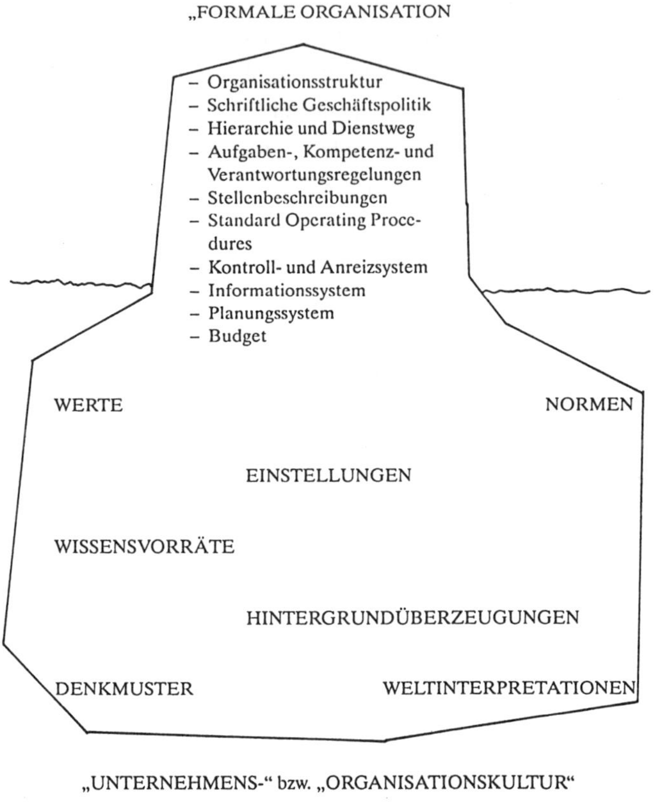

III/10: Das "Eisberg-Modell der Unternehmung (Organisation)" (HOLLEIS 1987, 18)

Das Eisbergmodell veranschaulicht die in jedem soziotechnischen System "an der Oberfläche" existierenden "sichtbaren" Bereiche der formalen Organisation und die "darunterliegenden" somit "unsichtbaren" Bereiche der "Unternehmens- bzw. Organisationskultur". Die Wechselwirkung zwischen Formalorganisation und der Unternehmenskultur zeigt sich darin, daß die kulturelle Dimension, welche das Fühlen, Denken und Handeln der Organisationsmitglieder von außen beeinflußt, sich in sichtbaren Erscheinungen etabliert. Derartige

Manifestationen (vgl. Abb. III/10) können sein: Organisationsstruktur und organisationale Regelungen, wie sie in der Festlegung eindeutiger Betriebsabläufe und regulativen Verhaltenseinwirkungen ihren sichtbaren Ausdruck finden. Damit wird Organisationskultur zum Bestimmungsfaktor funktionaler Betriebsabläufe.

Über das von Führungsgrundsätzen beeinflußte tatsächliche Mitarbeiterverhalten mit seinem antizipativen Charakter und als Prozeß selbstbestimmten Handelns ist damit im Prinzip noch wenig gesagt. Deutlich gemacht werden muß daher die Verwobenheit des normativen Unternehmenskulturansatzes mit betriebspädagogisch formierten, längerfristigen Erziehungs- und Bildungsprozessen, "in denen theoriegeleitete Reflexion mit Elementen sozialer Selbsterfahrung sowie autobiographischer (Selbst-)Reflexion eng verbunden sind" (ARNOLD 1990, 80). Dabei geht es in sehr hohem Maße um die Aufarbeitung ineffizienter Verhaltensschemata von Führungskräften und Mitarbeitern, welche in einem bestimmten Kontext von Unternehmenskultur aufgebaut wurden und nur durch Veränderung derselben reflektiert und bearbeitet werden können[16].

Unternehmenskultur ist aus dieser Sicht lediglich "der Bodensatz übereinstimmender Wertorientierungen, der das Handeln und Entscheiden der Organisationsmitglieder beeinflußt" (DÜRR zit. n. ARNOLD 1990, 75). Sie erleichtern zwar die soziale und leistungsmäßige Handlungskonformität der Systemmitglieder, lassen aber über reflektierte Unternehmenskultur d. h. über die inneren Handlungskomponenten von sich aus noch keine handlungsbestimmenden Rückschlüsse zu. Führungsgrundsätze gewinnen daher im Rahmen der allgemeinen Kulturorientierung ihre Legitimierung erst durch die Festlegung betriebspädagogisch relevanter Handlungsprämissen.

---

[16] "Führungskräfte beobachten und registrieren in einer ganz bestimmten Weise, was um sie herum geschieht. Ihre Maßnahmen, das was sie tun, werden durch solche Beobachtungen angeleitet. Was um sie herum geschieht, ist aber seinerseits eine Reaktion darauf, was von den Betroffenen beobachtet wird. Die dabei verwendeten Differenzschemata haben die Tendenz, sich in den Wirkungen jener Maßnahmen und Verhaltensweisen, die durch sie angeleitet werden, selbst zu bestätigen" (WIMMER, 1989, 32).

9.2 Betriebspädagogische Erfordernisse bei der Gestaltung von Führungsgrundsätzen

Da sich betriebspädagogisch ausgerichtete Mitarbeiterführung am individualpädagogischen Prinzip orientiert, ist davon auszugehen, daß Führungsgrundsätze sich primär am Bild des mündigen Mitarbeiters festmachen und von daher ihre verhaltensorientierende Perspektive aus "Wertprämissen für selbständiges und eigenverantwortliches Handeln" (FREIESLEBEN 1985, 123) gewinnen. Bei der Generierung von Führungsgrundsätzen fließen infolgedessen pädagogische Strukturprinzipien der Mitarbeiterführung ein. Die von GREINER (1983, 92) vorgelegten Anforderungen an ein zeitgemäßes Menschenführungssystem kennzeichnen die entsprechenden Grundlagen:

"1. Abbau hierarchischer Strukturen
2. Abbau der autoritären Führung
3. stärkere Beteiligung der Mitarbeiter am Entscheidungsvorbereitungsprozeß
4. stärkere Berücksichtigung individueller Bedürfnisse
5. Leistungsgerechtigkeit und Leistungsorientierung
6. stärkere Transparenz des Unternehmensgeschehens
7. Verbesserung des Informations- und Kommunikations-Systems".

Die Untersuchungen zur Funktion des Menschenbildes in der Mitarbeiterführung (vgl. 4.2 dieser Arbeit) und die Konsequenzen aus dem Führungsleitbild (vgl. 6 dieser Arbeit) zeigen, daß der Führungskraft ein anspruchsvoller, selbstbewußter und mündiger Mitarbeiter gegenübersteht, welcher danach strebt, "Ereignisse und Zustände in sich selbst und in seiner Umwelt zu verstehen, zu kontrollieren und zu beeinflussen" (EUGSTER 1984, 436). Die Rahmenbedingungen für die dazu erforderlichen, breitflächigen Kommunikationsbahnen im Wirkungssystem Mitarbeiterführung finden in Führungsgrundsätzen ihren Niederschlag. Damit werden auch Voraussetzungen für einen intensiven Informationsfluß (formeller und informeller Art) von der Führungskraft zum Mitarbeiter und umgekehrt geschaffen.

Ausreichende Information begünstigt die Eigenmotivation des Mitarbeiters und erleichtert ihm die Identifikation mit dem Unternehmen. Motivation und

Identifikation bilden wesentliche Grundlagen für das "Commitment" der Organisationsmitglieder; diese Einstellungsdimension fixiert gleichsam das Substrat der Mitarbeiterführung:

> "'Commitment' bedeutet das Engagement für ein Unternehmen, die innere Verpflichtung für ein gemeinsam zu erreichendes Ziel, aus der heraus Integrität, Loyalität, gegenseitiges Vertrauen ebenso erwachsen wie das Bewußtsein, Mitglied einer Gemeinschaft zu sein, innerhalb derer man sich darauf verlassen kann, daß jeder an seinem Platz eine gute Arbeit leistet - der Unternehmensführer ebenso wie der Verkäufer vor Ort oder der Techniker bzw. der Buchhalter an seinem Platz in der Organisation eines Unternehmens" (GREINER 1983, 33).

Commitment entwickelt sich auf der Grundlage eines positiven Selbstkonzeptes. Dieses wirkt als "Interpretationsfilter" für alle von außen kommenden Signale und steuert gleichermaßen über Deutungsmuster als "subjektive Vorstrukturen" (ARNOLD 1985, 20) die inneren Reaktionen; es beeinflußt auf diese Weise den Bedeutungsgehalt des Wahrgenommenen (vgl. BALZEREIT 1991, 47). Selbstkonzepte der Mitarbeiter erleichtern den Aufbau erfolgsmotivierten Verhaltens, dessen Handlungstendenzen (vgl. TÜRK 1976, 64) im Commitment erkennbar werden.

Aus der Perspektive des Commitment, benötigt jedes Organisationsmitglied nicht nur die zur Aufgabenerfüllung notwendige fachliche Qualifikation, sondern darüberhinaus noch soziale Fähigkeiten, welche ihrerseits kooperative Einstellungs- und Erwartungshaltungen voraussetzen. An dieser Stelle läßt sich der Begriff Schlüsselqualifikation aus der unmittelbaren Handlungsperspektive vertiefen. Führungsgrundsätze müssen daher auf Möglichkeiten zur Entwicklung von

> "(1) Selbstkompetenz, d. h. für sich selbst verantwortlich handeln können.
> (2) Sachkompetenz, d. h. für Sachbereiche urteils- und handlungsfähig und damit zuständig sein zu können,
> 3) Sozialkompetenz, d. h. für gesellschaftlich relevante Sach- oder Sozialbereiche urteils- und handlungsfähig und also ebenso zuständig sein können" (SCHANZ 1979, 53).

zurückgreifen. Die angeführten Kompetenzbereiche bedürfen jedoch einer ständigen Aktualisierung und Weiterentwicklung, was mit weiterbildungsbezogenen Lernprozessen verbunden ist. Daher ist die Mitarbeiterförderung eine unverzichtbare Komponente moderner Führungsgrundsätze. In Führungsgrundsätzen manifestiert sich die Handlungsausrichtung gezielter und gleichzeitig auf Verhaltensänderung gerichteter Leitbildvorstellungen.

> "Ein gut gestaltetes Leitbild
> - verringert die latente Entscheidungsunsicherheit in komplexen Organisationen
> - lenkt die verfügbaren Ressourcen gezielter auf primär erfolgswirksame Systemfähigkeiten
> - definiert eigenverantwortliche Handlungsspielräume und entlastet so das Management von gleichgearteten Einzelentscheidungen
> - gibt der Organisationsentwicklung eine koordinierte Richtung, vergleichbar mit einem Magnetfeld, dessen unzählige Einzelelemente eine harmonische Struktur bilden, selbst wenn sie aufgrund heftiger Einflüsse vorübergehend desorientiert waren
> - rationalisiert die operativen Planungsprozesse und erleichtert das strategische Controlling und die spontane Korrektur grundsätzlicher Fehlentwicklungen
> - fördert das Engagement und die Identifikation aller Manager und Mitarbeiter, welche am Zielvereinbarungsprozeß bzw. der Festlegung verbindlicher Aktionsbandbreiten beteiligt waren und dadurch angeregt werden, die möglichen Freiräume für unternehmerisches Denken und Handeln auszuschöpfen" (HOCHREUTENER 1985, 16).

Die aus Führungsleitbildern resultierenden Führungsgrundsätze gleichen im Prinzip pädagogisch fundierten Ansprüchen, zumindest was die Selbstbestimmtheit verantwortlichen Handelns und die dafür erforderlichen Freiräume unmittelbar betrifft. Sie unterscheiden sich aber durch das dahinterliegende Paradigma, weil Pädagogik Mitarbeiterförderung nicht vordergründig aus ökonomischen Motiven rekurriert. Den Unterschied macht folgendes Praxisbeispiel deutlich:

> "Our emphasis on human relations was not motivated by altruism but by the simple belief that if we respect our people and help them to respekt themselves the company will make the best profit" (WATSON jr. 1963, zit. n. ITIN 1989, 43).

Die Motivierung zur Respektierung der Persönlichkeit orientiert sich aus ökonomischer Sicht also am Gewinnstreben. Zwar wird die Sinnhaftigkeit des Tuns in Konzepten eines "Verhaltensmanagements" diskursiv eingelassen, entscheidender Dispositionsfaktor bleibt jedoch das im Unternehmensziel festgeschriebene Wirtschaftlichkeitsstreben. Menschliches Handeln dient der Zweckrationalität, um Betriebssysteme ausgehend von der Zweck-Mittel-Relation ihrer Funktion nach aufrechtzuerhalten. Soziale Korrespondenzbeziehungen und das persönliche Engagement der Mitarbeiter als das unverzichtbare soziokulturelle und individualitätsbezogene Fundament in Wirtschaftssystemen bleiben dabei noch weitgehend außer acht. Führungsgrundsätze mit pädagogischem Gehalt setzen daher entgegen dem reinen ökonomischen Prinzip neue kommunikativ-ethische Maßstäbe.

> "Das Management auf der Stufe der Unternehmensführung befindet sich in einem Umdenkungsprozeß. Man beginnt zu begreifen, daß die ökonomisch weniger faßbaren Elemente als sogenannte 'soft facts' (Fähigkeiten, Bewußtsein, Verhaltensstil u. dgl.) gerade bei Unternehmensumstellungen den Ausschlag geben" (ZELBER 1991, 62).

Die strategische Konzeption von Unternehmen baut sich daher keinesfalls mehr allein auf ökonomischen Zielsetzungen auf. Eine Neuorientierung sucht vielmehr pädagogische Wirkungssysteme zum Tragen zu bringen, die "den Menschen, seine Bedürfnisse und Entwicklungen" (DECKER 1985, 16) in den Mittelpunkt stellen. Führungsgrundsätze, diese Erkenntnis hat sich zunehmend als "pädagogisches Bekenntnis" (STIEFEL 1975, 36) durchgesetzt, bringen daher die Aktivierung des menschlichen Kräftepotentials ins Spiel, um eine sinnstiftende Entwicklung durch "höhere Entscheidungsqualität" auf Seiten der Mitarbeiter herbeizuführen, denn

> "Der lernende Mensch ist das wichtigste Kapital eines Unternehmens. Einsatzfreude, Dynamik, Flexibilität, Kreativität und Kostenbewußtsein sind die entscheidenden Personalfaktoren der erfolgreichen Unternehmen" (LESSING 1983, 461).

Aus der Sicht dieses Umdenkens stellt WUNDERER (1987a, 558) die Funktionen von Führungsgrundsätzen als strategisches Instrument struktureller Führung modellhaft und in praxisorientierter Form dar, indem er in sehr anschaulicher Weise den zunehmenden Konkretisierungsgrad der einzelnen Konzept-Komponenten von den sinnstiftenden "Werten" über human- und sozialorientierte "Ziele", kooperativ wirksame "Mittel und Methoden" sowie über verhaltensanleitende "Programme" bis zu der oftmals kurzfristig wechselnden "Tätigkeit" in ihrer Bedeutung für das menschliche Handeln transparent zu machen sucht (vgl. Abb. III/11).

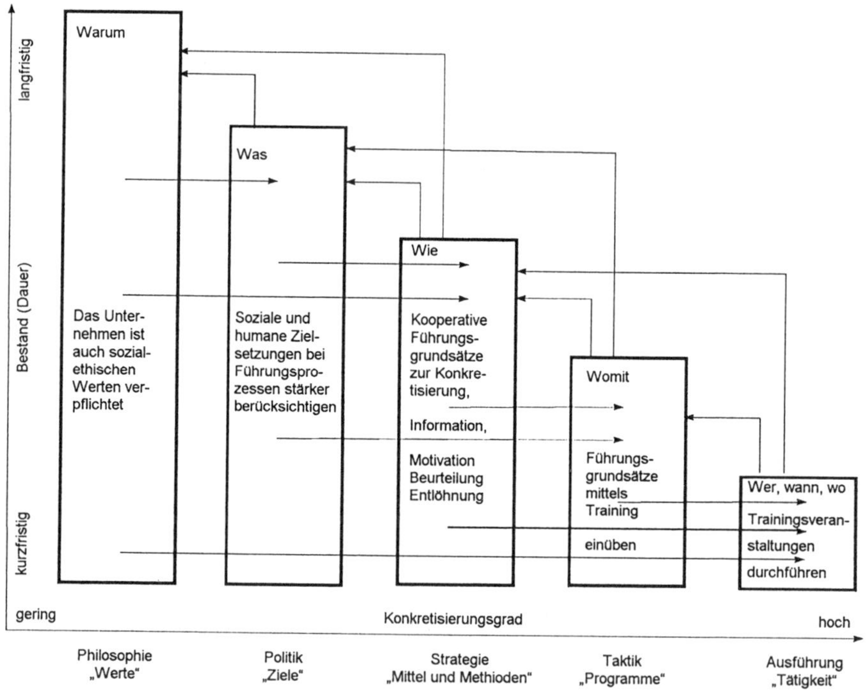

Abb. III/11: Führungsgrundsätze als strategisches Instrument struktureller Führung (WUNDERER 1987, 558)

Als Informations- und Orientierungsbasis für die unternehmensspezifische Erarbeitung und Ausgestaltung von Führungsgrundsätzen sind die aus einer empirischen Studie von GABELE/KRETSCHMER (1986, 58-61) ersichtlichen "Inhalte von Führungsgrundsätzen" beachtenswert (vgl. Abb. III/12).

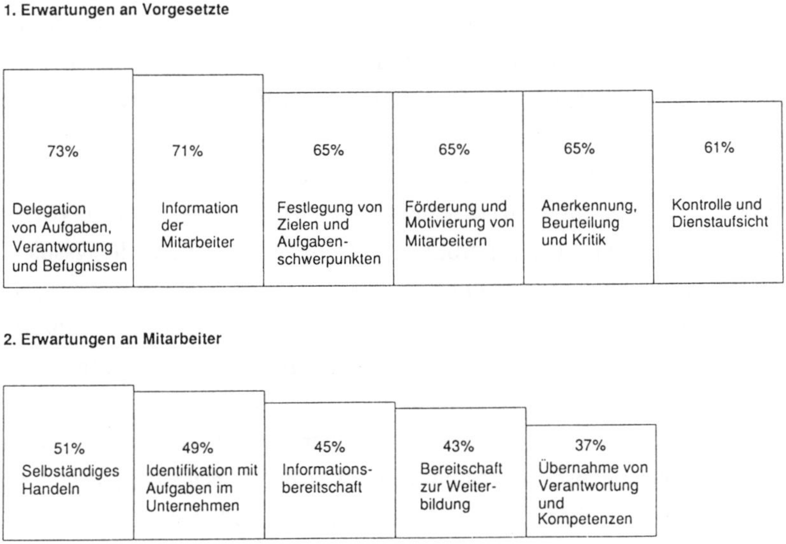

Abb. III/12: Inhalte von Führungsgrundsätzen bei 51 Unternehmen verkürzt nach GABELE/KRETSCHMER 1986, 58-61 (SCHOLZ 1989, 397)

Sie betreffen einerseits die an Vorgesetzte gestellten Erwartungen und andererseits die Erwartungen an Mitarbeiter. Die Befragungsergebnisse lassen deutlich den Trend vom standardisierten Führungsverhalten mit starren "Muß"-Regelungen zu einer situationsoffenen und sich stärker auf die Partnererziehung gründenden Führungsstruktur erkennen. In den Vordergrund treten differenzierte und situationsspezifisch abgestimmte Führungsgrundsätze wie Delegation, Information, Zielorientierung, Selbständigkeit, Identifikation, Weiterbildungsbereitschaft etc.

Situations- und partnerbezogene Führungskonzepte stützen sich auf ein Menschenbild, wie es in der Betriebspädagogik vertreten wird. Im Hinblick auf das anzustrebende Führungsverhalten enthalten Führungsgrundsätze in ihrem Kern sowohl aus der Sicht des Personalmanagementes als auch in ihrem pädagogischen Verständnis eine ähnliche verhaltenstheoretische Grundlegung. In beiden Fällen richtet sich das Bemühen auf "eine individuumsbezogene Gestaltung", die auf der rein "taktischen Ebene" der Mitarbeiterführung bisher weitgehend "ausgeklammert" blieb (vgl. SCHOLZ 1989, 395). Die Grundproblematik von Führungsgrundsätzen läßt sich auf pädagogisches Führungsverhalten bezogen noch schärfer eingrenzen. LILGE/STEINLE (1985, 26) verdichten die in Führungsgrundsätzen enthaltenen Informationen auf "zehn tragende Bestandteile". Sie betreffen die Komplexe (1) Informationsaustausch, (2) Zusammenarbeit, (3) Delegation, (4) Kreativität, (5) Mitarbeiterförderung, (6) Funktionale Verantwortung, (7) Kontrolle, (8) Zielsetzung, (9) Handlungsspielraum und (10) Beurteilung der Mitarbeiter.

Führungsgrundsätze dieser Art tragen das Wirkungssystem Mitarbeiterführung. Humanisierungsziele der Führung betreffen in diesem Zusammenhang ihrem Wesen nach Grundeinstellungen zum Menschen (z. B. Vertrauen, Wertschätzung, Akzeptanz) und leiten daraus Grundregeln für ein Führungsverhalten ab, welches geeignet ist, den Mitarbeiter in seiner Entscheidungs- und Handlungskompetenz zu fördern. Führungsgrundsätze entfalten daher ihre volle Wirksamkeit im Rahmen eines kontinuierlichen Betriebserziehungsprozesses und dürfen in ihrer Gesamtheit respektive auch in ihrer methodischen Ausrichtung folglich kein starres bzw. rigides System ergeben.

10 ELEMENT "FÜHRUNGSMETHODEN"

10.1 Der Methodenbegriff in der Mitarbeiterführung

Wie pädagogisches Handeln, ist auch Führungshandeln absichtsvoll und auf die Erreichung eines Ziels ausgerichtet, wozu ein geeigneter Weg zu beschreiten ist. Diesen "Weg auf ein Ziel hin" umschließt auch der Bedeutungsgehalt des griechischen Ursprungswortes "méthodos" (vgl. KLUGE 1989, 475 f.), woraus sich die aktuelle Grundbedeutung des Methodenbegriffes als "Art der Durchführung; Weg, wie man zu einem angestrebten Ziel gelangen kann, sinnv.: Mittel, Verfahren, Weg, Technik" (DUDEN 1985, 440) ergibt. Führungsmethoden lassen sich nach dieser Begriffsauslegung als Verfahrensweisen der Führung begreifen, die im Aspekt ihrer Prozessualität "sich mit Bezug auf die organisationsstrukturelle, interpersonelle und inhaltlich-sachliche Ebene beschreiben lassen" (GEIßLER 1989c, 1046).

Ausgeweitet auf ein pädagogisches Sinnverständnis können Methoden in Anlehnung an FLITNER (1968) als kulturell-regelhafte Verfahren und Arrangements zum Zwecke der Anleitung von Lernprozessen (vgl. ebd.) verstanden werden. BREZINKA faßt "die Lehre von den Methoden und Organisationsformen der Erziehung" grundsätzlich als einen integrativen Bestandteil der Pädagogik und damit des pädagogischen Handelns auf (BREZINKA 1990, 12). Stellt man den Begriff der "Führungsmethode[17]" in diesen Gesamtzu-

[17] In der Betriebspädagogik fehlen bisher ausreichende Theoriegrundlagen für eine Lehre von den Methoden der Mitarbeiterführung; diese könnte in Analogie zur Erziehungswissenschaft auch eine Lehre von den Führungszielen (Leitbilder/Grundsätze) und vom Mitarbeiter umfassen. Eine Lehre von den Methoden der Mitarbeiterführung würde auch Entscheidungen hinsichtlich der anzustrebenden betriebspädagogischen Führungsziele voraussetzen und könnte

sammenhang, dann erscheint es wesentlich, daß dadurch ein Prozeß gekennzeichnet wird, "der auf ein bestimmtes Ziel ausgerichtet ist bzw. ein System von Regeln umfaßt, das diesen Prozeß festlegt" (BÖNISCH 1970, zit. n. FRIEDRICHS 1990, 14).

Die pädagogische Affinität von Mitarbeiterführung und Betriebserziehung schlägt in den methodischen Bereich durch. Im Wirkungssystem Mitarbeiterführung ordnen sich Methoden als wegbereitende Maßnahmen zum Aufbau der Sozialbeziehungen bzw. für definitive Handlungsausführung in den Bedingungszusammenhang jedes leistungsdifferenzierten und verhaltensoptimierenden Vorgehens ein. Methoden realisieren im betrieblichen Handlungsgeschehen den Erziehungsauftrag der Führungskraft.

Erziehung ist ihrem Wesen nach ein Handlungsgeschehen, hineingestellt in die "Feldstruktur der äußeren und inneren Bedingungen, aus denen ein bestimmtes Verhalten hervorgeht" (LICHTENSTEIN 1962, 162). So gesehen ist im Prinzip jede Form der sozialen Interaktion bereits Erziehung, getragen von den Handlungsfolgen in der wechselnden Tätigkeit. Die daraus resultierenden "Handlungsmuster" kennzeichnen erzieherische Verhaltensbeeinflussung als pädagogischen Prozeß, der vom Menschen aus gesehen sich als Spannung "zwischen notwendiger Distanzaufnahme im Sachlichen und ebenso nötiger Teilnahmebereitschaft im Menschlich-Persönlichen" (KROH 1959, 126) vollzieht. "Erziehungsmethoden sind dementsprechend *Handlungsfolgen in der wechselseitigen Tätigkeit der Lehrer und Schüler* [in unserem Falle der Führungskraft und des Mitarbeiters], die in unterschiedlichen Erziehungssituationen zu den angestrebten Resultaten führen" (NEUNER/BABANSKI/DREFENSTEDT 1988, 239). Der Begriff der Tätigkeit präzisiert die aktive Teilnahme der Betroffenen an effektiven Handlungsprozessen, wobei die persönlichkeitsfördernde Tätigkeit als Erziehung Handlungsfolgen im Hinblick auf die Mitarbeiterförderung im Sinne von Verhaltensänderung kenntlich macht. Eine Gruppierung der Erziehungsmethoden stellt gerade die Verhaltensänderung

---

sich auf Hypothesen über die Bedingungszusammenhänge abstützen (vgl. BREZINKA 1990, 12; GEIßLER 1989c, 1046).

in Bezug "auf die Herausbildung der Fähigkeit und Bereitschaft zu praktischer Tätigkeit" in den Mittelpunkt. Darauf bezogen werden drei Methodengruppen unterschieden (vgl. ebd. 242):

> "die *Methoden des Überzeugens*, die Methoden des *Organisierens praktischer Tätigkeit* und die Methoden des *pädagogischen Stimulierens*. Die damit erfaßten Methoden wirken alle mehr oder minder auf die Entwicklung des Bewußtseins *und* Verhaltens der Schüler [Mitarbeiter]. Die Methoden des Überzeugens dienen jedoch vorwiegend der Übermittlung und Aneignung von erzieherisch bedeutsamen Informationen. Die Methoden des Organisierens praktischer Tätigkeiten sind vorzugsweise auf den Erwerb persönlicher Erfahrungen und auf die Ausbildung von Fähigkeiten, Fertigkeiten und Gewohnheiten gerichtet. Die Methoden des Stimulierens unterstützen besonders die Herausbildung wertvoller Verhaltensmotivationen, moralischer Entscheidungen und die Stabilisierung von normgerechtem sowie schöpferischem Handeln."

In den genannten Methodengruppen artikuliert sich Führungshandeln in der Situation der Partnerschaft mit einem anderen Menschen. Jede Erziehung geschieht demzufolge aus mitmenschlicher Verantwortung heraus und ist pädagogisch gesehen als "in Verantwortung geleistete Entwicklungshilfe anzusehen" (KROH 1959, 81). Das Methodenspektrum des Erziehungshandelns ist infolgedessen nicht aus dem funktionalen Verständnis herzuleiten, das lediglich von der Sache her beeinflußt wird und damit Qualifikationen auf Seiten der Mitarbeiter zu einem bloßen "Gebrauchswert" (ALTVATER 1971, 83) erniedrigen. Erziehungspraktiken formieren sich in ihrer methodischen Gestalt zu Einflußgrößen, die sich mit ihren Förderungspotentialen auf den Mitarbeiter richten und dessen Eigentätigkeit und allseitige Entwicklung bezwecken. Erziehungsmethoden in diesem Zusammenhang sind nach DOHMKE (1973, 19):

- "Aktivitäten mit vorwiegend informierenden Charakter"
- mit "anregender oder motivierender Bedeutung" und
- mit "vorschreibendem und nötigendem" Charakter.

Versucht man eine Klärung des Methodenbegriffes in der Führungsliteratur, so stößt man auf eine verwirrende Begriffsvielfalt, wobei der Methodenbegriff (bzw. dessen Trabanten: Mittel, Verfahren, Technik) und der Begriff des

Führungsstils in unterschiedlichen Bedeutungskonstellationen anzutreffen ist. Dieser Sachverhalt wird noch dadurch zusätzlich kompliziert, daß auch der Begriff des Führungsstils in der wissenschaftlichen Fachliteratur in mehrdeutiger und inkonsistenter Weise in Erscheinung tritt; er wird verwendet im Sinne von:

"- Managementphilosophie
- Gruppenklima
- Führungsmodell oder -system
- konsistentes Verhalten des Vorgesetzten gegenüber Mitarbeitern
- zeitlich überdauernder Bedürfnisstruktur eines Vorgesetzten
- Führungstechnik" (WUNDERER/GRUNWALD 1980a, 221).

Terminologische Differenzierungsversuche[18] dieser Art haben sich in der Praxis nicht durchgesetzt. Zumindest fehlt den einzelnen Erklärungsversuchen die deutliche Bezugnahme auf Aufgaben der Erziehung im Hinblick auf die Entwicklung der Gesamtpersönlichkeit im Prozeß kommunikativen Handelns. So bleibt es in der verhaltenswissenschaftlich orientierten Führungsforschung bei Auslegungen, den Führungsstil[19] nur auf "ein zeitlich überdauerndes und in Bezug auf bestimmte Situationen konsistentes Führungsverhalten von Vorgesetzten gegenüber ihren Mitarbeitern" (WUNDERER/GRUNWALD 1980a, 221) zu beziehen. Methode wird als reine "Führungstechnik" definiert, die führungspsychologisch unterlegt zu "Verhalten" führen soll (vgl. FRÖHLICH 1990, 17). Ob diese in ihrer Gesamtheit bzw. in Teilen als Führungsmethoden oder führungsmethodische Hilfen im betriebspädagogischen Sinnverständnis identifiziert werden können, ist allerdings die Frage. Eine betriebspädagogische Orientierung der Mitarbeiterführung kann erzieherisch nicht als "Technik" gesehen werden.

---

[18] Z. B. die von BLEICHER vorgeschlagene terminologische Abgrenzung der Begriffe "Führungsstil", "Führungsform" und "Führungselemente" (vgl. BLEICHER 1969, 189).

[19] Ein Eingehen auf die grundsätzliche Problematik der Stilkonzepte und deren betriebspädagogische Bedeutung und Funktion im Rahmen der Mitarbeiterführung würde den thematischen Rahmen dieser Arbeit übersteigen (vgl. die Problemhinweise bei RHEINBERG/MINSEL 1986, 306 f.)

"Erziehung ist ein situativ gebundenes und kommunikativ bestimmtes menschliches Handeln zwischen einem Ich und einem Du. Technik ist ihrem ganzen Wesen nach auf Objekte im Verhältnis Mittel - Zweck gerichtet. Erziehung ist eine Subjekt-Subjekt-Beziehung, in der es um lebendige zwischenmenschliche Auseinandersetzungen geht, die nicht zweckrational ausfallen dürfen, sondern die stets ein sinnbezogenes Handeln des Ich am Du konstituieren" (ZIELINSKI 1980, 3.22).

Die dem Erziehungsvorgang zugrundeliegende Hypothese lautet: "Will man das Verhalten eines Menschen ändern oder beeinflussen, muß man den *ganzen* Menschen erfassen" (vgl. COMELLI 1985, 171 f.). Menschliches Denken und Handeln strukturiert sich vom Mitarbeiter her gesehen, der aus seiner bisherigen Entwicklung ebenfalls ein methodisches Instrumentarium zum Verfügbarmachen von Handlungsdispositionen besitzt, als lernende Auseinandersetzung (vgl. Straßen des Lernens Abb. III/13). Diese Erkenntnis muß auch bei der Anwendung methodengestützter Führungsmaßnahmen in Betracht gezogen werden.

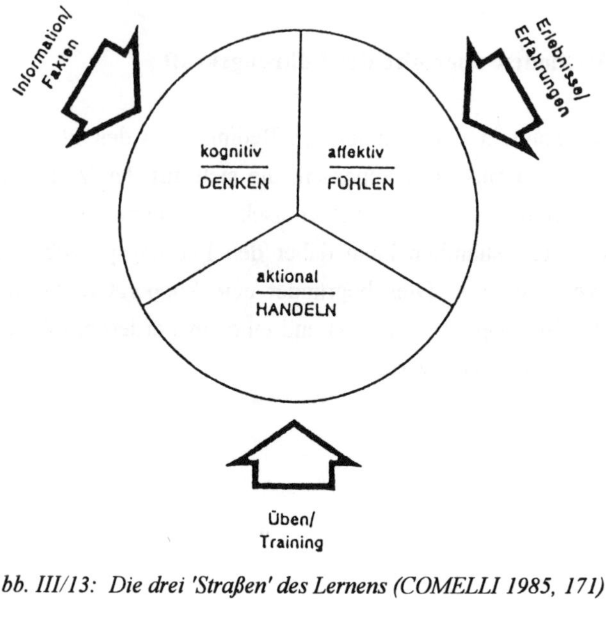

Abb. III/13: Die drei 'Straßen' des Lernens (COMELLI 1985, 171)

Der Einsatz angemessener Methoden bzw. ihre Selektion vermag im Wirkungssystem Mitarbeiterführung nur dann wirksam zu werden, wenn von Seiten der Mitarbeiter handlungsorientierte Interessen ebenso eingebracht werden wie bereits erworbene Fähigkeiten zur Verhaltensintegration. Der Mitarbeiter bringt seine Eigenschaften und inneren Energien in die Führungsbeziehung ein, worauf sich bezogen auf Denken Fühlen und Handeln als Ausdruck der Persönlichkeit im kommunikativen Verhalten jeweils auch eine eigenständige Handlungsregulation ergibt. Vom pädagogischen Standpunkt sind Führungsmethoden daher auf individuelle Handlungsbedingungen abzustimmen und selektiv auf "einen angemessenen Umgang des Menschen mit sich selbst und der Menschen untereinander" als "Angebote zum Erlernen von mehr Selbstsicherheit" (BERNATH-KAUFMANN 1985, 10 ff.) auszurichten. Aus dieser Perspektive ist das Repertoire betriebspädagogisch relevanter Führungsmethoden zu durchforsten.

10.2 Das Methodenrepertoire der Führungskraft

Führungshandeln erfolgt unter den Bedingungen des situativen Kontextes und hat sich Erfordernissen anzupassen, die sich aus der Vielschichtigkeit und Komplexität zielansteuernder soziotechnischer Systeme ergeben. Methodisch begründetes Führungshandeln kann daher den Führungsprozeß in pädagogisch effizienter Weise steuern. Dies begründet eine kooperative Grundstruktur der Führungsmethodik (vgl. Abb. III/14) und eine auf Förderungsabsicht beruhende Grundtendenz des Führungsverhaltens.

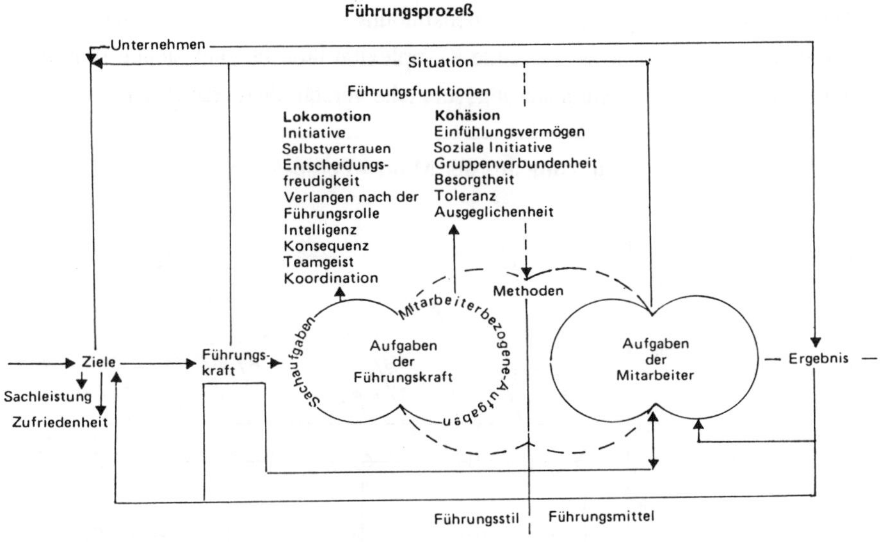

Abb. III/14: Funktion der Methoden im Führungsprozeß (SCHWARZER 1979, 157)

Die Effizienz einer Methode hängt in der Mikrostruktur der Führungshandlung von der Integrationsfähigkeit der Führungskraft und des Mitarbeiters im Führungsprozeß ab. Führung übt Funktionen aus, die auf dynamische Zielansteuerung (Lokomotion) und den ausgeglichenen Gruppenzusammenhalt (Kohäsion) gerichtet sind. Aus diesem Grunde soll die kompetente Führungskraft über ein, den Erfordernissen des soziotechnischen Systems angemessenes, Repertoire an Führungsverhaltensweisen und -methoden verfügen. Erst deren Aneignung ermöglicht situationsorientierte Führungsflexibilität und verhindert das Erstarren in nicht systemadäquaten Führungsstrukturen.

Stellt man Mitarbeiterführung aus der Makro-Perspektive (vgl. Abb. III/15) dar, so zeigt es sich, daß Führung als kommunikatives Handlungsgeschehen immanente Führungsfunktionen aufzugreifen hat (Informieren, Initiieren,

Qualifizieren, Koordinieren und Kooperieren sowie Kontrollieren)[20], die in allen Phasen des Führungsprozesses (Willensbildung, -durchsetzung, -sicherung) zum Tragen kommen. Die so entstehende Komplexität läßt die zahlreichen Bemühungen um methodische Systemisierungsversuche verständlich erscheinen.

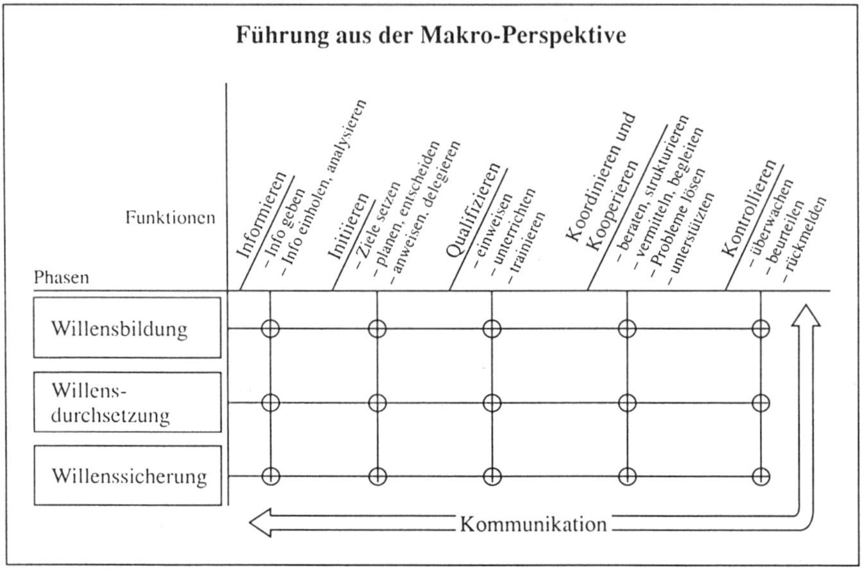

Abb. III/15: Führung aus der Makro-Perspektive (RÜDENAUER 1991, 209)

Als praxisorientierte Ergebnisse liegen eine Reihe von Management- und Führungsmodellen vor. In diesen wird jeweils ein ganz bestimmter Aspekt herausgestellt, von dem aus sich die Führungshandlung schwerpunktmäßig ordnet. In der Literatur verbreitet sind z. B.: Management by ideas (Leitbildorientierte Führung), Management by break through (Führung durch organisatorischen Wandel), Management by objectives (Führung durch Zielorientierung), Management by delegation (Führung durch Delegation), Management

20 Vgl. RÜDENAUER 1991, 209; darüberhinaus LATTMANN 1982, 243 ff.; STAEHLE 1989, 34 f.; WUNDERER/GRUNWALD 1980a, 141 f.

by exception (Führung nach dem Ausnahmeprinzip), Management by results (Führung mit Ergebnisorientierung), Management by systems (Führung mit Systemorientierung), Management by motivation (Führung durch Motivation), Harzburger Modell (Führung im Mitarbeiterverhältnis), St. Galler Management Modell (systemisch-situative Unternehmensführung), 7S-Konzept von McKINSEY (Führung durch Unternehmenskultur) u. a. Durch ihren Anspruch, soziotechnische Systeme vollständig durchdringen und nach ihrer Grundtendenz ausrichten zu wollen, sind sie bei rigoroser und konsequenter Anwendung problemanfällig.

Hauptangriffspunkt bildet in diesem Zusammenhang die Tatsache, daß der ökonomische Prozeß zur bestimmenden Führungsgröße avanciert und menschliches Denken und Handeln infolgedessen nur aus der Blickrichtung der instrumentalisierten Systembedingungen erfaßt werden kann. Damit wird eine reflektierende Auseinandersetzung mit den Herausforderungen der Umwelt bei gleichzeitiger Suche nach umfassenden Lösungen eingeschränkt, weil "kreatives Denken" und die "Aktivierung der menschlichen Kreativitätsreserven" (SITTIG 1983, 426) nur ansatzweise für eine komplexe Erneuerung wirksam werden kann. Menschliche Handlungspotentiale, ohne die es zum Stillstand jeder Unternehmensentwicklung kommt (vgl. die 5 Phasen des Entwicklungsprozesses in Abb.III/16), lassen sich nur unter Einbezug alternativer Verhaltens- und Problemlösungsfähigkeiten und dem Bestreben nach Selbstverwirklichung freisetzen und zu tragenden Säulen des Systemganzen mit innovatorischer Ausrichtung machen.

Die fünf Phasen des Entwicklungsprozesses
Die *einfache*, auf Tradition aufbauende Entwicklung umfaßt drei Stufen, die *komplexe*, kreative (erneuernde) Entwicklung fünf Stufen.

Die einfache Entwicklung:
1. Phase: Festgelegte Werte relativieren
2. Phase: Spontaneität freisetzen
3. Phase: Neuerungen dem Umfeld anpassen

Die kreative Entwicklung:
dazu
4. Phase: Problemkern suchen (Gärungsprozeß)
5. Phase: Grundkonflikt lösen (Skelett im Schrank)

(Als Gedächtnishilfe: Die einzelnen Stufen entsprechen den Fingern einer Hand, beginnend mit Zeigfinger und endend mit dem Daumen. Dabei benützt die einfache Entwicklung drei Greiffinger (Zeig-, Mittelfinger und Daumen) und die kreative Entwicklung alle Finger. Bedeutung der Stufen und die Zuordnung zu den Fingern haben historische Wurzeln.

Abb. III/16: Phasen des Entwicklungsprozesses (MÜRI 1986a, 78)

> "Selbstentwicklung bedeutet (siehe Abb. III/16) sich selbst in Frage stellen, die eigenen Werte hinterfragen, lieb gewordene Modelle und Theorien über Bord werfen, sich neuen Gegebenheiten vorurteilslos stellen (1. Phase). Selbstentwicklung heisst aber auch, die eigenen Potentiale, vor allem auch im Team, zu aktivieren und dazu sich frei und unbelastet äussern (was Topmanagern nicht leicht fällt) und auf Intuition und Gefühle horchen (2. Phase). Unter Umständen - wenn es um entscheidende Grundsatzfragen geht - meint Selbstentwicklung, selbst (und nicht die Stäbe) den Suchpfad begehen, das Kernproblem finden und dort anstehende Organisationskonflikte austragen (3. und 4. Phase). Und schließlich selbst durch Führung von Mensch zu Mensch (siehe oben) dafür sorgen, dass die Neuerung sich durchsetzt (5. Phase)" (MÜRI 1986a, 78).

Management- und Führungsmodelle ohne Berücksichtigung des kreativen und menschlichen Denk- und Handlungsvermögens werden auch infolge ihrer Vielzahl z. T. nicht kompatibler Regeln, Grundsätze bzw. methodischer Verfahren kritisiert. Weitere Ansatzpunkte der Kritik sind die noch nicht ausgereiften sozialwissenschaftlichen Theoriegrundlagen (z. B. der fehlende pädagogische Bezug, handlungsorientierte Mitarbeitermotivation, autonome Persönlichkeitsentwicklung), die fehlende Gruppenorientierung, unzureichende Aussagen über Anwendungswirkungen und insbesondere die mangelnde situative Relativierung (zum Diskussionstand vgl. NEUBERGER 1990b, 177 ff.; STAEHLE 1989, 771 ff.; ULRICH/FLURI 1992, 100 f., 225 ff.; WUNDERER/GRUNWALD 1980a, 285 ff.).

Es liegt auf der Hand, daß in Management- und Führungsmodellen die nicht unmittelbar menschliches Denken und Handeln in den Mittelpunkt von systemorientierten Ansätzen rücken, die Führungshandlung als pädagogischer Prozeß weitgehend vernachlässigt bleibt. Zunächst bedarf es auch in diesem Zusammenhang einer klaren pädagogischen Auslegung des Handlungsbegriffes.

11 ELEMENT "FÜHRUNGSHANDLUNG"

11.1 Der Handlungsbegriff als pädagogische Grundkategorie

Zur Funktionsklärung des Elementes Führungshandlung im Wirkungssystem Mitarbeiterführung kann die grundlegende Handlungsdefinition von SÖLTENFUSS (1983, 207) herangezogen werden, wonach "Handeln als jene Aneignungsform von Wirklichkeit" definiert wird, mit der bewußt ein antizipiertes Handlungsziel durch weitgehend selbständiges Erarbeiten der zur Erreichung des Zieles notwendigen Mittel und Strategien erreicht werden soll" (SÖLTENFUSS 1983, 207). "Handlung" läßt sich infolgedessen im Hinblick auf eine pädagogische Begriffsauslegung auf menschliches Handeln bezogen, mit einer willensmäßig gesteuerten "Tätigkeit" gleichsetzen und als "Einheit der bewußten, zielgerichteten Tätigkeit" (LAABS/DIETRICH/DREFENSTEDT 1987, 164) auffassen. Damit rücken selbstbestimmte Handlungsprozesse als das zentrale Element von Handlung in den Vordergrund. Handeln läßt sich als Grundeinheit menschlicher Tätigkeit betrachten.

> "Handeln wird so zum entscheidenden Merkmal der Persönlichkeitsentwicklung, und zwar unter Einbezug aller Voraussetzungen und Bedingungen, die diese korrektiv, hemmend oder fördernd beeinflussen" (LAZANSKY 1989, 17).

Menschliche Tätigkeit existiert im Prinzip nicht anders als in Form bewußter und zielgerichteter Handlung. Aus betriebspädagogischer Perspektive ist daher klar, daß Handeln als pädagogische Grundkategorie begriffen werden muß, die sich mit Erziehungs- und Bildungsabsichten an "der Heranbildung selbständig denkender und verantwortungsbewußt handelnder Menschen" (SCHÖLER 1967, 3) orientiert. Aus diesem Grunde müssen betriebserzieherische Zielsetzungen auf die Vermittlung von Handlungskompetenzen ausgerichtet sein und generell "mit

Strategien zur Erweiterung der Lern- und Handlungschancen verbunden werden" (EICKER 1984, 695).

Handlungsabläufe im Wirkungssystem Mitarbeiterführung sind nach diesem Begriffsverständnis bewußte und aktive Auseinandersetzungen von Mitarbeitern und Führungskräften mit den zweckrationalen Erfordernissen des soziotechnischen Systems Betrieb. Bewußtes und aktives Auseinandersetzen mit der Umwelt ist durch Ziele determiniert, von Absichten getragen und bewirkt daher ein aufgrund von Denkakten vollzogenes "Handeln". Tätigwerden aufgrund von Denkakten stellt das grundlegende Paradigma menschlichen Verhaltens dar.

Die durch den Menschen im Betrieb zu erbringenden Leistungen bestehen aus einer Vielzahl zielgerichteter Tätigkeiten. Zur Realisierung einer Handlung verarbeitet der Mensch in einem geistigen Prozeß seine zielorientierten Wahrnehmungen und das Ergebnis seiner Erfahrungsreflexionen. Daraus entstehen seine Handlungsentwürfe, von denen die Optimalvariante realisiert wird. Das zustandegebrachte Handlungsergebnis wird mit der ursprünglichen Zielsetzung verglichen, beurteilt und bewertet. Dieses Erfahrungslernen ist selbstgesteuertes, handlungsorientiertes Lernen, welches den Menschen sein Leben lang begleitet (vgl. BUNCK 1990, 177 f.). Die regelkreisgestützten Abläufe unterscheiden menschliches Handeln deutlich "von einem bloß fertigkeitsbetonten Tun" (vgl. Abb. III/17).

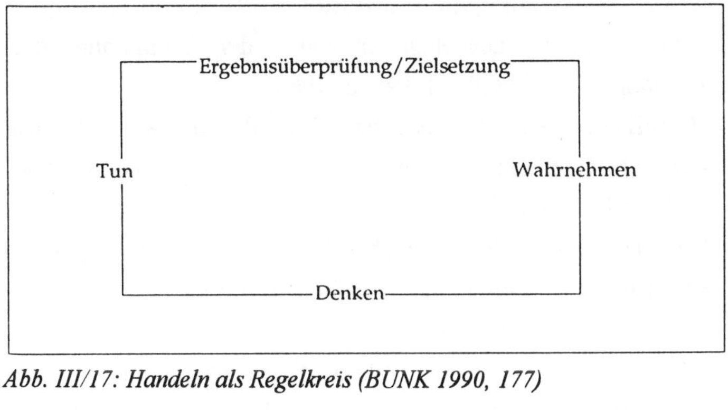

Abb. III/17: Handeln als Regelkreis (BUNK 1990, 177)

Im pädagogischen Kontext zielt die handlungsorientierte Auseinandersetzung des Individuums mit seiner Umwelt nicht nur auf die Aneignung zweckrationaler Handlungsmuster, sondern primär auf deren ethisch fundierte, intrapsychische Grundlegung. Die erzieherische Handlungsorientierung begründet sich in intentionaler, fördernder Einflußnahme, in den Bemühungen um funktional-erzieherische Einflüsse durch Schaffung entsprechender Rahmenbedingungen und in der Befähigung der Adressaten zur Selbsterziehung. Dazu kann festgestellt werden, daß sich in der Pädagogik allerdings erst in neuerer Zeit verstärkte wissenschaftliche Bemühungen um eine Offenlegung der handlungstheoretischen Strukturen finden, bzw. sich die Versuche mehren,

> "Erziehung und Bildung sowie deren Ziel nach ihren allgemeinen handlungstheoretischen Voraussetzungen und Strukturen zu analysieren" (WIGGER 1983a, 223).

Daraus ergibt sich auch die Frage nachdem "wozu", nämlich nach den Zielen erzieherischen Handelns. Die von der Betriebspädagogik zur Beantwortung dieser Frage vorgelegten Ansätze umgreifen einen Bereich, welcher durch folgende Leitwerte charakterisiert werden kann:

- "Berufliche Autonomie", verstanden als das Hervorbringen von individuellen Veränderungspotentialen zur Herbeiführung und Sicherung der Betriebsdemokratie (vgl. LEMPERT 1971b, 139 ff.).
- "Emanzipation", ausgelegt im Sinne der "Betätigung der beruflichen Autonomie", (LEMPERT 1971b, 1964).
- "Berufliche Identität", gekennzeichnet als Interaktion mit der beruflichen Umwelt, welche nur im Wege ausgeprägter "Kritikkompetenz" erzielbar ist (vgl. GEIßLER 1974).
- "Durchgeistigung des **Menschen"**, bezogen auf dessen Förderung, so "daß er den ihm individuell möglichen Grad der Geistigkeit erlangt" (ABRAHAM 1978, 11).
- "Erziehung zur Wirtschaftsfähigkeit", verknüpft mit der Zielabsicht dem Mitarbeiter jene Kenntnisse und Fähigkeiten vermitteln, welche "die Grundlage seiner Leistungsfähigkeit bilden, und der Betrieb hat das Recht

und die Pflicht, sich darum zu kümmern, daß dieses Leistungsvermögen ständig ergänzt und erneuert wird" (ABRAHAM 1978, 14). Eingeschlossen in die Erziehung zur Wirtschaftsfähigkeit ist die "Vorbereitung der Führungskräfte auf ihren Umgang mit der Macht" (ABRAHAM 1978, 14 f.).

Bezieht man diese Postulate des Erziehungshandelns auf die Führungshandlung im Wirkungssystem Mitarbeiterführung, so steht generell die Entwicklung der Mitarbeiterpersönlichkeit im pädagogischen Fokus. Entwicklungsziel ist, und das wird auch am Begriff Führungshandlung deutlich, der mündige Mitarbeiter, dessen Handeln durch die Befähigung zu autonomen Entscheidungen und selbstverantworteten Handlungen charakterisiert ist. Daraus ergibt sich die zentrale Bedeutung des Handlungsbegriffes für den führungsrelevanten Handlungsbereich des Betriebes. Die pädagogische Komponente der im Führungshandeln eingelagerten Betriebserziehung kann als ein prozeßhaftes Geschehen verstanden werden, welches sich an der Interdependenz von Erziehung und Entwicklung orientiert:

> "So bedeutsam Erziehung für Persönlichkeitsentwicklung ist, so falsch wäre es, hier eine einfache Abhängigkeit anzunehmen. Persönlichkeitsentwicklung wird als lebenslanger Prozeß der Aneignung und Entäußerung menschlicher Wesenskräfte verstanden. Dieser Prozeß ist biologisch und sozial bedingt, wobei die soziale Determination letztlich entscheidend ist und durch Erziehung wesentlich verstärkt wird. Entwicklung vollzieht sich in der Gesamtheit der Tätigkeiten, der Lebensbeziehungen, in bestimmten Entwicklungsphasen mit ihren Besonderheiten und in individuellen Varianten, als Ausprägung und Entäußerung der Individualität" (NEUNER/BABANSKI/DREFENSTEDT 1988, 102).

Führungshandlungen gründen sich in diesem Prozeß. Sie können sich je nach den Umständen und dem erreichten Entwicklungsstand hemmend, steuernd oder fördernd auswirken. Die Intentionalität betriebspädagogischen Führungshandelns richtet sich auf das "Heranwachsenlassen und Fuhren des Menschen in seine individuelle Besonderheit, in sein Dasein als Individualität" (ZIELINSKI 1980, 3.4), gleichzeitig aber auch auf die pädagogische Lenkung der begleitenden betrieblichen Sozialisationsprozesse. Hat die Führungskraft diese erziehungsrelevanten Elementarstrukturen internalisiert, dann kann ein durch Wilhelm FLITNER formuliertes Axiom der geisteswissenschaftlichen Pädagogik zum Theorie-Praxis-Bezug seine volle Wirkung erlangen:

> "Echtes pädagogisches Denken steigt aus dem unmittelbaren Theoretisieren in der Situation des Handelns auf und kehrt, als Klarheit und Umsicht des Handelns, ins Tun zurück" (zit. n. ZIELINSKI 1980, 3.3).

Das Problem, ob sich menschliches Handeln als Prozeß der Vergeistigung und Reflexion des eigenen Tuns losgelöst von objektiven Existenz- und Lebensformen vollziehen kann, führt uns auf den Aspekt der "Vergesellschaftung von Individuen" in sozial determinierten Tätigkeitszusammenhängen, "verstanden als schöpferische Auseinandersetzung und zugleich aktive Aneignung gesellschaftlicher Wesenskräfte ... in unterschiedlichen Lebenssphären, die wechselseitig voneinander abhängen" (GULLASCH/HENTSCHEL/KEISER 1988, 315). Eigenidentität ist in den Dialog mit den Mitmenschen einzubringen; pädagogisches Handeln folglich auf den Kontext gruppenorientierter Tätigkeits- oder Handlungsziele zu beziehen.

11.2 Gruppenorientierung als Prinzip des Führungshandelns

In den bisherigen Ausführungen wurde wiederholt darauf verwiesen, daß sich führungsmäßige Einflußnahmen nicht nur auf den einzelnen Mitarbeiter, sondern in vermehrtem Ausmaß auch auf Arbeitsgruppen richten. Die an die Betriebe herankommenden komplexen Herausforderungen und Aufgabenstellungen verlangen vermehrt nach gemeinschaftlichen Problemlösungen. Darüberhinaus haben sich die Betriebe in zunehmendem Maße dem Verlangen der Mitarbeiter nach Partizipation an den betrieblichen Entscheidungs- und Durchführungsabläufen zu stellen. Dies verlangt eine kooperative Grundausrichtung des Führungsverhaltens und die Berücksichtigung der in gruppenorientierten Führungsstrukturen liegenden Potentiale zur Erhöhung der Arbeitsleistung und Arbeitszufriedenheit. Die Gruppenorientierung stellt daher einen integrativen Bestandteil jedes Führungshandelns dar. Diese Auffassung ist in der US-amerikanischen Managementliteratur schon seit längerm anzutreffen:

> "In order to understand leadership phenomen, it has been necessary also to understand the nature of the group" (GIBB 1969, 271).

Gruppenarbeit stützt sich auf aktive Beteiligung aller Gruppenmitglieder. Ihr Wesensmerkmal kommt in gemeinsamer Entscheidungsfindung bei gleichzeitiger Integration in die Gruppe zum Ausdruck. Gegenseitige Hilfe und Rücksichtnahme kennzeichnet die Gruppe als Arbeitsform mit sozialerzieherischer Wirkung. Für den einzelnen ist die Gruppe "zugleich ein Übungsfeld zum Erwerb von Sozialerfahrungen".

> "Arbeitsbezogene Lern- und soziale Handlungsvollzüge bilden die Voraussetzung für Selbsttätigkeit in der Gruppe und durch die Gruppe. In ihr wird Erziehung zur Selbständigkeit angestrebt. Die Gruppe bewährt sich als Arbeits- und Lebensgemeinschaft" (SCHÖLER 1977, 69).

Gruppenarbeit stützt sich mit Verantwortung für die im Gruppenprozeß bewußt zu erbringende Leistung auf Gestaltungsprinzipien der jeweils gegebenen Handlungsmöglichkeiten. Gruppenarbeit ist daher stets unter dem Aspekt der "Arbeitsform" und "Sozialform" zu sehen (vgl. SLOTTA 1971, 261 f.). Auf der Grundlage dieser pädagogischen Begriffsbestimmung kann auch die betriebliche Arbeitsgruppe definiert werden, als

> "eine Mehrzahl von Personen, die bei Bestehen unmittelbarer Interaktionen und überwiegen der Binnenkontakte für eine längere Dauer beisammen sind, dabei Rollen ausdifferenzieren, gemeinsame Normen, Werte und Ziele entwickeln sowie Kohäsion in dem Sinne zeigen, daß die Zusammengehörigkeit für die Mitglieder attraktiv ist, woraus sich ein Wir-Gefühl ergibt" (ROSENSTIEL 1991a, 274).

Auf dic am Rande zu berührende Frage, bei welcher Personenanzahl "eine Mehrzahl von Personen" beginnt, findet sich in der Literatur keine schlüssige Antwort. WUNDERER/GRUNWALD (1980b, 204) vertreten die Auffassung, daß bereits die Dyade, also beispielsweise die Personenkonstellation

Führungskraft/Mitarbeiter als Gruppe angesehen werden kann. Da typische Gruppenphänomene wie "Mehrheit gegen Minderheit, Koalitionsbildungen, Koalitionswechsel" erst ab drei Personen (Triade) in Erscheinung treten, legt ROSENSTIEL (1991a, 274) hier die Untergrenze fest. Auch für die Festlegung der Gruppenobergrenze gibt es keine genauen Angaben. Fest steht nur, daß sich mit zunehmendem Anspruchsniveau der Aufgabenstellung und der Notwendigkeit intensiver Kommunikation die Gruppengröße reduziert. Für qualifizierte Problemlösungs- und Entscheidungsgruppen kann gelten: "Bei fünf Personen ist der Kompromiß aus dem aus verschiedenen Perspektiven eingebrachten Wissen und der Koordination der verschiedenen Beiträge günstig" (ROSENSTIEL 1991a, 274).

Betriebe sind in der Regel nach Gesichtspunkten der Arbeitsteilung organisiert und fügen ihre Mitarbeiter in formale Organisationsstrukturen ein. Die dadurch entstehenden leistungsgebundenen Arbeitsgruppen umfassen nicht notwendigerweise alle definitorischen Bestimmungsmerkmale einer pädagogisch strukturierten Gruppe. Die Sozialkontakte der Mitarbeiter im Betrieb orientieren sich über die Kontaktmöglichkeiten im Arbeitshandeln hinaus, in erster Linie an individuellen Bedürfnisstrukturen, die mit den arbeitsprozeßrelevanten Bedingungen des Betriebsgeschehens in Einklang zu setzen sind. Fehlender "Arbeitskonsens", stellt die soziale Identität in Frage, und zwar dann, wenn sich individuelle Handlungsentwürfe nicht in konsistentes Arbeitshandeln einbringen lassen. Auf dieser Basis entstehen "informelle" Gruppen, welche bei Nichtübereinstimmung unter Umständen Widerstandspotentiale auf der Grundlage eigener Gruppennormen herausbilden. Zielorientierte Lern- und Entfaltungsmöglichkeiten sind damit im Gruppenprozeß zugleich blockiert. dies erschwert die Handlungsvollzüge aus der Blickrichtung notwendiger Mitwirkung in Handlungsverläufen und im Aufbau adäquater Verhaltensmuster im zwischenmenschlichen Beziehungsgefüge.

Der sozialpsychologische Human-Relations Ansatz hat gerade die Bedeutung der zwischenmenschlichen Beziehungen in Arbeitsorganisationen freigelegt. Die resultierenden, empirisch gefunden Erkenntnisse, daß

- Mitarbeiter ihre Identität in Gruppen finden und daher Gruppennormen und Meinungen von Kollegen wichtiger sind als diejenigen von Managern und Kontrolleuren (vgl. STAEHLE 1989, 32) bzw. daß
- soziale Aspekte (Geselligkeit in Gruppen, wechselseitige Wertschätzung und emotionale Wärme) für Arbeitnehmer einen hohen Stellenwert einnehmen (vgl. WUNDERER/GRUNWALD 1980a, 173)

haben ihre grundsätzliche Bedeutung bis in die Gegenwart erhalten. Vom betriebspädagogischen Standpunkt beinhalten sie zwar Humanisierungschancen für den Mitarbeiter, aber auch die Gefahr, daß man den

> "Einfluß der informalen zwischenmenschlichen Beziehungen überbetont und die Erkenntnisse über die sozio-emotionalen Beziehungen im Arbeitsprozeß häufig als Manipulationsinstrument im Dienste der Produktionssteigerung bzw. Gewinnmaximierung mißbraucht" (WUNDERER/GRUNWALD 1980a, 173).

Innerhalb soziotechnischer Systeme werden durch Organisationsmaßnahmen personelle Zuordnungen mit aufgabenorientierter Rollendifferenzierung vorgegeben. "Vorgesetzte" Führungskräfte und in Arbeitsgruppen eingeteilte Mitarbeiter sind in den Betrieben weitgehend Realität. Dies hat zumindest in der Anfangsphase gemeinsamer Tätigkeit die Folge, daß "eine auch die Beziehungsebene berührende Kommunikation" im Spektrum der Rollendifferenzierung zunächst weitgehend ausgeklammert bleibt:

> "es fehlen gemeinsame, von der Gruppe selbst entwickelte Normen und Werte, und es fehlt schließlich das die einzelnen zur Gruppe zusammenfügende 'Wir-Gefühl'" (ROSENSTIEL 1991a, 267).

Die Führungskraft agiert in der Regel unter derartigen Rahmenbedingungen; verfügt sie nicht über entsprechende soziale und gruppendynamische Qualifikationen[21], dann ist keine ausreichende Handlungskompetenz für die Bewältigung solcher Situationen vorhanden. Der Führungskraft verbleiben nur

---

21 "Qualifiziert zu sein, meint befähigt zu sein, handeln zu können, und zwar in der Absicht, bestimmte Situationen bewältigen und Probleme lösen zu können" (PETERßEN 1990, 209).

mehr das übertragene Weisungsrecht sowie der Rückgriff auf sporadische Intuition und unsystematisches Führungshandeln. In den Vordergrund tritt die korrigierende Funktion von Führung, die abweichende Handlungen ahndet. Gruppenorientierte Führungskompetenz erst ermöglicht die Einsicht in die Entstehungs- und Begründungszusammenhänge von Gruppenprozessen, kann daher zur Gruppenentwicklung beitragen und die Gefahr restriktiver Einflußnahme reduzieren.

Neben den durch permanente Arbeitsgruppen zu vollziehenden, organisationsadäquaten Arbeitsabläufen werden Betriebe immer wieder vor das Problem gestellt, fachlich mehr oder weniger komplexe Aufgaben innerhalb bestimmter Fristen zu lösen. Dies erfolgt in der betrieblichen Praxis üblicherweise durch ad hoc eingesetzte Arbeitsteams (Projektgruppen), denen auch externe Experten angehören können.

> "Ein Team ist ein Zusammenschluß von Mitarbeitern verschiedener Qualifikationen und verschiedener hierarchischer Stellung mit dem Ziel, eine bestimmte Aufgabe in einer bestimmten Zeit unter Einsatz bestimmter Mittel zu lösen" (LIEGERT 1973, 85).

Es kann davon ausgegangen werden, daß Führungskräfte im Betrieb zunehmend häufiger sowohl mit permanenten Arbeitsgruppen als auch mit Arbeitsteams (Projektgruppen) konfrontiert werden. Gruppenorientierung wird dadurch in qualitativer Hinsicht zu einem Prinzip des Führungshandelns und die Fähigkeit zur Entwicklung derartiger Strukturen eine unerläßliche Bedingung. Die Vielfalt notwendiger Teamentwicklungsaktivitäten (vgl. Abb. III/18) läßt erkennen, was zur Aufgabenerfüllung, zum Aufbau und zur Erhaltung wirkungssvoller zwischenmenschlicher Beziehungen sowie zur Führung von Gruppenprozessen im einzelnen im Rahmen ausgeübter Führungshandlung an spezifischen Führungsqualifikationen gehört. Daraus ergeben sich konkrete Anforderungsprofile an ein gruppenorientiertes Führungshandeln im Sinne pädagogischer Intervention, die allerdings bestimmten Strukturgegebenheiten unterliegt.

- Teamentwicklungs-Aktivitäten
  - Permanente Arbeitsgruppen (family groups)
    - Diagnostische Besprechungen
    - Teamentwicklung durch:
      - Aufgabenerfüllung einschließlich Problemlösen, Entscheiden, Rollenklärung usw.
      - Aufbau und Erhaltung wirkungsvoller zwischenmenschlicher Beziehungen einschließlich der Vorgesetzten/ Mitarbeiter- und Mitarbeiter/ Mitarbeiterbeziehungen
      - Verstehen und Steuern von Gruppenprozessen
      - Rollenanalyse zur Rollenklärung und -definition
  - Projektgruppen
    - Diagnostische Besprechungen
    - Teamentwicklung durch:
      - Aufgabenerfüllung, besonders Projekte; Rollen- und Zielklärung; Anwendung vorhandener Mittel usw.
      - Beziehungen, besonders Konflikte zwischen einzelnen und Gruppen; mangelnde gegenseitige Inanspruchnahme der Ressourcen
      - Prozesse, besonders Kommunikationen, Entscheidungen und Aufgabenverteilung
      - Rollenanalyse zur Rollenklärung und -definition

Abb. III/18: Inhalte von Teamentwicklungsaktivitäten (FRENCH/BELL 1982, 143)

11.3 Strukturansätze von Führungshandlungen

Der gemeinsame Zweck von Systemverhalten und Führung beruht "in der Ausrichtung menschlichen Verhaltens auf ein qualifiziertes Erfüllen von Systemzielen" (GRUNWALD/LILGE 1980, 130). Daraus wird deutlich, daß Führungshandlung sich in ein Rahmenkonzept einfügt und am Erfolg ausrichtet. Dieser Strukturansatz bedingt:

> "1. Funktionsverknüpfung bzw. Ablaufregelung (insbesondere zeitlich rhythmische Verknüpfungen);
> 2. Hierarchische Verknüpfungen (Leitungsregelungen);
> 3. Koordinationsregelungen;
> 4. Kontroll- und Aufsichtsregelungen;
> 5. Führungsregelungen (Prinzipien, Verhaltensregeln, Konzepte);
> 6. Informations- und Kommunikationsregelungen" (KUHN 1981, 116).

Eine strukturspezifische Charakterisierung der Führungshandlung läßt sich trotz idealtypischer Ausprägung des persönlichen Führungsverhaltens (Autonomieziele) nur aus "miteinander konkurrierenden Strukturierungsalternativen" (BEA/DICHTL/SCHWEITZER 1983, 39) mit Bezugnahme auf aufgabenorientierte Führungsfunktionen herleiten. Der Einfluß feststehender Determinanten für den Führungsprozeß zwingt Führungskräfte in Abhängigkeit von den Systemelementen zu einer "betriebsgerechten" Entfaltung des Führungshandelns. Führungsverhalten entsteht aus dem koordinierten Zusammenwirken (vgl. Abb. III/19) einzugrenzender Systemfaktoren mit Einflußgrößen, die der Persönlichkeitsstruktur und dem verantwortlichen Führungshandeln entspringen. Inwieweit Führungshandlung zur Effizienz der Gruppe beizutragen vermag, hängt von der Gestaltung der "Beziehungsachse" (ATTEMS 1985, 33) im zwischenmenschlichen Bereich und vom Zusammenhalt der Mitarbeiter und ihrer wechselseitigen Einflußnahme im sozialen Handlungsfeld ab. Führung erweist sich in der betrieblichen Organisation prozessual als unabdingbar. Damit wird das Maß an Führung im Strukturansatz abgesteckt.

> "Strukturelle Regelungen kanalisieren individuelles Verhalten und werden damit als indirektes Führungsmittel wirksam" (RIEKHOF 1985, 102).

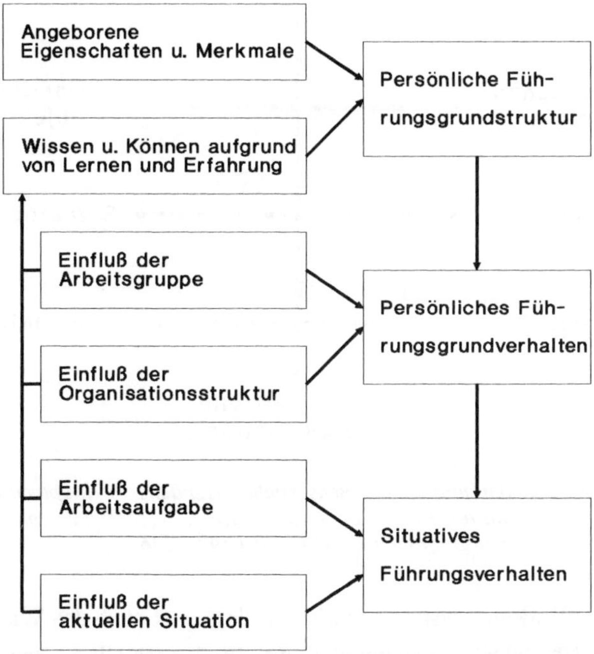

Abb. III/19: Einfluß der verschiedenen Teilaspekte auf das jeweilige Führungsverhalten (HOPPMANN/STÖTZEL 1981, 51)

In der Führungshandlung verdichten sich über den gegebenen Strukturansatz hinaus alle Elemente des Wirkungssystems menschlichen Handelns zu einem Subsystem des Wirkungssystems Mitarbeiterführung (vgl. Abb. III/20). Aus dem menschlichen Verhalten heraus gestaltet sich Führung zu einem situations- und menschenoffenen Verhalten.

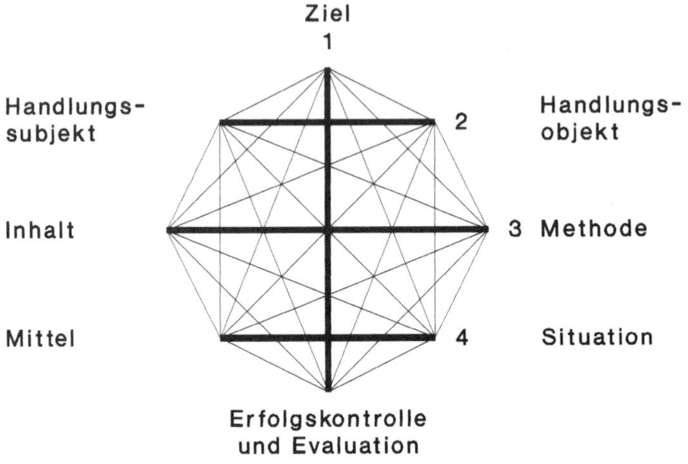

Abb. III/20: Wirkungssystem menschlichen Handelns. 1 Hauptachse, 2 Sozialachse, 3 Informationsachse, 4 Material- und Organisationsachse (ZIELINSKI 1986, 246)

Wie das Wirkungssystem Mitarbeiterführung ist auch das Wirkungssystem menschlichen Handelns ein Denkmodell, welches keinesfalls zur mechanistischen Verwendung bestimmt ist. Der Sinn derartiger Modelle liegt darin, "das Bewußtsein für die Komplexität der realen Wirkungszusammenhänge zu fördern und elementare praktische Konsequenzen zu erkennen" (ULRICH/FLURI 1992, 237).

Im betriebspädagogischen Verständnis kann das Denkmodell der Führungshandlung auch auf die regelkreisgestützten Abläufe menschlichen Handlungslernens verweisen (Ziel, Handlungssubjekt, Handlungsobjekt, Inhalt, Methode, Mittel, Situation, Erfolgskontrolle). Die sich im Orientierungsrahmen des Modells menschlichen Handelns entwickelnden Menschen verleihen diesem erst seine eigentliche Dynamik. Daraus ist auch der erhebliche Stellenwert und die beachtliche Wirkungsbreite der betrieblichen Menschenführung abzulesen, welche sich derart im Sinne des Handlungslernens als fortgesetzter Lernprozeß darstellt. Die Gestaltung derartiger Lernprozesse kann zu einem nicht unerheblichen Teil im Rahmen von Führungshandlungen (Mitarbeiterförderung) erfolgen;

dies gilt insbesondere auch für die Entwicklung von Führungskräften. Betriebspädagogisch beachtenswert erscheinen dabei Forderungen nach persönlichkeitsumfassender Gestaltung der Entwicklungsmaßnahmen im Sinne der PESTALOZZIschen Forderung nach ganzheitlicher Erziehung (vgl. PIEPER 1989, 79).

Die Führungshandlungen im soziotechnischen System Betrieb werden durch Menschen getragen; ihr Verhalten, ihre Motive, ihre Akzeptanz und die zugrundeliegende Vertrauensbasis gehen als menschliche Handlungskomponenten in betriebliche Strukturen ein. Bei Führungshandlungen steht der Mensch im Zentrum der Planung und Durchführung, denn:

> "Nur der Mensch empfindet, nur er ist *denkfähig* und *kreativ*. Durch das Empfinden und das entsprechende Handeln beeinflusst und verändert der Mensch dauernd das Geschehen in der Unternehmung. Dies geht bisweilen soweit, dass das Unmögliche möglich und das Mögliche unmöglich gemacht wird" (HESS 1986, 58).

Bestimmt man den Menschen als den eigentlichen Mittelpunkt der Führungshandlung und nimmt sein Fähigkeits- und Motivationspotential betrieblicherseits in Anspruch, dann ist durch das Führungshandeln auch darauf Bedacht zu nehmen, den Mitarbeiter vor den entfremdenden und sinnentleerenden Wirkungen der Arbeit zu schützen, damit Arbeit nicht zum "Dequalifikationsraum" (LUKIE 1982, 521) wird. Dies setzt ein "Minimum an Freiheit" voraus, das sich auf die Freigabe von folgenden Handlungsspielräumen bezieht:

> "- das Formulieren der Zielsetzung seiner Arbeit
> - das Übertragen seiner Ziele in praktisches Handeln
> - die Auswahl der notwendigen Informationen
> - das Bestimmen der Mittel zur Unterstützung dieses Handelns"
> (WIESMANN 1983, 61).

Damit ist gewährleistet, daß sich Handlungsabläufe auch strukturell in einer Atmosphäre vollziehen können, die selbständige Arbeitsausführung ebenso ermöglicht wie den Aufbau zwischenmenschlicher Kooperation. Vergrößerte Handlungs- und Interaktionsspielräume bilden in jeder Führungskonstellation die

Grundvoraussetzung zur Entwicklung der Mitarbeiterpersönlichkeit in der jeweiligen betrieblichen Handlungssituation.

12 ELEMENT "FÜHRUNGSSITUATION"

12.1 Begriff und Variabilität der Führungssituation

Die einzelne Führungshandlung stellt eine spezifische Sequenz des Führungsprozesses dar. Ihre pädagogische Qualität besteht darin, daß sie an den handlungsleitenden betriebspädagogischen Zielvorstellungen orientiert ist. Da die Führungskraft ihrem Handeln in der jeweiligen Situation auch subjektiven Sinn unterlegt, wird Führungshandeln nach der Definition von Max WEBER[22] zum zweckrationalen Verhalten. Berücksichtigt man dabei die Einflüsse der Arbeitsaufgabe und jene der aktuellen Situation, dann kann diese Verhaltenskategorie in der Mitarbeiterführung als "situatives Führungsverhalten" benannt werden. Zur Klärung des hier zur Verwendung kommenden Begriffes "Führungssituation", wird von folgender Definition (SCHULZE 1989, 1386) ausgegangen:

> "Danach meint 'Situation' einen begrenzten und überschaubaren, auf das Handeln einzelner Personen bezogenen und in sich zusammenhängenden Ausschnitt aus dem Universum von Raum und Zeit. Dieser Ausschnitt ist ausgestattet mit bestimmten Handlungsmöglichkeiten und -bedingungen wie andere Personen, Gegenstände oder Sachverhalte, Reize, Motive, Rollen, Normen, Widerstände und Alternativen, und er wird von den Beteiligten jeweils mit einem bestimmten, die Handlung strukturierenden Sinn versehen".

22 "'Handeln' soll dabei ein menschliches Verhalten [...] heißen, wenn und insofern als der oder die Handelnden mit ihm einen subjektiven *Sinn* verbinden" (WEBER 1984, 19). "Da WEBER dabei 'Sinn' nach Maßgabe des Zweck-Mittel-Schemas deutet, ist Handeln daher sozusagen zweckrationales Verhalten" (LANGEWAND 1989, 703).

Bezieht man diese Begriffsauslegung auf die Führungssituation als räumlich-zeitlichen Ausschnitt aus dem soziotechnischen System Betrieb, dann ergibt sich folgendes Bild:

- Die in der Führungsituation mit dem Mitarbeiter bzw. der Arbeitsgruppe interagierende Führungskraft nimmt ihren (von Förderungsabsicht getragenen) Führungseinfluß wahr, um die vereinbarten Betriebsziele zu erreichen.
- Jede Führungsituation wird durch spezifische Einflußvariablen geprägt. Für die Führungssituation maßgeblich (RICHTER 1989, 243) sind:

> "A) die Persönlichkeit des Vorgesetzten,
> B) die individuelle Persönlichkeit des Mitarbeiters,
> C) die Struktur der Gruppe der Mitarbeiter,
> D) die Art der Arbeit,
> E) die äußeren Rahmenbedingungen der Arbeit,
> F) die Organisationsebene der Beteiligten,
> G) das gesamte Arbeitsklima sowie
> H) der Faktor 'Zeit'".

- Die Einflußvariablen werden in jeder Führungssituation in unterschiedlichen Konstellationen wirksam; dadurch verändern sich auch die Handlungsmöglichkeiten und -bedingungen der Führungskraft.
- Führungskraft und Mitarbeiter unterlegen den sich ergebenden Handlungsalternativen jeweils subjektiven Sinn. Diese Sinngebung kann die Folgehandlungen situativ beeinflussen.
- Das konkrete Führungsverhalten ist stets das Resultat der Interaktion zwischen Führungskraft und Führungssituation.

Die Führungssituation im Wirkungssystem Mitarbeiterführung bildet daher für jedes Führungshandeln die Voraussetzung, welche Handlungsalternativen eröffnet.

> "Situation als Zustand bildet zusammen mit dem persönlichen Verhalten der in der Situation Befindlichen die Voraussetzung für jeden sozialen Prozeß. So gesehen ist Situation die einem oder mehreren Subjekten jeweilige Umwelt" (PONGRATZ 1987, 142).

Aus diesen, auf der Kombination von Person und Situation beruhenden Kontextbedingungen, ergeben sich für die Führungskraft in der konkreten Führungssituation unterschiedliche Verhaltensmöglichkeiten. Darauf bezogen ist unter anderem auch das relativierende "it all depends" der verhaltenspsychologisch orientierten (vorwiegend US-amerikanischen), Führungsforschung im Sinne des "Kontingenzansatzes"[23].

Diese Relativierung erstreckt sich auf die eindimensionalen Ansätze des Führungsverhaltens, welche durch experimentelle Bedingungsvariationen generiert wurden und als "autoritäre", "demokratische" und "laisser-faire" Stile in die Führungspraxis eingegangen sind (vgl. LEWIN/LIPPITT/WHITE 1939). Das dem Kontingenzmodell zugrundeliegende Paradigma hat im "Continuum of Leadership Behavior" von TANNENBAUM/SCHMIDT 1958 (vgl. Abb. III/21) sowie im Partizipations-Kontinuum von DOMSCH 1980 (vgl. Abb. III/22) weitere Ausdifferenzierungen erfahren.

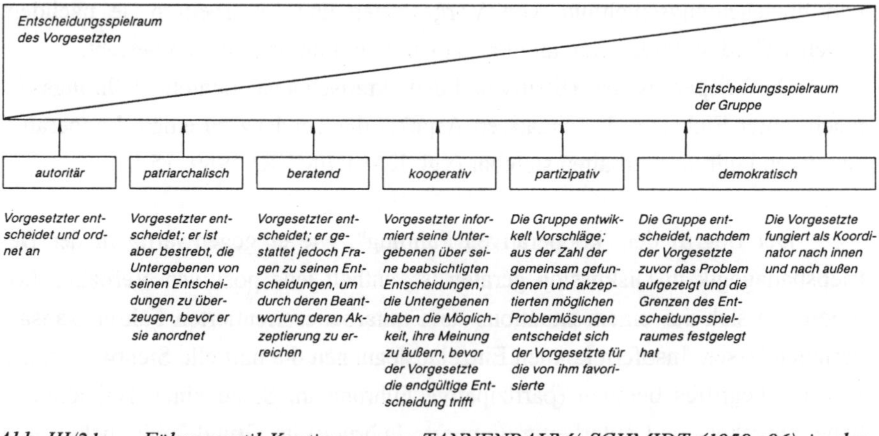

Abb. III/21: Führungsstil-Kontinuum von TANNENBAUM/ SCHMIDT (1958, 96) in der Modifikation von (ZEPF 1972, 28); (STAEHLE/SYDOW 1987, 663)

---

23 Vgl. FIEDLER 1967; HERSEY/BLANCHARD 1977; HOUSE 1971; NEUBERGER 1976; REDDIN 1981; VROOM/YETTON 1973.

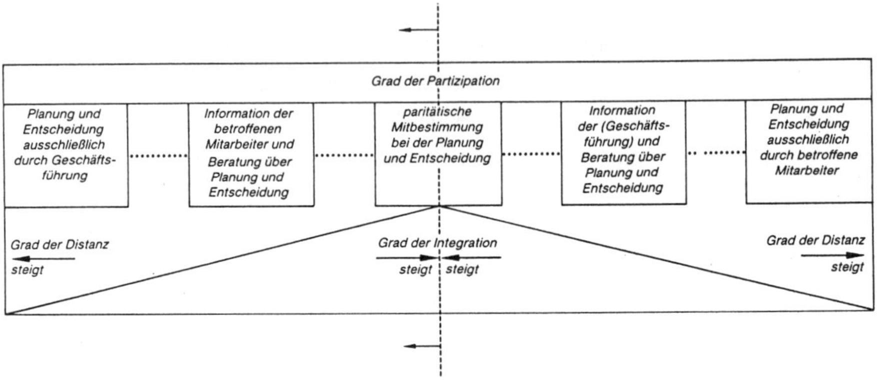

Abb. III/22: Partizipations-Kontinuum (aus DOMSCH 1980); (ROSENSTIEL/EINSIEDLER 1987, 985)

Gekennzeichnet werden in solchen Kontinua-Modellen der Handlungs- und Entscheidungsspielraum von Vorgesetzten und Mitarbeitern, je nachdem welcher Grad an Integration und Partizipation im Führungsprozeß besteht.

Der kooperativ, partizipativ und demokratisch ausgerichtete "Führungsstil" macht unter Einbezug des situativen Aspekts die Tendenz zu einem kooperativ-situativen Führungsverhalten sichtbar (vgl. KÄLIN/MÜRI 1989, 15 ff.).

Der Begriff der "kooperativen Führung", wie er gegenwärtig in der Betriebspädagogik in Diskussion geraten ist, enthält jene positiven Verhaltenskriterien, die sich aus einem situations- und mitarbeiterorientierten Führungsansatz herleiten lassen. Insofern können Einzelauslegungen die partielle Sichtweisen des Führungsbegriffes betonen (partizipative Führung im Sinne einer Teilnahme, -habe, aufgaben- und mitarbeiterorientierte Führung) im Grunde unberücksichtigt bleiben, weil sie nur Teilaspekte des Führungsprozesses gewichten und in den ganzheitlich zu bestimmenden Begriff der kooperativen Führung (vgl. WUNDERER/ GRUNWALD 1980a, 1980b) einbringen. Situative Führung gewinnt allerdings, auf kooperative Führung abgestimmt, besondere Bedeutung, weil das pädagogische Führungsverhalten je nach den Anforderungen der Situation "in jeweils anderer Weise" zu präzisieren ist (ROSENSTIEL 1991b,

13). Führungsmodelle und Führungshandeln sind daher auf die konkrete Situation bezogen, dynamisch und flexibel auszulegen.

Als richtungweisend für ein solches situativ-kooperatives Führungsverständnis erweist sich das "Konzept der Ziel-, Partner- und Situationsorientierung" (vgl. Abb. III/23).

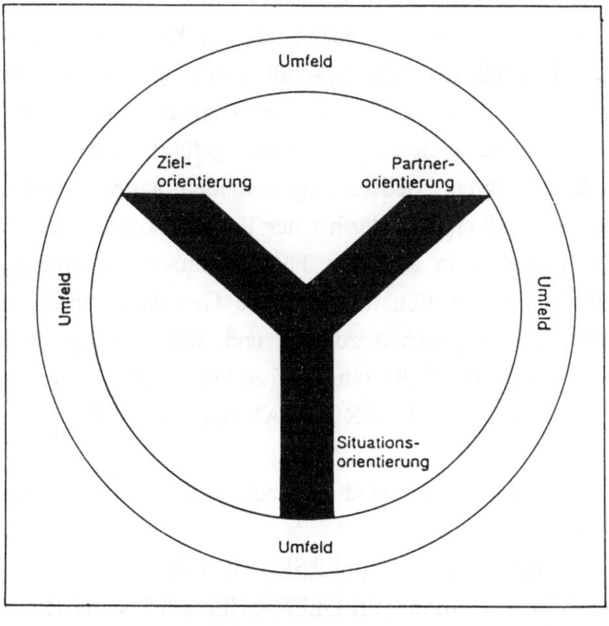

Abb. III/23: Y-Orientierung der Führung (MÜHLHOFF 1987, 295)

Mit diesem situativ-kooperativen Führungsansatz (Y-Orientierung der Führung) läßt sich auch der Zusammenhang mit strukturellen Führungswirkungen deutlich machen. Zielpunkt jeder Führungshandlung bleibt die soziale Wechselwirkung und Kommunikation, was stets potentielle Mitbeteiligung und die Ausrichtung der Tätigkeit in Bezug auf andere Menschen bedeutet. Jede Führungseinwirkung verläuft infolgedessen "tendenziell symmetrisch" und soll eine "konsensfähige Gestaltung der Arbeits- und Sozialbeziehungen" (NEUBERGER/CONRADI/MAIER 1985, 75)[24] bewirken.

12.2 Führungshandeln unter den Bedingungen situativer Einflußfaktoren

Die Frage, welche Konsequenzen aus der Komplexität der Führungssituation für das Handeln der Führungskraft abzuleiten sind, befaßt die verhaltenswissenschaftlich orientierte Führungsforschung in hohem Maße und hat zu einer Reihe von Handlungsempfehlungen geführt, welche in speziellen "Führungsmodellen" ihren Niederschlag gefunden haben. Derartige Modelle kommen dem verständlichen Bedürfnis der Führungskräfte nach Orientierungshilfen für ihr Verhalten in aktuellen Führungssituationen entgegen, ohne im einzelnen jedoch ihrer Diktion nach auf die Gestaltung eines ganzheitlichen Erziehungsprozesses ausgerichtet zu sein und dem "Prinzip der Einheit von pädagogischer Führung und Selbsttätigkeit" zu folgen, das "aktive Mitwirkung an der eigenen Erziehung" (NEUNER/BABANSKI/DREFENSTEDT 1987, 173) erfordert.

Am weitesten verbreitet sind folgende Modelle für situationsbezogenes Führungshandeln[25]:

- "Situative Führungstheorie" (HERSEY/BLANCHARD 1977),
- "Leader-Match-Konzept" (FIEDLER/CHEMERS/MAHAR 1979),
- "3-D-Programm" (REDDIN 1981),
- "Entscheidungsmodell" (VROOM/YETTON 1973).

Hinsichtlich ihrer betriebspädagogischen Relevanz kommt unter den obengenannten Führungsmodellen der "Situativen Führungstheorie" im Erklärungszusammenhang mit kooperativer Führungshandlung erkenntnisstützende

---

[24] Vgl. auch die Synopsis in Abb. III/1

[25] Vgl. BISANI 1985, 142 ff.; ROSENSTIEL 1991b, 13 ff.; STAEHLE 1989, 772 ff.

Bedeutung zu. Die Basisstruktur der "Situativen Führungstheorie" beruht auf der Erweiterung der Führungsverhaltensdimensionen "Mitarbeiterorientierung" und "Aufgabenorientierung" um den als "Reifegrad" (maturity level) definierten Situationsparameter (vgl. Abb. III/24).

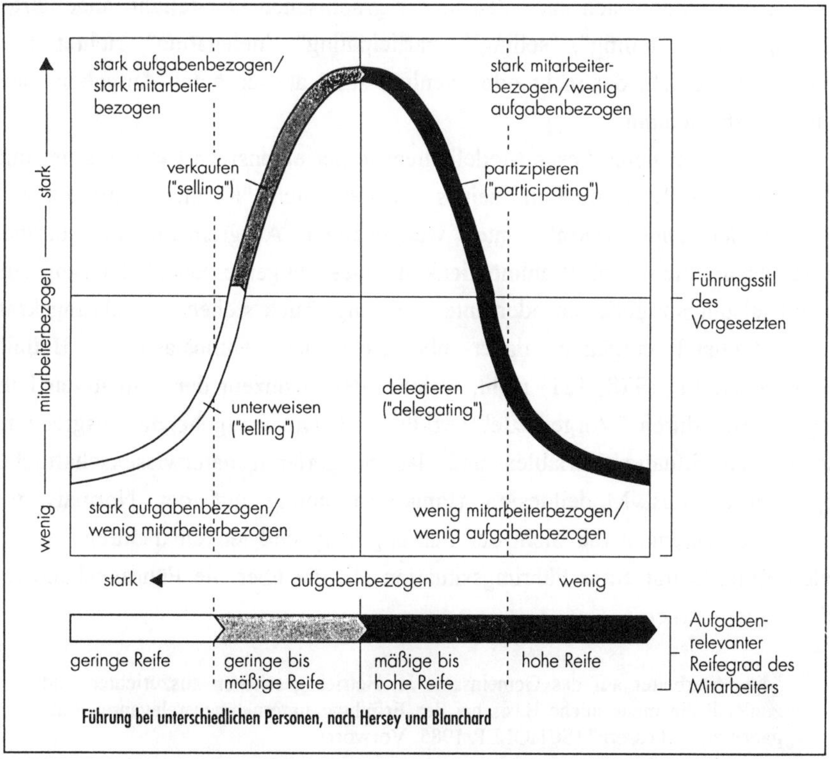

Abb. III/24: Situative Führungstheorie nach HERSEY/BLANCHARD 1977 (ROSENSTIEL 1991b, 18)

Die Bestimmungsmerkmale des Reifegrades sind die "Fähigkeiten" (aufgabenorientierte Reife) und die "Motivation" (persönlichkeitsspezifische Reife) des Mitarbeiters. Unter "Fähigkeiten" wird der aktuelle Stand des Wissen und der Erfahrung verstanden, über welche der Mitarbeiter in Hinblick auf die

Aufgabenerfüllung verfügt. Mit "Motivation" wird der Wille des Mitarbeiters zur Leistungsbereitschaft und zur Bereitschaft von Verantwortungsübernahme bezeichnet. Die Feststellung des Situationsparameters "Reifegrad" erfolgt durch die Führungskraft je nach dem Entwicklungsstand des Mitarbeiters, wobei die Führungseinwirkung sich nach den in der graphischen Darstellung angeführten Bezugspunkten ("telling", "selling", "participating", "delegating") richtet, aber stets nur im Aspekt der mehr oder weniger stark ausgeprägten Aufgaben- oder Mitarbeiterbeziehung.

Die Ambivalenz dieses Modells liegt in der extensiven Betonung der mitarbeiterseitigen Reife im Sinne seines "Wollens" und "Könnens" aus der Perspektive der Führungskraft unter weitgehender Ausgrenzung der übrigen Situationsvariablen. Die Wahlmöglichkeit eines "angemessenen" Führungsstils kommt leistungsorientierten oder unter Leistungsdruck stehenden Führungskräften weitgehend entgegen; daher überrascht der "enthusiastische Beifall" (GOTTSCHALL 1978, 121) nicht, welcher dem Konzept der "Situativen Führungstheorie" durch "Vorgesetzte" gezollt wird. Die weitgehende Ausgrenzung der übrigen Situationsvariablen und das Suggerieren naturwissenschaftlicher Logik durch das Modelldesign (Punktbestimmung auf der Normalverteilungskurve) verengen die Sicht der Führungskraft und lenken dadurch von der realen Komplexität einer Führungssituation ab, die über die Führungshandlung auf das Ziel tendiert

> "die Mitarbeiter auf das Gemeinsame im Betriebsgeschehen auszurichten und zugleich die menschliche Basis bei der Erfüllung unternehmensrelevanter Aufgaben zu verbessern" (SCHÖLER 1985, Vorwort).

Begreift man Führungshandeln als entwicklungsfördernde Gestaltung von Handlungs- und Verhaltensweisen, so liegt die Qualität pädagogischer Führung in der Schaffung von Orientierungsgrundlagen, die dem Mitarbeiter eine entwicklungsfördernde Tätigkeit durch Eigenaktivität erlauben. Deshalb stellen die zwischenmenschlichen Beziehungen im Wirkungsgefüge der Mitarbeiterführung die entscheidende Komponente für ein situativ-kooperatives Führungsverhalten dar.

Hineingestellt in die objektive Anforderungsstruktur der Situation geht es bei der Motivierung der Tätigkeit in einem pädagogisch wirksamen Führungsprozeß darum, die Zusammenarbeit der Mitarbeiter und die Formen ihrer Arbeitstätigkeit auf persönlichkeitsfördernde Maßnahmen zu richten und gleichzeitig das Verhältnis zueinander auf Beziehungen der gegenseitigen Hilfe und Unterstützung, des Vertrauens und der Zusammenarbeit sowie der gegenseitigen Achtung und Akzeptanz zu richten. Autonomie-Gewähren bildet für die Bestimmung des pädagogischen Grundverhältnisses die entscheidende Handlungsprämisse.

> "Führung wird hier, wenn auch von Situation zu Situation unterschiedlich, zum gemeinsamen Handeln von Führendem und Geführtem, von Vorgesetztem und Mitarbeiter. Führungsentscheidungen sind hiernach nicht nur eine Funktion der Führenden, sondern auch eine Funktion der Geführten, die implizit oder explizit mitwirken" (EINSIEDLER 1991, 208).

Wie PONGRATZ (1987, 142) feststellt, gehören zur Bewältigung von Situationen konstitutive Merkmale, die sich in "objektiven Bedingungen", in den "schon vorher bestehenden Haltungen des Einzelnen oder der Gruppe" und in der "Definition der Situation" selbst zeigen, bei der es "um das klare Erfassen der Bedingungen und um die Bewußtheit des eigenen Verhaltens" geht. Situation ist so gesehen kein starres Moment, sondern ist in den Bezug handelnder Akteure und deren Befindlichkeit zu stellen, sodaß der Begriff "Situation" den Führungsprozeß pädagogisch zu einer zielorientierten "Auseinandersetzungs- und Handlungssituation" werden läßt. Über die Wirkung einer derart situativ verhafteten Führungshandlung bzw. über den Führungserfolg (Evaluation) kann damit allerdings noch keine konkrete Aussage getroffen werden.

13 ELEMENT "FÜHRUNGSEVALUATION"

13.1 Darlegung der Evaluationsproblematik

Das soziotechnische System Betrieb ist aufgrund seiner inneren Logik ein zielansteuerndes System. Wenn die angestrebten Ziele erreicht werden, dann tritt Erfolg ein. Durch menschliche Innovationsleistungen verzahnen sich die "sozialen" und "technischen" Komponenten des Systems zu integrativen, erfolgsorientierten Arbeitsprozessen. Eine logisch-stringente Erfassung, Trennung und Bewertung dieser Komponenten in den einzelnen Phasen des Zielansteuerungsvorganges bzw. nach Zielerreichung liefert die für Verbesserungs- und Optimierungsmaßnahmen erforderlichen Daten und Informationen.

Die Betriebswirtschaftslehre fokussiert ihr Forschungs- und Erkenntnisinteresse auf den Bereich der Unternehmensführung und schließt derart die Mitarbeiterführung ein. Durch systematische Vernetzung von Planungs- und Kontrollvorgängen entstand der "Controlling-Ansatz"[26] als "*prozessuale* Sichtweise" (STAEHLE 1989, 621) begleitender Überwachung und Kontrolle des Unternehmenserfolges. Entsprechend ihrer Humanorientierung will die Betriebspädagogik durch das Konzept der "Evaluation" die Untersuchung, Auswertung und Bewertung des Erfolges der betrieblichen Mitarbeiterführung aus der Sicht von Führungskräften **und** Mitarbeitern einschätzen und optimierungsorientierte Interventionsstrategien entwickeln. Dies auf der Grundlage erziehungswissenschaftlich gesicherter Erkenntnisse.

Die im Wirkungssystem Mitarbeiterführung ablaufenden zielgerichteten Vorgänge des Führungshandelns münden idealtypisch im "Führungserfolg". Die

---

26 Vgl. SIEGWART/MENZL 1978; PFOHL 1981; SERFLING 1983; HORVAT 1986; VOLLMUTH 1991 u. a.

Schwierigkeiten bei der Untersuchung dieses Segmentes der Mitarbeiterführung treten schon bei der Begriffsdefinition von Führungserfolg zutage. Dies wohl nicht zuletzt deshalb, weil eine schlüssige Bestimmung des Begriffes "Führungserfolg" auf nicht unerhebliche methodische Probleme stößt.

Die Effizienzdimension umfaßt im Zusammenhang mit spezifischem Führungsverhalten Wirkungen, die "sich auf die geführte Gruppe beziehen" (ROSENSTIEL 1991, 5). An Kriterien stehen hier in der Regel keine "harten Zahlen" zur Verfügung, wenn man von der Quantität der erbrachten Leistung absieht, die sich in Produktions- oder Absatzzahlen niederschlägt und durchaus operationalisieren läßt. Führungserfolge hinsichtlich einer "Humandimension" wie Arbeitszufriedenheit, Betriebsklima, Konflikthäufigkeit in der geführten Gruppe, Identifikation der Mitarbeiter mit dem Unternehmen etc. können in der Regel bezüglich ihrer verhaltenssteuernden Wirkung im Führungsprozeß keineswegs "messend" erfaßt werden. "Leistungsverhaltenserfassung" (GAUGLER et al. 1978, 23) basiert auf Beobachtung des Verhaltens von Führungskräften und Mitarbeitern und ist daher vorwiegend subjektiver Natur. Dasselbe gilt für die Einbeziehung solcher Faktoren wie Qualifizierung der Gruppenmitglieder, Qualität der Verbesserungsvorschläge, Brauchbarkeit von Lösungsansätzen, soziale Einflußnahmen aufeinander sowie die den Führungserfolg wesentlich bestimmenden Verhaltenskriterien im Kommunikationsprozeß.

NEUBERGER (1976) zeigt weit über 1000 Kriterien auf, die in Wissenschaft und Praxis zur Begriffsbestimmung sowohl des objektiven (Leistungsergebnis) als auch des subjektiven (Arbeitsverhalten) Führungserfolges verwendet werden (vgl. ROSENSTIEL 1991b, 5). Als Maßstab zur Erfassung des Führungserfolges gelten in den genannten Dimensionen zur Kontrolle des Verhaltens und der Ergebnisse "Generelle Normen", die sich "aus gesetzlichen Bestimmungen, Betriebsvereinbarungen, Führungsleitsätzen, Verfahrenstechniken, Organisationsgrundsätzen usw." herleiten. SCHUBERT führt dazu an:

> "Sie beziehen sich auf Verhalten oder Ergebnisse. Ihre Übertragung auf die konkrete betriebliche Situation ist allerdings nicht einfach.
> Der Vorgesetzte muß die notwendigen Informationen auswählen und in eine für die Mitarbeiter verständliche Sprache 'übersetzen'. Nur wenn ihm das gelingt, kann die Information eine verhaltenssteuernde Wirkung haben und der Mitarbeiter sich selbst kontrollieren.
> Vorwiegend ergebnisorientiert sind die Kontrollstandards, die sich aus *Plandaten* ergeben...
> Kontrollstandards, die aus Planungsüberlegungen abgeleitet sind, werden deshalb häufig mit der Begründung abgelehnt, die Wirklichkeit sehe immer anders aus. Eine Teilwahrheit wird hier zum allgemeinen Vorurteil. Dies läßt sich nur überwinden, wenn die Mitarbeiter an den Planungsüberlegungen beteiligt und die Kontrollstandards nicht vom Vorgesetzten diktiert, sondern mit den Beteiligten abgesprochen werden. Die Standards werden dadurch auch aus den Erfahrungen der Mitarbeiter in ihrer Nähe zur Realität abgesichert. Kontrollstandards die sich nicht aus Überlegungen, Berechnungen und Schätzungen ableiten, sondern aus der *betrieblichen Erfahrung* gewonnen sind, werden im allgemeinen als realistisch angesehen und akzeptiert" (SCHUBERT 1972, 99).

Führungsevaluation, und das ergibt sich aus dieser Aussage, bezweckt "zwar die Gewinnung von Informationen durch formale Mittel wie Kriterien, Messungen und statistische Verfahren", ist aber nur ungemein schwer aus ihrer subjektiven Verwobenheit herauszulösen. Evaluation gilt infolgedessen in erster Linie "als Entscheidungshilfe, um eine rationale Grundlage für das Fällen von Urteilen in Entscheidungssituationen zu erhalten" und zwar nach wie vor überwiegend an den betrieblichen Leistungserfordernissen orientiert, auch wenn das menschliche Verhalten in diesen frühen Ansätzen bereits mitgesehen wird.

> "Vereinfacht gesagt, ist Evaluation also die Wissenschaft, mit deren Hilfe Informationen für Entscheidungsprozesse zur Verfügung gestellt werden" (STUFFLEBEAM 1972, 124 f.).

Überträgt man Evaluationskriterien auf die Führungsfunktion, so sind Leistungsfeststellungen unterschiedlich transparent zu machen.

Aus betriebswirtschaftlicher Sicht ist Mitarbeiterführung dann erfolgreich, wenn sie einen Beitrag zur Erreichung der wirtschaftlichen Ziele des Unternehmens leistet. Diese Ziele leiten sich aus dem Metaziel der Unternehmung, "die *Kontinuität* der Erfüllung des Unternehmenszweckes (Erhaltung, Überleben der Unternehmung) sicherzustellen" (SCHERTLER, 1988, 21) ab. Strategische Kontrollpunkte dafür erscheinen derzeit nur durch Gewinnerzielung unter den Bedingungen rationalisierter Produktion/Dienstleistung und laufend aktualisierter Wettbewerbsfähigkeit von ihrem Endergebnis her erfaßbar.

Zum Zwecke der betriebswirtschaftlichen Erfolgskontrolle wird Führung aus einer "technischen" Perspektive gesehen. Entsprechend dem systemischen Ansatz orientiert sich das soziotechnische System Betrieb an der Metazielsetzung und ist auf die zweckrationale Erreichung der Systemziele programmiert. Es wird unterstellt, daß durch stellenspezifische Ableitungen aus dem Metaziel eine Hierarchie operationalisierter Führungsziele in Form eines homogenen Systems von Zielen entsteht, welches die strukturelle und funktionelle Basis für den resultierenden Leistungsverbund bildet. Stellglieder für den Kontrollprozeß ergeben sich in der Regel aus einem Soll-Ist-Vergleich, wobei aber ebenfalls offen bleiben kann, an welchen Punkten "sich Störgrößen erfahrungsgemäß auswirken" und wo "Fehler zu weiteren Fehlern oder Abweichungen führen" (SCHUBERT 1972, 103).

Weiters wird davon ausgegangen, daß Informationen über die entsprechenden *"Handlungsalternativen"* verfügbar sind, daß man weiß welche *"Handlungssituationen"* möglich erscheinen bzw. welche *"Ergebnisse"* diesen entsprechen etc. Im allgemeinen dürfte für das Führungshandeln typisch sein, daß derartige Bedingungen nicht zutreffen, daher ist "technisch-rationales Handeln im Führungsprozeß eher die Ausnahme. "Führung ist im wesentlichen irrational". Auch die häufig "angegebene Bezugsgröße für Führungshandeln - der Erfolg - kann nicht eindeutig bestimmt werden" (vgl. NEUBERGER 1991, 35 f.).

Auf den Umstand, daß rational-funktionale Sichtweisen von Führung und damit auch von Mitarbeiterführung die Realität in Organisationen in unzulässiger Weise verkürzen, hat bereits BARNARD (1938, 167) hingewiesen. Dies hat seiner Ansicht nach zur Folge, daß es nicht nur Aufgabe des Managements ist

- durch Erzielung von Leistungswirksamkeit (Effectiveness) die Realisierung der Organisationsziele anzustreben,
- sondern das es sich auch durch Sozialwirksamkeit (Efficiency) um die Erfüllung der Mitarbeiterziele zu bemühen hat.

Wie ROSENSTIEL (1991b, 6) bei der Darstellung der "Grundlagen der Führung" im Hinblick auf die Kriterien des Führungserfolges ausführt, "hat die organisationspsychologische Führungsforschung über Jahrzehnte in einen atheoretischen Pragmatismus und damit in ein Dilemma geführt". Kriterien zur Beurteilung des Führungserfolges wurden in einer monokausalen Betrachtungsweise auf die Person des Führenden fixiert, der - wie immer auch operationalisiert - für den Führungserfolg allein verantwortlich schien. Hier darf heute als Konsens in der Führungsforschung gelten:

"1) Führung ist ein Gruppenphänomen (das die Interaktion zwischen zwei oder mehreren Personen einschließt);
2) Führung ist intentionale soziale Einflußnahme (wobei es wiederum Differenzen darüber gibt, wer in einer Gruppe auf wen Einfluß ausübt und wie dieser ausgeübt wird, u. a. m.);
3) Führung zielt darauf ab, durch Kommunikationsprozesse Ziele zu erreichen" (WEINERT 1989, 555).

Rational-funktionale Denkmodelle von Führung können die Qualität der menschlichen Leistung, sowie die diese beeinflussenden Faktoren, kaum eindeutig erfassen und stellen daher von sich aus kein geeignetes Instrument zur Führungsevaluation im Wirkungssystem Mitarbeiterführung dar; zumindest dann nicht, wenn man pädagogische Prozeßvariablen zur Einschätzung des Führungserfolges mitberücksichtigt und ins Zentrum rückt.

13.2 Betriebspädagogische Aspekte der Führungsevaluation

Eine pädagogisch präzisierende Betrachtung des Begriffes "Evaluation" deckt die Bedeutungsinhalte von "Begutachtung" und "Bewährungskontrolle" ab und bezeichnet im erziehungswissenschaftlichen Sinnverständnis "den Beitrag der Forschung bei der Durchführung von Innovationen oder bei der Behebung von Mißständen" (KORDES 1989, 568). Von seiner wörtlichen Bedeutung her meint Evaluation die "Bewertung" oder "Auswertung" eines Sachverhaltes. Dieses Bedeutungsspektrum macht klar, daß "Evaluation" über eine reine "Erfolgskontrolle" hinausgeht und auf die Erfassung der zugrundeliegenden Bedingungsfaktoren menschlicher Handlungsstrukturen abzielt, um mit Hilfe derart zustandegekommener Bezugsdaten und Informationen Erkenntnisse zur Optimierung zielansteuernder Verhaltensweisen im Wege pädagogischer Interventionen zu gewinnen. Es geht also darum, den Prozeß der Mitarbeiterführung systematisch zu analysieren, um lernhindernde und lernfördernde Faktoren zu identifizieren und Grundlagen für pädagogische Strategien zur Verbesserung des Führungsprozesse zu schaffen. In diesem Zusammenhang kann festgehalten werden:

> "Mit pädagogischer Evaluation ist immer die Ankoppelung erziehungswissenschaftlicher Erkenntnis an eine mehr oder weniger problematische oder krisenhafte Realität in der Erziehungspraxis gemeint" (ebd. 571).

Bei der Evaluation von Vorgängen in der Mitarbeiterführung ist darauf Bedacht zu nehmen, daß die sozialen Prozesse im Führungsablauf durch das wechselseitig aufeinander bezogene Handeln von Führungskraft und Mitarbeiter gestaltet werden. Nach FRANKE (1987, 15 f.) hat eine Evaluation daher

> "die Kontrolle und Bewertung der Handlungseffekte und des Handlungsverlaufes im Hinblick auf Zielvorgaben und persönliche Wertvorstellungen sowie Vornahmen für künftiges Handeln"

zu umfassen.

Bei der Generierung pädagogisch grundgelegter Evaluationsvorgänge sind stets alle Elemente des Wirkungssystems Mitarbeiterführung in die Überlegungen einzubeziehen. In Anlehnung an DAHMS/GERL (1991, 235 ff.) können "vier unterschiedliche Perspektiven der Evaluation" im Sinne von Input-, Output-, Prozeß- und Kontextevaluation unterschieden werden. Unter Heranziehung dieser Systematik werden nachfolgend in exemplarischer Form einige evaluationsbezogene Fragestellungen angeführt:

1. Inputevaluation

- In welchem Ausmaß ist die Akzeptanz der Unternehmens- und Führungsphilosophie gegeben?
- Stellen Führungsleitbild und Führungsgrundsätze einen wirksamen Faktor der Mitarbeiterführung dar?
- Welche Charakteristika weist die "gelebte" Führungskultur auf?
- Wo liegen Schwachstellen und wo ergeben sich Ansatzpunkte für Änderungen/Verbesserungen?
- Sind Korrekturmaßnahmen im Bereich des Führungsleitbildes bzw. der Führungsgrundsätze durch Mitarbeitereinbindung sinnvoll?

2. Outputevaluation

- Können aus dem Grad der Zielerreichung rückschließende Erkenntnisse zum Qualifikationsbedarf von Führungskräften/Mitarbeitern gewonnen werden?
- Welche Faktoren fördern/hemmen die Zielerreichung?
- Welche Qualität besitzen die aufgebauten Vertrauensbeziehungen und das Kooperationsverhalten?
- Läßt sich der Grad der "Führungszufriedenheit" der Mitarbeiter definitiv feststellen?
- Besitzen Kontrollmechanismen pädagogische Relevanz?
- Kann die zielorientierte Selbstkontrolle der Mitarbeiter eingeführt/verbessert werden?
- Lassen sich Konfliktpotentiale bzw. Motivationsstrukturen erkennen?

3. Prozeßevaluation

- Sind Zielstellungen unter Beteiligung der Mitarbeiter zustande gekommen?
- Wie hoch ist der Akzeptanzgrad der Zielstellungen?
- Wo liegen Schwächen/Stärken von Führungskräften/Mitarbeitern?
- Werden laufende Beratungs-/Förderungsgespräche durchgeführt?
- Welche Qualifizierungs- bzw. Persönlichkeitsentwicklungsmaßnahmen sind indiziert?
- Wie sind die situativen Gegebenheiten im Führungsprozeß einzuschätzen?
- Lassen sich Umfang und Qualität der Handlungskompetenzen von Führungskräften und Mitarbeitern genau bestimmen?
- In welchem Ausmaß besteht horizontale Kommunikation?

4. Kontextevaluation

- Wie gestalten sich die räumlichen und zeitlichen Bedingungen des Führungs-/Ausführungshandelns?
- Lassen sich Zuständigkeiten und Verantwortungen eindeutig zuordnen?
- Werden Führungs-/Ausführungsleistungen systematisch erfaßt und in Form von Entwicklungsmaßnahmen umgesetzt?
- Erscheinen Führungskräftebeurteilungen durch Mitarbeiter bzw. Selbstbeurteilungen der Führungskräfte im situativen Kontext sinnvoll?
- Inwieweit können Betriebsumfragen Problembereiche aufdecken?
- Läßt sich der Führungserfolg durch Organisations-/Personalentwicklungsmaßnahmen verbessern?

Schon aus der Fülle der angeführten und im Führungsprozeß zu evaluierenden "Erfolgskriterien" läßt sich erkennen, wie schwer es ist, eine pädagogische Handlungsregulierung mit eindeutigen Orientierungsgrundlagen in der Führungspraxis vorzunehmen. Die Effizienz allgemeiner Regeln und gültiger Prinzipien zur Herausbildung der Handlungskontrolle hängen wesentlich vom Transfer der während des Handlungsablaufes erfolgenden Lernprozesse ab, die wiederum auf die Freiheitsgrade des Entscheidungsspielraumes (Eigeninitiative,

Aktivität und Selbständigkeit) im Hinblick auf Kontrollhandlungen verweisen und auf diese rückzukoppeln sind.

Beim Fehlen pädagogischer Vorgaben wie z. B. Handlungsorientierung, Vermittlung von Lösungswegen und -mitteln, Motivierung (Aufzeigen möglicher Beweggründe des Handelns), Wertvermittlung und Sinngebung (Lösungsgewißheit), Ableitung spezifischer Handlungsmuster wie reflektierendes Abwägen bestehender Handlungsnotwendigkeiten und -möglichkeiten sowie erwarteter Handlungsfolgen bieten sich derzeit nur wenige Voraussetzungen, Evaluation in ein ausgewogenes Verhältnis zu handlungsregulierenden pädagogischen Maßnahmen zu stellen. Hier fehlen noch weitgehend betriebspädagogische Forschungsergebnisse die eine Prozeßevaluation pädagogischen Handelns erlauben und zugleich Verallgemeinerungsfähigkeit für die Wirksamkeit getroffener pädagogischer Maßnahmen besitzen.

Wir vermögen nach Prüfung der einschlägigen Literatur, bezogen auf Kommunikation und Kooperation der Beteiligten, kaum praxisrelevante Anhaltspunkte zu gewinnen, die in erkenntnistheoretischer und handlungsadäquater Hinsicht Ergebnisse des Führungsprozesses in der qualitativen Dimension so ohne weiters sichtbar erscheinen lassen. Dennoch läßt sich für ein Wirkungssystem Mitarbeiterführung postulieren, daß es zentrale Methoden zur Durchführung evaluativer Diagnosen wie z. B. die teilnehmende Beobachtung, skalierende Betriebsklimaerhebungen zur Erfassung von Konfliktursachen (vgl. ZELBER 1983, 83 ff.), Interviews und Befragungen sowie die interpretative Auswertung entsprechender Leistungsdaten und bildungsbedarfsorientierter Analysen gibt, die sinnvoll in ein Konzept pädagogischen Handelns zu integrieren wären. Die dazu vorliegenden Ansätze aufzuarbeiten, würde allerdings den Rahmen dieser Arbeit sprengen. Uns ging es vielmehr darum, das komplexe Wirkungssystem Mitarbeiterführung als pädagogisches Prozeßgeschehen zu erfassen und die Konturen der inhärenten Erziehungswirkungen unter ganzheitlichem Aspekt zu bestimmen, sichtbar zu machen und pädagogisch zu begründen.

ZUSAMMENFASSENDE SCHLUSSBETRACHTUNG

14 DAS WIRKUNGSSYSTEM MITARBEITERFÜHRUNG ALS PÄDAGOGISCHER PROZESS

Faßt man die Ergebnisse der vorliegenden Untersuchung zusammen, so ergibt sich, daß die Funktion des Führens vor allem, und dies sei nochmals nachdrücklich betont, "pädagogischen Charakter" hat, weil sie

> "die Mitarbeiter anleiten soll, Ziele zu erreichen, Verantwortung zu tragen, ihre Arbeit vernünftig und effektiv durchzuführen, noch fehlende Kenntnisse zu erwerben, brachliegende Fähigkeiten auszunutzen, Eigeninitiative und Eigenverantwortlichkeit zu wecken" (FRESE 1988, 5).

Hineingestellt in das Wirkungssystem Mitarbeiterführung gewinnen Führungshandlungen in ihrer Grundausrichtung stets die Qualität von Erziehungs- und Bildungsaufgaben. Unter Berücksichtigung der existenziellen psychischen und sozialen Bedürfnisse des Mitarbeiters folgt daraus, daß Erziehungs- und Bildungsmaßnahmen "ihn in Richtung auf ein selbstverantwortliches Entscheiden und Handeln fördern und seinen Freiheitsraum erweitern" (SCHMIEL 1973, 82). Diese pädagogische Orientierungsfunktion von Führung läßt erkennen, daß sich die Auffassung über die Führungstätigkeit in Unternehmen grundlegend gewandelt hat. Führungshandeln wird zunehmend als pädagogischer Prozeß aufgefaßt und an die erziehungswissenschaftliche Erkenntnis gebunden, daß sich das Individuum in kommunikative Handlungsabläufe selbst einzubringen hat.

> "Pädagogisches Tun ist so immer Hilfe zur Selbstverwirklichung, ist ein Angebot; es ist nie ein vorauszuberechnendes, in den Ergebnissen festliegendes Tun" (BOCK 1978, 7).

Führung im Realitätsbezug folgt den geänderten Wertauffassungen unserer Gesellschaft, die, wie wir gesehen haben, am Leitbild des mündigen Mitarbeiters ihren maßgeblichen Bestimmungspunkt findet. Dem Mitarbeiter sind daher ganz andere Möglichkeiten für seine persönliche Mitwirkung und Entfaltung zu bieten. Gefordert wird unter diesem Aspekt eine Revision des Führungsverhaltens, wobei weniger die technisch-organisatorischen Führungsqualitäten als vielmehr die sozial-kooperativen angesprochen sind. Führungskräfte haben infolgedessen eine Reihe von Verhaltensdispositionen hinsichtlich einer situativ-kooperativ orientierten Führung zu verändern:

> "Die Revision der Führungskompetenz umfasst fünf wesentliche Prüfungsbereiche:
> - *Führungsausmass*: Dosierung der Führung
> - *Kommunikationsfähigkeit*: Mut zur Offenheit und Mut zum Einstecken
> - *Beziehungsfähigkeit*: Führung von Mensch zu Mensch
> - *Lernfähigkeit*: Innovation und Kreativität
> - *Wahrnehmungsfähigkeit*: Erkennen und Akzeptieren von Realitäten, intuitives und gefühlsmässiges Erfassen von Problemen" (MÜRI 1986a, 76).

Parallel mit dieser Entwicklung verläuft in der Führungsdiskussion ein Wandel der Auffassungen, und zwar auf zukünftige Anforderungen hin ausgelegt:

> "Führen ist unserer Meinung nach mehr als bloß managen. Wer führt, trägt Verantwortung - für sein Arbeitsgebiet und für seine Mitarbeiter. Das ist heute, in einem Zeitalter, das durch raschen technologischen Fortschritt und durch rasante gesellschafts- und sozialpolitische Änderungen geprägt ist, schwerer denn je" (KNEISSL 1992, Geleitwort).

Die soziale und kommunikative Komponente der Führung rückt in den Vordergrund, zumal die Menschen unserer Zeit eine grundlegend andere Einstellung zur Leistung und Zusammenarbeit haben. Im Bereich des Führungsverhaltens stützt sich das Wirkungssystem Mitarbeiterführung auf ein ganzheitliches Verständnis von Führung, wobei der Gesamtprozeß der Erziehung als soziale Wechselwirkung und Kommunikation mitgesehen wird.

> "Wenn wir also feststellten, daß Erziehung eine Tätigkeit in bezug auf andere Menschen ist, so müssen wir präzisieren: **eine Tätigkeit in bezug auf andere Menschen, die Aktivität, eigene Tätigkeit dieser Menschen auslöst.** Erziehung ist eine *zweiseitige* Angelegenheit zwischen Menschen. Sie ist Tätigkeit des Erziehers und Tätigkeit der zu Erziehenden, Einwirkung und Gegenwirkung, Einwirkung und Mitwirkung" (NEUNER/BABANSKI/DREFENSTEDT 1988, 91).

Bezieht man dieses pädagogische Grundverständnis über das Wesen des pädagogische Prozesses auf Mitarbeiterförderung, dann wird der Zusammenhang einwirkender Erziehungsmaßnahmen auf die Persönlichkeitsentwicklung deutlich. Im pädagogischen Sinnverständnis spricht man hier vom Zusammenhang zwischen Erziehung und Entwicklung. Zielstrebige Einflüsse auf die Persönlichkeit gelten bei einer situativ-kooperativen Führung nicht mehr als Interventionsinstrument und gleichsam als "eine *pädagogische* Taktik" (vgl. BENNIS 1972, 26) zur bloßen Erreichung von Unternehmenszielen, sondern werden in den Handlungsverlauf mit eindeutiger betriebspädagogischer Zielrichtung gestellt. Die Begründung dafür lautet:

> "Erstens: Die Unternehmen sehen in ihren Mitarbeitern mündige, selbstverantwortliche Menschen, deren Interessen verstärkt respektiert werden müssen.
> Zweitens: Die Unternehmen sind zunehmend bereit, Mitarbeiter nicht mehr durch Befehl, sondern durch *Überzeugung* zu führen.
> Drittens: Die Unternehmen haben erkannt, dass *Arbeitsleistung und Arbeitsbereitschaft* nicht die zwingende Konsequenz des Arbeitsvertrages sind, sondern in erheblichem Masse durch die Zuweisung sinnvoller und verantwortungsvoller Arbeit beeinflusst werden.
> Viertens: Die Unternehmen erfüllen die Forderungen nach *eigenverantwortlichen Tätigkeiten* durch erhöhte Entscheidungsdezentralisation, Delegation und Information" (LILGE/STEINLE 1985, 26).

Leuchtet man die kommunikative Komponente des Führungsprozesses aus, so verändert sich das Autoritätsverhältnis zwischen Mitarbeitern und Führungskräften dahingehend, unter dem "Aspekt der Emanzipation" selbstbestimmtes und selbstreflektiertes Handeln der Beteiligten zu verstärken, "um den notwendigen Abbau von Zwängen sowie die Hintanhaltung von bewußter und unbewußter Machtausübung zu bewirken" (PONGRATZ 1987, 170). Im pädagogischen Prozeß begründet sich ein Autoritätsverhältnis konzeptiv in der "Partizipation und Aktion aller" geknüpft an Kompetenzübertragung als "das übergeordnete didaktische Prinzip" (PONGRATZ 1982, 192). Diese Kernaussage gilt nicht nur für Unterrichts- und Lehrsituationen, sondern für menschliche Verhaltenskonstellationen überhaupt. Im Grunde beruht Kommunikation trotz aller Fremdbestimmung auf Selbsterfahrung und ist mit konsistenten menschlichen Verhaltensweisen als bewußter Akt der Identitätsfindung in Interaktionsprozessen zu kennzeichnen. Folgt man den Anmerkungen zur Entwicklung der "Theorie über die Bewußtheit von Beziehungen" von PORTER (1983, 9), so unterliegt Handlungsgeschehen in zwischenmenschlichen Beziehungen drei Dimensionen

"• Verhaltensmerkmale sind stets zielgerichtete Strebungen, um die Verhaltensmuster anderer zu beeinflussen.
- Anstrengungen richten sich auf Hilfsbereitschaft und Harmonie als aktive Form, anderen zu helfen.
- Selbstbehauptung und Autonomie führen als Grundmotivation dazu, ohne Hilfe oder Anweisungen anderer Ressourcen zu erhalten und Unabhängigkeit zu wahren".

Prüft man von diesem Standpunkt aus menschliches Denken und Handeln im Wirkungssystem Mitarbeiterführung, so bedarf der Handlungsbegriff im Zusammenhang mit unserer Schlußbetrachtung einer pädagogischen Spezifizierung. Eine solche nimmt KLAFKI (1964, 50) in seinen "Studien zur Bildungstheorie und Didaktik" vor, indem er Handlung als "Form von Aktivität" definiert, die im "Raum des Mit-anderen-Menschen Seins" zur Wirkung kommt und damit auf das Spezifikum rein "menschlicher Angelegenheit" verweist. Den Bezugsrahmen dafür liefert im Wirkungssystem Mitarbeiterführung die Führungshandlung. Pädagogisch relevant erscheint dabei das Befolgen von Führungsmaßnahmen seitens der Mitarbeiter aus freiem Entschluß und eigener Einsicht, weil sich darin erst die Bewußtheit von Beziehungen ausdrückt, die jedes identitätsbezogene Selbstkonzept trägt, denn ein Individuum vermag auf Verhaltenserwartungen anderer nur dann zu reagieren und auf diese einzugehen, wenn es seine Lage situativ mitbestimmt. Führungshandeln als bewußt eingesetzte Autorität bedeutet in Blickrichtung auf eigenverantwortliches Handeln immer:

> "Entlastung und wirksame Hilfe, aber auch Einübung in eigene Autorität. Das erzieherische Verhältnis gründet sich nicht auf Überlegenheit, sondern auf Handlungsimpulse, die Abhängigkeit abbauen und Selbständigkeit aufbauen sollen" (SCHÖLER 1977, 96).

Folgert man aus dem pädagogischen Bezug für das Führungsverhalten und den Aufbau einer Atmosphäre der Zusammenarbeit grundsätzliche Führungsprinzipien, so ergibt sich für ein pädagogisch begründetes Autoritätsverhältnis im kommunikativen Handeln von vornherein die Aufhebung jedweder autoritärer Bevormundung:

> "Vorbildverhalten ist mit Machtmißbrauch und Unterdrückung erzieherisch nicht vereinbar" (SCHÖLER/PONGRATZ 1978, 127).

Es geht in einem Wirkungssystem Mitarbeiterführung daher nicht um die Durchsetzung von Forderungen, Normen, Einstellungen und Verhaltensweisen mit zwingender Kraft, sondern um Handlungsprämissen, die einer sozialen und kommunikativen Komponente bedürfen. In Anlehnung an SCHÖLER/PONGRATZ sind hier wie beim Lehrerverhalten an das Führungsverhalten pädagogische Handlungsanforderungen zu stellen:

FÜHRUNGSVERHALTEN durch erzieherisches Einwirken bezweckt

- Freisetzung der Mitarbeiterpersönlichkeit im Sinne der Selbstbestimmung und individuellen Entfaltung
- Entwicklung von Kooperationsfähigkeiten, die ein partnerschaftliches Miteinander ermöglichen
- Aufbau erwünschter Verhaltensweisen, die dem Ablauf pädagogisch orientierter Führungsprozesse förderlich sind (vgl. SCHÖLER/PONGRATZ 1978, 129).

Wird Führung als pädagogischer Prozeß aufgefaßt, so ergibt sich zugleich für das Wirkungssystem Mitarbeiterführung als tragendes Fundament ein "ethisch bestimmtes Handeln", was sich nicht nur allein auf effektive kooperative

Beziehungen auswirkt, sondern auch die Organisationsentwicklung unmittelbar beeinflußt. Die Neuausrichtung der sozial-kommunikativen Führungsbeziehung findet in bewußter ethischer Verantwortung ihren Ausdruck, sodaß die Funktion von Führung de facto, dies wurde wiederholt in der Arbeit angesprochen, weit über ein Gewinnerwirtschaften hinausgeht. Geführt wird aus ethischer Perspektive nach dem Grundsatz: "Gut ist, was dem Leben in seiner Vielfalt nützt" (STROMMER 1992, 13).

Kommunikation als Führungsaufgabe (nach innen und nach außen) basiert auf einem philosophisch fundierten Menschenbild, welches sich in folgender Übereinstimmung markieren läßt:

"• Menschen prägen Unternehmen. Leader verhalten sich ethisch verantwortungsbewusst, menschen- und umweltgerecht - und damit tut es auch 'ihr' Unternehmen.
• Ethik bildet für den ganzheitlich denkenden Leader (als Humanisten) einen entscheidenden Teil seiner Führungsaufgabe. Ethik hier verstanden als die Dimension vom Handeln, die über den rein logisch-rational und gesetzlich begründeten Zwang hinausgeht und viel mit Werten zu tun hat" (SCHULTHEISS 1988, 234).

Im Wirkungssystem Mitarbeiterführung sind jene Bewußtseinsänderungen einzufassen, und dies nachzuweisen war das Ziel der vorliegenden Untersuchung, die gegenwärtig Einvernehmen über eindeutige pädagogische Prozeßgestaltung im Sinne der Harmoniebereitschaft und Mitarbeiterorientierung kennzeichnen. Dies gilt für die Makroebene der Unternehmensführung ebenso wie für die Mikroebene des kommunikativ-kooperativen Führungshandelns. Der Vorsitzende des Österreichischen Wirtschaftsforums der Führungskräfte Eugen KRAMMER (1992, Geleitwort) faßt beide Aspekte mit prinzipiellen Aussagen zusammen:

"Neue Zeiten, neue Managementprinzipien? Wertewandel, Entscheidungsfindung im Team, das Erkennen und Nutzen neuer Marktchancen sind ebenso angesagt wie die Bereitschaft zur ständigen Förderung der Fachkompetenz und der sozialen Kompetenz. Die häufig zitierte Vergangenheitsbetrachtung macht einer zunehmenden Zukunftsorientierung Platz ... Dem Mitarbeiter gegenüber offen und geöffnet zu sein und eine Verhaltenskontinuität bieten zusammen mit kontinuierlicher Leistung dem Mitarbeiter einen "berechenbaren" Vorgesetzten. Das strategische Handeln und die klare und konsequente Verfolgung von Zielen und Aufgabenstellungen dient als Orientierung und Motivation. Nicht zu vergessen ist das vorbildliche Verhalten, die Verantwortung und "Moral" der Führungskraft, welche anstelle von Opportunismus und Resignation die Vorbildwirkung nach innen und außen gewährleistet."

Transferiert man Unternehmenshandlungen und unternehmerisches Verhalten als aktive Lebenspositionen in die Führungsebene, dann widerspiegelt sich in dieser die Bereitschaft und Fähigkeit der Persönlichkeit, für die Verwirklichung der zu bewältigenden Aufgaben in Sinne der Daseinsgestaltung einzutreten. Im Verlaufe dieses pädagogischen Prozesses kommt es zu einer weitgehenden Übereinstimmung der Erziehung durch die Führungskraft mit der gegenseitigen Erziehung durch die Mitarbeiter selbst. Aktive Tätigkeit in Bewährungssituationen verlangt eigene Stellungnahme, Wertung und Entscheidung sowie die Gestaltung von Beziehungen auf der Grundlage von Handlungsmustern, die eng mit der Herausbildung neuer wertbestimmter Überzeugungen im Einklang stehen. So gesehen läßt sich ein gesetzmäßiger Zusammenhang aus der Zielgerichtetheit tätigkeitsbezogenen Handelns im pädagogischen Prozeß herstellen, wobei Erfordernisse und Bedingungen der jeweiligen Situation zu beachten sind, gleichzeitig aber auch deren Veränderung und Verbesserung durch bewußte und zielgerichtete Tätigkeit als Resultat der Erziehung.

Organisation und betriebliche Zielerreichung ist pädagogisch betrachtet keinesfalls Selbstzweck, "sondern Mittel für die Menschen, welche die Leistungen der Organisation in Anspruch nehmen und ebenso für die Menschen, welche in dieser Organisation arbeiten" (ZUCHA 1978, 67). Erkenntnisse der Organisationsentwicklung tendieren in die Richtung, "daß die Menschen sich am ehesten mit dem identifizieren, was sie selber mitgestalten können" (SIEVERS 1980, 5). Ein Wirkungssystem Mitarbeiterführung funktioniert aus dieser Blickrichtung eigentlich erst dann, wenn den Betroffenen Eigenverantwortung und Selbstentscheidung übertragen wird:

> "Organisationsentwicklung bedeutet Kommunikation in und zwischen Gruppen, direkte Mitwirkung, Partnerschaft" (LAUTERBURG 1980, 2).

Führungsmäßig kommt es also auf die größtmögliche Integration persönlicher Zielvorstellungen mit den Zielsetzungen des Unternehmens an, d. h. mit anderen Worten, der Mitarbeiter wird

> "durch Fördern geführt, wobei beide Faktoren (Wertung des Menschen, Wertung der Produktion) gleichermaßen berücksichtigt werden. Der einzelne fühlt sich verantwortlich, bildet sich weiter und engagiert sich. Es besteht ein gegenseitiges Verständnis und Übereinstimmung in den Zielen und Mitteln" (ZANDER 1982, 131).

Die neue Führungsrolle wird in einem ganzheitlichen Führungsverständnis gesehen, welches durch "Kontext", "Kultur" und "Kräfte" bestimmt wird. Kontext meint "die ökologische Betrachtungsweise, d. h. das Verstehen von Vorgängen aus ihren vernetzten Bezügen." Kultur bezeichnet "die wertorientierte Betrachtungsweise, d. h. das Beachten und Verwerten der informellen Erscheinungen ... der Person und des Unternehmens." Kräfte verweisen auf "die energetische Betrachtungsweise, d. h. das Erkennen ungenützter Ressourcen und eigendynamischer Prozesse" (KÄLIN/MÜRI 1990, 122). Damit die Führungskraft ein entsprechendes Selbstverständnis und Identitätsbewußtsein im Rahmen des Systemganzen von Führung finden kann, muß sie sich kritisch mit der übernommenen Führungsrolle auseinandersetzen, um angesichts möglicher Verhaltensmängel ein "realistisches Bild von ihrer Leistung und Akzeptanz zu gewinnen" (WEBER 1992, 4).

Unabhängig davon, wie man im einzelnen kooperatives Führungsverhalten im Sinne der Mitarbeiterförderung und -entwicklung definiert (Humanität, Toleranz, Verantwortungsbewußtsein, Innovationsbereitschaft etc.), widerspiegelt sich im Führungshandeln der gesellschaftliche Entwicklungsprozeß, der die Richtung der Veränderung andeutet, auf die sich "selbstkritische Orientierung" unter Beachtung der Gesamtzusammenhänge bezieht. Als hypothetisches Konstrukt für ein vorbildliches Verhalten gilt in diesem Zusammenhang der "3-F-Stil" kooperativer Führung: Fordern, Fördern, Feedback geben, der an die Stelle des traditionellen Führungsverständnisses "3-K-Stil" (Kommandieren, Kontrollieren, Korrigieren) tritt (KÄLIN/MÜRI 1990, 112 ff.).

Bezogen auf den kooperativen Führungsansatz werden in einer umfassenden britischen Untersuchung (1989/90) "über die wichtigsten Merkmale der internationalen Führungskraft" (vgl. WEBER 1992, 6) Führungseigenschaften in eine Rangreihe gestellt:

Strategische Intelligenz steht an der Spitze, dann folgen Anforderungsprofile der **sprachlichen Intelligenz,** der schöpferischen **Kreativität** und **sozialen Intelligenz,** unter der die Fähigkeit zu verstehen ist, "zwischenmenschliche Wechselwirkungen richtig zu erfassen und das eigene Verhalten entsprechend auszurichten". Mit WEBER (ebd.) lassen sich daraus Schlußfolgerungen für das Führungsverständnis ziehen und die Art und Weise bestimmen, wie eine Führungskraft den Sinn ("Einfühlungs- und Beurteilungsvermögen") einer pädagogischen Führungshandlung trifft und auszulegen hat. Pädagogische Führungsformen sind:

"Integration
Die Führungskraft muß imstande sein, ihre Mitarbeiter im Sinne der gemeinsamen Zielsetzung zu einer zielgerichteten Einheit zu formen und Konflikte innerhalb der Teams zumindest zu entschärfen.
Kommunikation
Die Mitarbeiter erwarten von der Führungskraft sowohl Sachinformationen zur Aufgabenstellung und Informationen als Zeichen des Vertrauens.
Offenheit
Die Führungskraft muß ihren Mitarbeitern ehrlich und offen gegenübertreten und sich auch selbst gegenüber den Mitarbeitern öffnen.
Verhaltenskonstanz
Nichts verunsichert Mitarbeiter mehr als starke Verhaltensschwankungen des Vorgesetzten. Der Mitarbeiter kann nur dann kontinuierliche Leistungen erbringen, wenn der Vorgesetzte für ihn 'berechenbar' ist.
Strategisches Handeln
Die Mitarbeiter müssen sich an klaren und konsequent verfolgten Zielen und Aufgabenstellungen orientieren können. Eine Führungskraft, die ihre Ziele ständig ändert, wird ihre Mitarbeiter verunsichern und demotivieren.
Vorbildliches Verhalten

An die Führungskraft wird zu Recht die Forderung gestellt, sich als Vorbild zu bewähren. Diese Vorbildfunktion kann nur dann erfüllt werden, wenn die Führungskraft bereit ist, 'moralisch' zu handeln. Moralisch handeln heißt, Verantwortung auch wirklich zu tragen und nicht aus Opportunitätsgründen gegen Überzeugungen zu verstoßen" (WEBER 1992, 6).

Mit einer solchen Verhaltensorientierung vermag ein Wirkungssystem Führung erst seine volle Entfaltung erlangen. Im Rückblick ergibt sich: An die Stelle des "homo oeconomicus" tritt die pädagogische Orientierung an der nach Selbstentfaltung und Selbstverwirklichung strebenden mündigen Persönlichkeit, die in ständiger Auseinandersetzung um die Bewahrung des Bewährten, die Überwindung des Veralterten und um Durchsetzung des anzustrebenden Fortschrittes lebt. Eine Gegenüberstellung "moderner Führungsmodelle" macht unabhängig vom Verhalten des einzelnen die Orientierung auf ein neues Grundverständnis und auf neue Grundhaltungen von Führung deutlich. Bei der Herausbildung entwicklungsfördernder Beziehungen im Sinne aktiver Mitgestaltung des Betriebsprozesses folgt das Wirkungssystem Mitarbeiterführung diesem grundlegenden Veränderungstrend:

"• demokratisch statt autokratisch
• sozialintegrativ statt autoritär
• partnerschaftlich statt patriarchalisch
• funktional statt hierarchisch
• kooperativ statt dirigistisch" (FRESE 1988, 19).

Eingebettet in diesen Wandlungsprozeß gestaltet sich die erzieherische Tätigkeit der Führungskraft durch pädagogische Arbeit am und mit dem Mitarbeiter zu einem ganzheitlichen Prozeß kommunikativ wirksamer kooperativer Führung. Konventionelle Führungskonzepte in diesem Sinnverständnis aus einer verengten Sichtweise herauszuführen und eine neue Standortbestimmung von Führungshandeln im Wirkungssystem Mitarbeiterführung vorzunehmen, bildet das zentrale Anliegen der vorliegenden Arbeit.

1 LITERATURVERZEICHNIS

ABRAHAM, K.: Der Betrieb als Erziehungsfaktor. Die funktionale Erziehung durch den modernen wirtschaftlichen Betrieb. Freiburg/Br. 1957.

ABRAHAM, K.: Betriebspädagogik. Berlin 1978.

ADAIR, J.: Effective Leadership. Aldershot 1983.

ADAIR, J.: Not Bosses But Leaders. How to lead The Way to Success. Guildford 1987.

ADAIR, J.: Developing Leaders. The Ten Key Principles. Maidenhead 1988a.

ADAIR, J.: The Action Centred Leader. London 1988b.

ADORNO, Th. W.: Soziologie und empirische Forschung. In: TOPITSCH, E.: Logik der Sozialwissenschaften. Köln/Berlin 1970.

ALBERT, H.: Aufklärung und Steuerung - Gesellschaft, Wissenschaft und Politik in der Perspektive des Kritischen Rationalismus. In: LÜHRS, G. et al. (Hg.): Kritischer Rationalismus und Sozialdemokratie. Bd. 1. Bonn 1975.

ALLABAUER, H.: Selbstbetroffenheit durch Organisationsentwicklung. Eine Untersuchung verschiedenster Interventionsstrategien hinsichtlich der emotionalen Einziehung des Einzelnen in den Änderungsprozeß. In: Thema 4/1981.

ALTMANN, R./BERNDT, G.: Grundriß der Führungslehre. Bd. 1. Grundlagen kooperativer Führung. Lübeck 1982.

ALTMANN, R./BERNDT, G.: Grundriß der Führungslehre. Bd. 2. Führen in der Organisation. Lübeck 1983.

ALTVATER, E.: Der historische Hintergrund des Qualifikationsbegriffes. In: Altvater, E./Huisken, F.: Materialien zur politischen Ökonomie des Ausbildungssektors. Erlangen 1971.

ANSCHÜTZ, H.: Verwendung von ALGOL zur Herstellung von Lehralgorithmen. In: Frank, H. (Hg.): Lehrmaschinen in kybernetischer und pädagogischer Sicht. München 1964.

ARGYRIS, C.: Personality and organization. New York 1957.

ARGYRIS, C.: Integrating the individual and the organization. New York 1964.

ARGYRIS, C.: Management and organizational development. New York 1971.

ARMSTRONG, M.: How to be a Better Manager. Guildford 1983.

ARNOLD, R.: Beruf Betrieb Betriebliche Bildungsarbeit. Einführung in die Betriebspädagogik. Frankfurt/M. 1982.

ARNOLD, R.: Deutungsmuster und pädagogisches Handeln in der Erwachsenenbildung. Aspekte einer Sozialpsychologie der Erwachsenenbildung und einer erwachsenenpädagogischen Handlungstheorie. Bad Heilbrunn 1985.

ARNOLD, R.: Betriebspädagogik. Berlin 1990.

ARNOLD, R./MÜLLER, H.-J.: Betriebspädagogik und Organisationsentwicklung - ein Verhältnis besserwisserischer Konkurrenz oder erfolgreicher Kooperation? In: ARNOLD, R. (Hg.): Taschenbuch der betrieblichen Bildungsarbeit. Hohengehren 1991, 16-28.

ATTEMS, R.: Führung ist Beziehungssache! In: Managementcenter Vorarlberg 1985. Wege für die Entwicklung von Menschen und Organisationen. Dornbirn 1985.

AUER, A.: Wirtschaft und Ethik. Prolegomena zu einem schwierigen Dialog. In: SOMMER, K. H. (Hg.): Betriebspädagogik in Theorie und Praxis. Festschrift Wolfgang Fix zum 70. Geburtstag. Esslingen 1990.

AXMACHER, D.: Erwachsenenbildung im Kapitalismus. Ein Beitrag zur politischen Ökonomie des Ausbildungssektors in der BRD. Frankfurt/M. 1974

BAEYER-KATTE, W. v.: Sozialisation im politischen Verhalten. In: Handbuch der Psychologie. Bd. 7. Sozialpsychologie, 2. Halbbd.: Forschungsbereiche. Göttingen 1972.

BALES, R. F.: Interaction process analysis. A method for the study of small groups. Cambridge/Mass. 1950.

BALZEREIT, B.: Betriebspsychologie. München 1991.

BAMMÉ, A./FEUERSTEIN, G./HOLLING, E.: Destruktiv-Qualifikationen. Zur Ambivalenz psycho-sozialer Fähigkeiten. Bensheim 1982.

BARNARD, Ch. I.: The functions of executive. Cambridge/Mass. 1938.

BARNARD, Ch. I.: Die Führung großer Organisationen. Essen 1970.

BATESON, G.: Geist und Natur. Eine notwendige Einheit. Frankfurt 1984.

BAUMGARDT, J.: Betriebspädagogik. In: GAUGLER, E. (Hg.): Handwörterbuch des Personalwesens. Stuttgart 1975, 642-655.

BAUMGARTNER, J.: Stufe und Schwelle zur unternehmerischen Zukunft. In: io Management Zeitschrift 6/1978.

BEA, F. X./DICHTL, E./SCHWEITZER, W. (Hg.): Allgemeine Betriebswirtschaftslehre Bd. 2: Führung. Stuttgart/New York 1983.

BEER, S.: Kybernetik und Management. Frankfurt/M. 1963.

BENNIS, W. G.: Leadership theory and administrative behavior: The problem of authority. In: Administrative Science Quarterly 12/1959, 259-301.

BENNIS, W. G.: Organisationsentwicklung. Ihr Wesen, ihr Ursprung, ihre Aussichten. Baden-Baden/Bad Homburg vor der Höhe 1972.

BERNATH-KAUFMANN, L.: Selbstsicherheit als Lernprozeß. Münster 1985.

BERTALANFFY. L. v.: The Theory of Open Systems in Physics and Biology. In: Science. Bd. 111/1950, 23 ff. Wiederabdruck in: EMERY, F. E. (Hg.): Systems Thinking. Hamondsworth 1969.

BERTHEL, J.: Führungskräfteentwicklung. In: KIESER, A./REBER, G./WUNDERER, R. (Hg.): Handwörterbuch der Führung. Stuttgart 1987, 591-601.

BIRKENBEIL, E. J.: Verantwortliches Handeln in der Erziehung. Eine Herausforderung für die Dialogische Pädagogik. Bad Heilbrunn 1986.

BISANI, F.: Personalführung. Wiesbaden 1985.

BLANCHARD, K./ZIGARMI, P./ZIGARMI, D.: Leadership and the One Minute Manager. Glasgow 1990.

BLANKERTZ, H.: Theorien und Modelle der Didaktik. München 1973.

BLEICHER, K.: Führungsstile, Führungsformen und Organisationsformen 1969. In: GROCHLA, E. (Hg.): Management. Düsseldorf/Wien 1974, 187-204.

BOCK, I.: Kommunikation und Erziehung. Darmstadt 1978.

BÖCKMANN, W.: Wer Leistung fordert, muß Sinn bieten. Moderne Menschenführung in Wirtschaft und Gesellschaft. Düsseldorf 1990.

BOESCH, E. E.: Kultur und Handlung. Einführung in die Kulturpsychologie. Bern/Stuttgart/Wien 1980.

BÖNING, U.: Exzellent führen. Was Führungspersönlichkeiten wirklich erfolgreich macht. Was tun sie? Wie wirken sie? Freiburg/Br. 1989.

BÖNISCH, S.: Einige philosophisch-methodologische Fragen. In: FRIEDRICH, W. (Hg.): Methoden der marxistisch-leninistischen Sozialforschung. Berlin (Ost) 1970.

BOLLNOW, O.: Existenzphilosophie und Pädagogik. Stuttgart 1968.

BRANDL, R.: Kurzbericht II - zum Tagesthema "Technik und Gesellschaft". In: PB-Politische Bildung. Zeitschrift für Erwachsenenbildung. 3-4/1986.

BRAVERMANN, H.: Die Arbeit im modernen Produktionsprozeß. Frankfurt/M./New York 1977.

BREZINKA, W.: Von der Pädagogik zur Erziehungswissenschaft. Weinheim/Berlin/Basel 1971a.

BREZINKA, W.: Erziehung als Lebenshilfe. Eine Einführung in die pädagogische Situation. Wien/Stuttgart 1971b.

BREZINKA, W.: Tüchtigkeit. Analyse und Bewertung eines Erziehungszieles. München/Basel 1987.

BREZINKA, W.: Grundbegriffe der Erziehungswissenschaft. Analyse, Kritik, Vorschläge. München/Basel 1990.

BRUNER, J. S./TAGIURI, R.: The perception of people. In: LINDZEY, G. (Hg.): The Handbook of Sozial Psychology. Read./Mass. 1954. Bd. 1, 634-654.

BUNK, G. P.: Technologischer Wandel und antizipative Berufsbildung. In: Zeitschrift für Berufs- und Wirtschaftspädagogik 4/1981.

BUNK, G. P.: "Schlüsselqualifikationen" anthropologisch-pädagogisch begründet. In: SOMMER, K. H. (Hg.): Betriebspädagogik in Theorie und Praxis. Festschrift Wolfgang Fix zum 70. Geburtstag. Esslingen 1990, 175-188.

BUNK, G. P./FLICKE, O. B.: Wirtschaftlich-technischer Wandel und Arbeitsqualifikation in der Industriegesellschaft. In: Müllges, U. (Hg.): Handbuch der Berufs- und Wirtschaftspädagogik. Bd. 1. Düsseldorf 1979.

BURNHAM, J.: Das Regime der Manager. Stuttgart 1949.

CAMPBELL, J. P./DUNNETTE, M. D./LAWLER, E. E./WEICK, K. E.: Managerial behavior, performance, and effectiveness. New York 1970.

CAREY, A.: The Hawthorne Studies - A radical criticism. In: American Sociological Review 32/1967, 403-4166.

CARTWRIGHT, D./ZANDER, A. (Hg.): Group dynamics. Research and theory. New York 1968.

COCH, L./FRENCH Jr., R. J. P.: Overcoming resistance to change. In: Human Relations. O. O. 1948. Bd. 1, 512-532.

COLIN, J. M.: After X and Y comes Z. Personnel Journal 1971, S. 56.

COMELLI, G.: Training als Beitrag zur Organisationsentwicklung. Handbuch der Weiterbildung für die Praxis in Wirtschaft und Verwaltung. München/Wien 1985.

CORRELL, W.: Verstehen und lernen. Grundlagen der Verhaltenspsychologie. Landsberg/Lech 1987.

CROTT, H.: Soziale Interaktion und Gruppenprozesse. Stuttgart 1979.

CZYCHOLL, R.: Grundfragen der Berufsbildung. In: Qualifizierung der Ausbilder. 2. Teil. München 1974.

DAHMS, K.: Über die Führung. München/Basel 1963.

DAHMS, W./GERL, H.: Evaluation und Transfer in der betrieblichen Weiterbildung. In: ARNOLD, R. (Hg.): Taschenbuch der betrieblichen Bildungsarbeit. Baltmannsweiler 1991.

DAHRENDORF, R.: Homo sociologicus. Ein Versuch zur Geschichte, Bedeutung und Kritik der sozialen Rolle. Köln/Opladen 1965.

DANNER, H.: Methoden geisteswissenschaftlicher Pädagogik. Einführung in Hermeneutik, Phänomänologie und Dialektik. München/Basel 1979.

DARWIN, C. R.: On the origin of species by means of natural selection. O. O. 1859.

DAUENHAUER, E.: Kategoriale Didaktik. München 1969.

DECKER, F.: Aus- und Weiterbildung am Arbeitsplatz. Neue Ansätze und erprobte berufspädagogische Programme. München 1985.

DELVENTHAL, B.: Neue technische Entwicklungen und ihre Auswirkungen auf die berufliche Bildung im Handwerk. In: Bildung und Erziehung 1/1985.

DERBOLAV, J.: Versuch einer wissenschaftstheoretischen Grundlegung der Didaktik. In: Zeitschrift für Pädagogik, 2. Beiheft. Weinheim 1964, 17.

DERBOLAV, J.: Systematische Perspektiven der Pädagogik. Heidelberg 1971.

DILTHEY, W.: Die geistige Welt. Einleitung in die Philosophie des Lebens. Gesammelte Schriften Bd. 5. Leipzig/Berlin 1924.

DILTHEY, W.: Der Aufbau der geschichtlichen Welt in den Geisteswissenschaften. Gesammelte Schriften Bd. 7. Leipzig/ Berlin 1927.

DOHMKE, H.: Erziehungsmethoden. In: WEBER, E. (Hg.): Pädagogik - eine Einführung. Bd. 2. Donauwörth 1973.

DOLCH, J.: Grundbegriffe der pädagogischen Fachsprache. München 1969.

DOMSCH, M.: Systemgestützte Personalarbeit. Wiesbaden 1980.

DÖRSCHEL, A.: Einführung in die Wirtschaftspädagogik. München 1971.

DÖRSCHEL, A.: Betriebspädagogik. Berlin 1975.

DUDEN ETYMOLOGIE: Herkunftswörterbuch der deutschen Sprache. Duden Bd. 7. Mannheim/Wien/Zürich 1963.

DUDEN BEDEUTUNGSWÖRTERBUCH: Wortbildung und Wortschatz. Duden Bd. 10. Mannheim/Zürich/Wien 1985.

DULISCH, F.: Lernen als Form menschlichen Handelns. Eine handlungstheoretisch orientierte Analyse von Lernprozessen unter bes. Berücksichtigung des Selbststeuerungsaspektes. Bergisch Gladbach 1986.

DÜRR, W.: Betriebspädagogik. In: LENZEN, D. (Hg.): Pädagogische Grundbegriffe. Bd. 1, 191-195. Reinbek/H. 1989a.

DÜRR, W. (Hg.): Organisationsentwicklung als Kulturentwicklung. Einübung in die Wahrnehmung eines Ganzen. Baltmannsweiler 1989b.

DÜRR, W.: Unternehmenskultur - Restvariable oder Wahrnehmung eines Ganzen? Baltmansweiler 1989c. In: DÜRR, W. (Hg.): Organisationsentwicklung als Kulturentwicklung. Einübung in die Wahrnehmung eines Ganzen. Baltmannsweiler 1989b.

DYLLICK, T.: Management - Arbeit für ganze Menschen. In: Ulich, H. (Hg.): Management Philosophie für die Zukunft. Gesellschaftlicher Wertewandel als Herausforderung an das Management. Bern/Stuttgart 1981.

EICKER, F.: Zur Diskussion über das Handlungslernen in der Berufsbildung. In Zeitschrift für Berufs- und Wirtschaftspädagogik 8/1984.

EINSIEDLER, H. E.: Führung nach oben. In: ROSENSTIEL, L. v./ REGNET, E./DOMSCH, M. (Hg.): Führung von Mitarbeitern. Handbuch für erfolgreiches Personalmanagement. Stuttgart 1991, 207-217.

ETZIONI, A.: Soziologie der Organisation. München 1967.

EUGSTER, H. U.: POVP: "Problemorientierter Veränderungsprozeß". Eine Strategie zur Lösung komplexer Probleme. In: io Management Zeitschrift 11/1984.

FALLON, W. K. (Hg.): AMA Management Handbook. New York 1983.

FAYOL, H.: Allgemeine und industrielle Verwaltung. München/ Berlin 1929.

FESTINGER, L.: Theorie der kognitiven Dissonanz. Herausgegeben von Martin Irle und Volker Möntmann. Bern/Stuttgart/Wien 1978.

FIEDLER, F. E. A.: Theorie of Leadership Effectiveness. New York 1967.

FIEDLER, F. E./CHEMERS, M. M./MAHAR, L.: Der Weg zum Führungserfolg. Ein Selbsthilfeprogramm für Führungskräfte. Stuttgart 1979.

FLITNER, W.: Das Selbstverständnis der Erziehungswissenschaft in der Gegenwart. Heidelberg 1957.

FLITNER, W.: Theorie des pädagogischen Weges. Weinheim 1968.

FRANKE, G.: Die Handlungsweise der Auszubildenden bei der Arbeit. In: FRANKE, G./KLEINSCHMITT, M. et al.: Der Lernort Arbeitsplatz. Eine Untersuchung der arbeitsplatzgebundenen Ausbildung in ausgewählten elektrotechnischen Berufen der Industrie und des Handwerks. Berlin/Köln 1987.

FRANKE, J./KÜHLMANN, T. M.: Führungsgrundsätze. Sind sie Pflichtübung oder echte Hilfe? In: io Management Zeitschrift 2/86 (Sondernummer), 80-81.

FRANKL, V. E.: Der Wille zum Sinn. Ausgewählte Vorträge über Logotherapie. Bern 1972.

FREIESLEBEN, U.: Bildung im Strukturwandel von Unternehmen. Dissertation/Universität Klagenfurt. Klagenfurt 1985.

FRESE, H.: Mitarbeiterführung. Würzburg 1988.

FREY, D.: Die Theorie der kognitiven Dissonanz. In: FREY, D. (Hg.): Kognitive Theorien der Sozialpsychologie. Bern 1978, 243-292.

FRIEDRICHS, J.: Methoden empirischer Sozialforschung. Opladen 1990.

FRITSCHI, W.: In Prioritäten leben - Spannungen aushalten. In: io Management Zeitschrift 7/8 1986, 333-336.

FRITZ, J.: Möglichkeiten und Grenzen interaktionspädagogischer Methoden. In: Fritz, J. (Hg.): Interaktionspädagogik - Methoden und Modelle. München 1975.

FRÖHLICH, W. Personalführung. Führungsstil Mitarbeiterbeurteilung Motivation - Sozialleistungen Vorschlagswesen Organisation. München 1990.

GABELE, E./KRETSCHMER, H.: Unternehmensgrundsätze. Zürich 1986.

GADAMER, H. G.: Wahrheit und Methode. Tübingen 1960.

GADAMER, H. G./VOGLER, P. (Hg.): Neue Anthropologie. Bd. 1-7. Stuttgart 1972-1976.

GALTON, F.: Hereditary Genius. O. O. 1869.

GAUGLER, E. et al.: Leistungsbeurteilung in der Wirtschaft. Baden-Baden 1978.

GAUGLER, E. (Hg.): Betriebliche Weiterbildung als Führungsaufgabe. Herausgegeben von Eduard Gaugler zum 80. Geburtstag von August Marx. (Zur Vermittlung von Schlüsselqualifikationen S. 69 ff.). Wiesbaden 1987.

GECK, L. H. A.: Wesen und Aufgabe der Betriebspädagogik. In: FELD, F. (Hg.): Grundfragen der Erziehung für Beruf und Wirtschaft. Stuttgart/Berlin 1939.

GEIßLER, H.: Management-Education. In: LENZEN, D. (Hg.): Pädagogische Grundbegriffe. Bd. 2. Reinbek/H. 1989a, 1031-1035.

GEIßLER, H.: Betriebspädagogik. In: LENZEN, D. (Hg.): Pädagogische Grundbegriffe. Bd. 1. Reinbek/H. 1989b, 191-196.

GEIßLER, H.: Methode. Reinbek/H. In: LENZEN, D. (Hg.): Pädagogische Grundbegriffe. Bd. 2. Reinbek/H. 1989c, 1045-1052.

GEIßLER, H. (Hg.): Neue Aspekte der Betriebspädagogik. Frankfurt/M.-/Bern/New York/Paris 1990.

GEIßLER, Kh. A.: Berufserziehung und kritische Kompetenz. Ansätze einer Interaktionspädagogik. München/Basel 1974.

GIBB, C. A.: Leadership. In: LINDZEY, G./ARONSON, E. (Hg.): The Handbook of Social Psychology. Bd. 4. Reading/Mass. 1969.

GOFFMAN, E. Stigma. Über Techniken der Bewältigung beschädigter Identität. Frankfurt/M. 1967.

GOTTSCHALL, D.: Ein Rätsel für den Chef. In: Manager Magazin 11/1978.

GÖTZE, A. (Hg.): Trübners Deutsches Wörterbuch. Bd. 2. Berlin 1940.

GREIF, S.: Handlungstheoretische Ansätze. In: Frey, D./Greif, S. (Hg.): Sozialpsychologie. München 1983, 88-99.

GREINER, A. J.: Unternehmensführung. Management in der Praxis. Landsberg/Lech 1983.

GRIESE, H.: Erwachsenensozialisationsforschung. In: SIEBERT, H. (Hg.): Taschenbuch der Weiterbildungsforschung. Baltmannsweiler 1979, 172-210.

GROCHLA, E.: Betrieb, Betriebswirtschaft und Unternehmung. In: GROCHLA, E./WITTMANN, W. (Hg.): Handwörterbuch der Betriebswirtschaft. Stuttgart 1974.

GROSS, H. F.: Lehren und Leiten in Unterricht und Arbeitswelt. Grundlagen und Praxis. Neuwied/Berlin/Frankfurt/M. 1991.

GRUNWALD, W./LILGE, H.-G. (Hg.): Partizipative Führung. Betriebswirtschaftliche und sozialpsychologische Aspekte. Bern/Stuttgart 1980.

GUARDINI, R./BOLLNOW, W.: Begegnung und Bildung. Würzburg 1960.

GULLASCH, R./HENTSCHEL, G./KEISER, W. et al.: Psychologische Grundlagen der Persönlichkeitsentwicklung. Berlin 1988.

HABERMAS, J.: Erkenntnis und Interesse. Frankfurt/M. 1970.

HABERMAS, J./LUHMANN, N.: Theorie der Gesellschaft oder Sozialtechnologie. Frankfurt/M. 1971.

HABERMAS, J.: Theorie des kommunikativen Handelns. Frankfurt/M. 1980.

HAGER, J.: "Führung" in gruppendynamisch inspirierten Fortbildungsveranstaltungen für Führungskräfte. In: Gruppendynamik 1/1984.

HALPIN, A. W./WINER, B. J. A.: Factorial Study of the Leader Behaviour Description. Ohio State University 1957.

HAMER, E.: Die Unternehmerlücke. Stuttgart 1984.

HARGREAVES, D. H.: Interaktion und Erziehung. Pädagogische Aspekte zu zwischenmenschlichen Beziehungen. Wien 1976.

HEID, H.: Vorbemerkung zum 9. Kongreß der Deutschen Gesellschaft für Erziehungswissenschaft (DGfEW): Arbeit - Bildung - Arbeitslosigkeit. Kiel 1984.

HEIDACK, C.: Neue Methoden zur Leistungsmotivation der Außendienst-Mitarbeiter. Kissing 1981.

HEIDACK, C.: Das Paradigma der Einflußfaktoren der Betrieblichen Bildungsarbeit - Problemverschiebung und Problemveränderungen seit den 70er Jahren. In: ARNOLD, R./LIPSMEIER, A. (Hg.): Betriebspädagogik in nationaler und internationaler Perspektive. Baden-Baden 1989.

HEINEN, E./DILL, P.: Unternehmenskultur - Überlegungen aus betriebswirtschaftlicher Sicht. In: Zeitschrift für Betriebswirtschaft (ZfB) 3/1986.

HEITGER, M.: Pädagogik als Wissenschaft. Ihr Selbstverständnis und ihre Grundbegriffe. In: Psychologie des 20. Jahrhunderts. Bd. 9. München 1980.

HEITGER, M.: Über die Notwendigkeit der Bildung in der Ausbildung. In: Österreichisches Institut für Bildung und Wirtschaft. ibw-Mitteilungen Juli/August 1983.

HEMPEL, C. G.: Philosophie der Naturwissenschaften. München 1974.

HERRMANN, T.: Werteorientierung und Wertewandel. Eine konzeptuelle Analyse aus dem Blickwinkel der Psychologie. In: STACHOWIAK, H./HERRMANN, T./STAPF, K. (Hg.): Bedürfnisse, Werte und Normen im Wandel. Bd. 2: Methoden und Analysen. München 1982, 29-71.

HERSEY, P./BLANCHARD, K. H.: Management of organizational behavior: utilizing human resouces. New York 1977.

HERZBERG, F.: Work and the Nature of Man. London 1968.

HESS, W.: Unternehmensführung heisst: Vor allem Menschenführung! In: io Management Zeitschrift 2/1986, 57-59.

HEYMANN, H. H./SEIWERT, L. J.: Job Sharing. Arbeitsplatzteilung als zeitökonomische Innovation in Unternehmen und Gesellschaft. In: Harvard Manager 2/1982.

HILL, W./FEHLBAUM, R./ULRICH, P.: Organisationslehre 1. Ziele, Instrumente und Bedingungen der Organisation sozialer Systeme. Bern/Stuttgart 1989.

HILL, W./FEHLBAUM, R./ULRICH, P.: Organisationslehre 2. Theoretische Ansätze und praktische Methoden der Organisation sozialer Systeme. Bern/Stuttgart 1992.

HINTERHUBER, H.: Denken in Prozessen statt Denken in Funktionen. In: Kurier (Tageszeitung) v. 18 06 1992, Seite 6)

HOCHREUTENER, P. E.: Unternehmenskultur-Leitbilder. In: io Management Zeitschrift 1/1985.

HOEFERT, H.-W.: Psychologische und soziologische Grundlagen der Organisation. Gießen 1979.

HOFER, F. J.: Wirkungssysteme menschlichen Handelns im Unternehmen. Frankfurt/M. 1987

HOFER, M./PEKRUN, R./ZIELINSKI, W.: Die Psychologie des Lerners. In: Weidenmann, B./Krapp, A. (Hg.): Pädagogische Psychologie. Ein Lehrbuch. München/Weinheim 1986, 219-276.

HOFMANN, M.: Einführende und grundsätzliche Überlegungen zum funktionalen Management. In: HOFMANN, M./ROSENSTIEL, L. v. (Hg.): Funktionale Managementlehre. Berlin/Heidelberg/New York/London/Paris/Tokyo 1988.

HOFFMANN, F./REBSTOCK, W.: Unternehmensethik. Eine Herausforderung an die Unternehmung. In: Zeitschrift für Betriebswirtschaft 6/1989, 667-687.

HOMANS, G. C.: Theorie der sozialen Gruppe. Köln/Opladen 1960.

HORKHEIMER, M.: Traditionelle und kritische Theorie. Frankfurt/M. 1970.

HORKHEIMER, M./ADORNO, Th. W.: Dialektik der Aufklärung. Frankfurt/M. 1980.

HORVAT, P.: Controlling. München 1986.

HOUSE, R. J.: A path goal theory of leader effectiveness. In: Administration Science Quarterly 16/1971, 321-338.

HRUBI, F. R.: Kommunikationsmanagement. In: HOFMANN,M./ROSENSTIEL, L. v. (Hg.): Funktionale Managementlehre. Berlin/ Heidelberg/New York/etc. 1988.

HUBER, J./KRAINZ, E. E.: Identität. In: GRUBITZSCH, S./REXILIUS, G.: Psychologische Grundbegriffe. Mensch und Gesellschaft in der Psychologie. Ein Handbuch. Reinbek/H. 1987, 474-478.

HUBER, G. L./MANDL, H.: Das pädagogisch-psychologische Handeln: Eine Einführung in Teil III des Lehrbuches. In: Weidenmann, B./Krapp, A. (Hg.): Pädagogische Psychologie. Ein Lehrbuch. München/Weinheim 1986.

HUBNER, U.: Die Qualifizierung zum Führen von Mitarbeitern als betriebspädagogisches Problem. München 1985.

INGLEHART, R.: "The Silent Revolution". Princeton/NJ 1977.

ITIN, E.: Das IBM-Credo: Zuerst der Mensch. In: io Management Zeitschrift 5/1989, 43-45.

JESERICH, W.: Top-Aufgabe. Die Entwicklung von Organisationen und menschlichen Ressourcen. Bd. 8 des Handbuches der Weiterbildung für die Praxis in Wirtschaft und Verwaltung. München/Wien 1989.

JONAS, H.: Prinzip Verantwortung - Zur Grundlegung einer Zukunftsethik. In: Meyer, Th./Miller, S. (Hg.): Zukunftsethik und Industriegesellschaft. München 1986.

JUNG, C. G.: Psychologische Typen. Zürich 1921.

KAILER, N.: Strukturen und Entwicklungen in der Management-Fortbildung. In: KRAUS, H./KAILER, N./SANDNER, K. (Hg.): Management Development im Wandel. Wien 1990, 188-205.

KÄLIN, K./MÜRI, P.: Sich und andere führen. Psychologie für Führungskräfte und Mitarbeiter. Thun 1989.

KÄLIN, K./MÜRI, P. (Hg.): Führen mit Kopf und Herz. Psychologie für Führungskräfte und Mitarbeiter. Thun 1990.

KÄRTNER, G.: Berufliche Sozialisation und gesellschaftspolitische Handlungskompetenz. In: Zeitschrift für Pädagogik 1/1978.

KASPER, H.: Organisationskultur. Über den Stand der Forschung. Service. Wien 1987.

KATH, J.: Top-Management-Psychologie. Unternehmerisches Denken heute. München 1982.

KELLER, E. v.: Die Kulturvergleichende Managementforschung. Bern 1981.

KLAFKI, W.: Das Problem der Didaktik, I. Zur Terminologie und Methodologie des didaktischen Gesprächs. In: Zeitschrift für Pädagogik, 3. Beiheft 1963, 19 ff.

KLAFKI, W.: Studien zur Bildungstheorie und Didaktik. Dritte Studie: Engagement und Reflexion im Bildungsprozeß. Weinheim 1964.

KLAFKI, W.: Die bildungstheoretische Didaktik im Rahmen kritisch-konstruktiver Erziehungswissenschaft. In: Westermanns Pädagogische Beiträge 32/1980, 32 ff.

KLAFKI, W.: Erziehungswissenschaft als kritisch-konstruktive Theorie: Hermeneutik - Ideologiekritik. In: Zeitschrift für Pädagogik. Jubiläumsband: Pädagogische Impulse 1955-1980. Weinheim/Basel 1981.

KLAFKI, W.: Normen und Ziele in der Erziehung. In: KLAFKI, W./ RÜCKRIEM; G. M./WOLF, W./FREUDENSTEIN, R./BECKMANN, H.-K./ LINGELBACH, K.-C./IBEN, G./DIEDERICH et al.: Erziehungswissenschaft 2. Eine Einführung. Weinheim 1986, 13-51.

KLAGES, H.: Wertorientierungen im Wandel. Rückblick, Gegenwartsanalyse, Prognose. Frankfurt/M./New York 1984.

KLAGES, H.: Indikatoren des Wertewandels. In: ROSENSTIEL, L. v./EINSIEDLER, H./STREICH, R. (Hg.): Wertewandel als Herausforderung für die Unternehmenspolitik. USW-Schriften Bd. 13. Stuttgart 1987.

KLUCKHOHN, C.: Values and value-orientation in the theory of action. An exploration in definition and classification. In: Towards a General theory of Action. Parsous, T./ Shils, E. (Hg.), S. 388-433. Cambridge/Mass. 1951.

KLUGE, F.: Etymologisches Wörterbuch der deutschen Sprache. Berlin/New York 1989.

KMIECIAK, P.: Wertstrukturen und Wertwandel in der Bundesrepublik Deutschland. Göttingen 1976.

KNEISSL, H.-D.: Für die Zukunft gerüstet. Personalpolitik bei Siemens Österreich. In: Österreichs Manager auf dem Internationalen Prüfstand. WdF-Edition Bd. 19 (Wirtschaftsforum der Führungskräfte) Wien 1992.

KNOWLES, H. P./SAXBERG, B. O.: Human Relations and the Nature of Man. In: Harvard Business Review 2/1967, 22 ff.

KOBI, J. M./WÜTHRICH, H. A.: So beurteilen und gestalten wir die Unternehmenskultur. In: io Management Zeitschrift 1/1985.

KONFERENZ DER ERWACHSENENBILDUNG ÖSTERREICHS: Terminologie der Erwachsenenbildung.
Teil 1: Veranstaltungsformen. Salzburg o.J.
Teil 2: Grundbegriffe der Erwachsenenbildung. Salzburg 1983
Teil 3: Organisationsstruktur der Erwachsenenbildung. Salzburg 1987.
Teil 4: Mitarbeiter und Teilnehmer in der Erwachsenenbildung. Salzburg 1988.

KÖHLER; W.: The Place of Value in a World of Facts. New York 1938.

KÖNIG, F.: Das wirtschaftliche Management und die christliche Wertordnung. In: Biner, A./Brenninkmeijer, B./Semler, P. (Hg.): Interdependenz von Wirtschaft und Politik - Bewährungsprobe und Führungsaufgabe. Bern/Stuttgart 1980.

KORDES, H.: Evaluation. In: LENZEN, D. (Hg.): Pädagogische Grundbegriffe, Bd. 1, 568-577. Reinbek/H. 1989.

KOSIOL, E./SZYPERSKI, N./CHMIELEWICZ, K.: Zum Standort der Systemforschung im Rahmen der Wissenschaften. In: ZfbF (Zeitschrift für betriebswirtschaftliche Forschung) 17/ 1965, 337-378.

KRAMMER, E.: Österreichs Manager auf dem internationalen Prüfstand. In: Österreichs Manager auf dem Internationalen Prüfstand. WdF-Edition Bd. 19 (Wirtschaftsforum der Führungskräfte) Wien 1992.

KRAPPMANN, L.: Soziologische Dimensionen der Identität. Strukturelle Bedingungen für die Teilnahme an Interaktionsprozessen. Stuttgart 1978.

KRAPPMANN, L.: Rolle. In: LENZEN, D. (Hg.): Pädagogische Grundbegriffe, Bd. 2, 1314-1319. Reinbek/H. 1989.

KRASENSKY, H.: Betriebspädagogik. Die erzieherische Gestaltung der zwischenmenschlichen Beziehungen im Betriebe. Wien 1952.

KRCZAL, A.: OE-Grundlagen und Entwicklungstendenzen einer sozialen Innovationsstrategie. In: Management Forum, Facultas 4/1979.

KRETSCHMER, E.: Körperbau und Charakter. Berlin 1921.

KROH, O.: Revision der Erziehung. Heidelberg 1959.

KRON, F. W.: Begriff und Definition antiautoritärer Erziehung. In: KRON, F. W. (Hg.): Antiautoritäre Erziehung. Bad Heilbrunn 1973.

KUENHEIM, E. v.: BMW Handlungsmaximen. München 1991

KUHN, A.: Unternehmensführung. Bochum 1981.

LAABS, H.-J./DIETRICH, G./DREFENSTEDT, E. et al. (Hg.): Pädagogisches Wörterbuch. Berlin 1987.

LANDMANN, M.: Der Mensch als Schöpfer und Geschöpf der Kultur. Geschichts- und Sozialanthropologie. München/Basel 1961.

LANDMANN; M.: Philosophische Anthropologie. Menschliche Selbstdarstellung in Geschichte und Gegenwart. Berlin/New York 1982.

LANGEVELD, M. J.: Einführung in die Pädagogik. Stuttgart 1961.

LANGEWAND, A.: Handeln. In: LENZEN, D. (Hg.): Pädagogische Grundbegriffe, Bd. 1, 699-705. Reinbek/H. 1989.

LATTMANN, C.: Die verhaltenswissenschaftlichen Grundlagen der Führung des Mitarbeiters. Bern/Stuttgart 1982.

LAU, J. B.: Behaviour in organization. Homewood/Illinois 1975.

LAUTERBURG, Ch.: Organisationsentwicklung - Strategie der Evolution. In io Management Zeitschrift 1/1980.

LAUTERBURG, Ch.: Führung in den Neunzigerjahren. Die Veränderung der Führungsfunktion im Zeitalter des raschen Wandels. In: Organisationsentwicklung 1/1990.

LAUX, J.: >Personal growth< durch betriebliche Bildung? In: ARNOLD, R. (Hg.): Taschenbuch der betrieblichen Bildungsarbeit. Hohengehren 1991.

LAY, R.: Dialektik für Manager. Einübung in die Kunst des Überzeugens. Reinbek/H. 1977.

LAY, R.: Das Bild des Menschen. Psychoanalyse für die Praxis. Frankfurt/M./Berlin 1989a.

LAY, R.: Ethik für Manager. Düsseldorf/Wien/New York 1989b.

LAY, R.: Meditationstechniken für Manager. Methoden zur Persönlichkeitsentfaltung. Frankfurt/M./Berlin 1989c.

LAY, R.: Ethik für Wirtschaft und Politik. Frankfurt/M./Berlin 1991a.

LAY, R.: Philosophie für Manager. Düsseldorf 1991b.

LAY, R.: Führen durch das Wort. Fremd- und Eigensteuerung, Motivation, Kommunikation, Praktische Führungsdialektik. Frankfurt/M./Berlin 1991c.

LAY, R.: Kommunikation für Manager. Düsseldorf/Wien 1991d.

LAZANSKY, W.: Handlungsorientierung als betriebliches Bildungsproblem. Ein Beitrag zur Klärung handlungstheoretischer Lernansätze in der beruflichen Praxis. Dissertation Universität Klagenfurt. Klagenfurt 1989.

LEAVITT, H. J.: Managerial psychology. Chikago 1972.

LEMPERT, W.: Leistungsprinzip und Emanzipation. Frankfurt/M. 1971a.

LEMPERT, W.: Berufliche Autonomie. Begriff, Bezeichnung und empirische Relevanz. In: LEMPERT, W.: Leistungsprinzip und Emanzipation. Frankfurt/M. 1971b.

LENZ, W.: Lehrbuch der Erwachsenenbildung. Stuttgart/Berlin/ Köln/Mainz 1987.

LEONHARDT, W.: Problemorientierte Managemententwicklung. In: Harvard Manager. Heft 2/1981.

LEONHARDT, W.: Problemfelder betrieblicher Managemententwicklung. In: Harvard Manager. Theorie und Praxis des Managements. Heft 4/1984.

LESSING, R.: Management-Entwicklung am Markt orientieren! In: io Management Zeitschrift 12/1983.

LEWIN, K.: Principles of Topological Psychology. New York 1936.

LEWIN, K./LIPPITT, R./WHITE, K. R.: Patterns of aggressive behavior in experimentally created social climates. In: Journal of Social Psychology 10/1939, 271-299.

LICHTENSTEIN, E.: Vom Sinn der erzieherischen Situation. In: Bildungsgeschichtliche Perspektiven. Ratingen 1962.

LIEGERT, F.: Führungs-Psychologie für Vorgesetzte. München 1973.

LIKERT, R.: New Patterns of Management. New York 1961.

LIKERT, R.: The human organization: Its management and value. New York 1967.

LILGE, H.-G.: Wertgrundlagen partizipativer Führung. In: GRUNWALD, W./LILGE, H.-G. (Hg.): Partizipative Führung. Betriebswirtschaftliche und sozialpsychologische Aspekte. Bern/Stuttgart 1980.

LILGE, H.-G./STEINLE, C.: Führungsgrundsätze: Instrument der Unternehmenskultur. Inhalt, Problematik und sinnvolle Nutzbarkeit. In: io Management Zeitschrift 1/1985, 25-27.

LITT, Th.: Führen oder Wachsenlassen. Eine Erörterung des pädagogischen Grundproblems. Stuttgart 1965.

LOCH, W.: Enkulturation als anthropologischer Grundbegriff der Pädagogik. In: Bildung und Erziehung Jg. 1968, 175 f.

LÜBBE, H.: Wertewandel - aktuelle Folgen des technischen und sozialen Fortschritts. In: Österreichische Sparkassenzeitung Heft 8/1986.

LUKIE, M.: Perspektiven für die betriebliche Weiterbildung. In: Zeitschrift für Berufs- und Wirtschaftspädagogik. 7/1982.

MACCOBY, M.: The Gamesman. The New Corporate Leaders. New York 1976.

MALIK, F.: Strategie des Managements komplexer Systeme. Ein Beitrag zur Management-Kybernetik evolutionärer Systeme. Bern/Stuttgart 1989.

MASER, S.: Wissenschaftstheoretische Grundlagen der Kybernetik. In: IBM-Nachrichten 188/1968, 101-111.

MASSIE, J. L.: Management theory. In: MARCH, J. G. (Hg.): Handbook of organizations. Chikago 1965, Bd. 3, 305.

MASLOW, A. H.: Motivation und Persönlichkeit. Olten/Freiburg/Br. 1977.

MAUDRICH, E.: 10 Thesen zur Gewinnung von Unternehmensidentität. Identität als Balanceakt zwischen Selbstbehauptung und Anpassung. In: Harvard Manager 3/1983.

MAYO, E.: The Social Problems of an Industrial Civilisation. Boston 1945.

McGREGOR, D.: The Human Side of Enterprise. New York/Toronto/London 1960.

McGREGOR, D.: Leadership and Motivation. Cambridge/Mass. 1972.

MEAD, G. H.: Geist, Identität und Gesellschaft aus der Sicht des Sozialbehaviorismus. Deutsch von Pacher, U. Frankfurt 1968.

MEßNER, G.: Kreativitätsförderung im Rahmen betrieblicher Innovation. Frankfurt/M. 1987.

MEYER-DOHM, P.: Organisation und Konzeption berufsbezogener Weiterbildung. In: Göbel, U./Schlaffke, W. (Hg.): Kongreß: Beruf und Weiterbildung (Stuttgart 1986). Köln 1987.

MEYER-FAJE, A.: Identitätsorientierte Führung. Ein Beitrag zum Paradigmenwechsel in der Führungspraxis. Bern/Stuttgart 1990.

MILES, R. E.: Theories of management. New York 1975.

MILES, R. E./PORTER, L. W./CRAFT, J. A.: Leadership attitudes among public health officials. American Journal of Public Health 12/1966.

MOLLENHAUER, K.: Pädagogik und Emanzipation. München 1970.

MOLLENHAUER, K.: Theorien zum Erziehungsprozeß. Eine Einführung in erziehungswissenschaftliche Fragestellungen. München 1972.

MÜHLHOFF, W. R.: Modell einer theoretischen Grundlegung der Führungskräfteweiterbildung - das Konzept der Ziel-, Partner und Situationsorientierung. In: Göbel, U./SCHLAFFKE, W. (Hg.): Kongreß: Beruf und Weiterbildung (Stuttgart 1986). Köln 1987.

MÜLLER, K. R.: Entscheidungsorientierte Betriebspädagogik. Die Erforschung von Erziehungsproblemen in Betrieben. München/Basel 1973.

MÜLLER, R.: Führung 2000: Kapital in High-Tech, Vertrauen in Mitarbeiter investieren. In: io Management Zeitschrift 1/1990.

MÜLLER, W. R.: Führung und Identität. Bern/Stuttgart 1981.

MÜLLGES, U.: Bildung und Berufsbildung. Die theoretische Grundlegung des Berufserziehungsproblems durch Kerschensteiner, Spranger, Fischer und Litt. Ratingen 1967.

MÜNCH, J.: Unternehmenskultur im Wandel und Folgerungen für die Personalentwicklung. In: ARNOLD, R. (Hg.): Taschenbuch der betrieblichen Bildungsarbeit. Baltmannsweiler 1991, 111-121.

MÜRI, P.: Organisationsentwicklung. In: Die Unternehmung, Jg. 1979, 115 ff.

MÜRI, P.: Erfolg durch Kreativität. Egg-Zürich 1984.

MÜRI, P.: "Der Fisch stinkt am Kopf zuerst". In: io Management Zeitschrift (Sondernummer) 2/1986a.

MÜRI, P.: Der Chef: Viele Rollen - eine Persönlichkeit. In: io Management Zeitschrift 7-8/1986b.

NAISBITT, J.: Megatrends. 10 Perspektiven die unser Leben verändern werden. Bayreuth 1984.

NAUMANN, W.: Einführung in die Pädagogik. Berlin 1980.

NEUBERGER, O.: Führungsverhalten und Führungserfolg. Berlin 1976.

NEUBERGER, O.: Arbeit. Begriff - Gestaltung - Motivation - Zufriedenheit. Stuttgart 1985.

NEUBERGER, O.: Führung (ist) symbolisiert. Plädoyer für eine sinnvolle Führungsforschung. In: WIENDIECK, G./WISWEDE, G. (Hg.): Führung im Wandel. Neue Perspektiven für Führungsforschung und Führungspraxis. Stuttgart 1990a.

NEUBERGER, O.: Führen und geführt werden. Stuttgart 1990b.

NEUBERGER, O.: Mikropolitik. In: ROSENSTIEL, L. v./REGNET, E./ DOMSCH, M. (Hg.): Führung von Mitarbeitern. Handbuch für erfolgreiches Personalmanagement. Stuttgart 1991, 35-41.

NEUBERGER, O./PFÜTZNER, R: Besser führen. Grundlagen. München 1991.

NEUBERGER, O./CONRADI, W./MAIER, W.: Individuelles Handeln und sozialer Einfluß. Einführung in die Sozialpsychologie. Opladen 1985.

NEUNER, G./BABANSKI, J. K./DREFENSTEDT, E. et al. (Hg.): Pädagogik. Berlin (Ost) 1988.

NIEDER, P.: Humanisierung und Führung. In: KIESER, A./REBER, G./WUNDERER, R. (Hg.): Handwörterbuch der Führung. Stuttgart 1987, 1078-1084.

NIBBRIG, B.: Überlegungen zum Erkenntnisobjekt und Wissenschaftsprogramm der Betriebspädagogik. In: Die Deutsche Berufs- und Fachschule 9/1973, 663-671.

NOELLE-NEUMANN, E./STRÜMPEL, B.: Macht Arbeit krank? Macht Arbeit glücklich? München 1984.

NOHL, H.: Die pädagogische Bewegung in Deutschland und ihre Theorie. Frankfurt/M. 1963.

NOHL, H.. Der pädagogische Bezug. In: Kron, F. (Hg.): Das erzieherische Verhältnis. Bad Heilbrunn 1970.

ORTHBANDT, E.: Geschichte der großen Philosophen und des philosophischen Denkens. Eine Auswahl. Hanau/M. o. J.

OSWALD, H.: Interaktion. In: LENZEN, D. (Hg.): Pädagogische Grundbegriffe. Bd. 1, 755-763. Reinbek/H. 1989.

OUCHI, W.: Theory Z. Reading/Mass. 1981.

PARSONS, T.: Structure and Process in Modern Societies. New York 1960.

PARSONS, T.: An Outline of the Social System. In: PARSONS, T. et al. (Hg.): Theories of Society. Bd. 1. Glenoce/Illinois 1968.

PELINKA, A.: Dynamische Demokratie. Stuttgart 1974.

PETERS, U. H.: Wörterbuch der Tiefenpsychologie. München 1978.

PETERS, Th. J./WATERMANN, R. H.: Auf der Suche nach Spitzenleistungen. Was man von den bestgeführten US-Unternehmen lernen kann. München 1990.

PETERßEN, W. H.: Der qualifizierte Ausbilder - Curriculare Vorüberlegungen zur Aus-, Fort- und Weiterbildung von Ausbildern. In: SOMMER, K. H. (Hg.): Betriebspädagogik in Theorie und Praxis. Festschrift Wolfgang Fix zum 70. Geburtstag. Esslingen 1990, 205-220.

PEUCKERT, R.: Soziale Rolle. In: SCHÄFERS, B. (Hg.): Grundbegriffe der Soziologie. Opladen 1986c, 252-256.

PFOHL, H.-Ch.: Planung und Kontrolle. Stuttgart etc. 1981

PIEPER, J.: Schlüsselpersonen erwerben Schlüsselqualifikationen. In: SATTELBERGER, T. (Hg.): Innovative Personalentwicklung. Grundlagen Konzepte Erfahrungen. Wiesbaden 1989, 70-79.

PLESSER, H.: Was machen die Unternehmer?. Freiburg 1974.

POLLARD, H. R.: Developments in Management Thought. London 1973.

PONGRATZ, G.: Didaktik und Beruf. Zum Ansatz einer situationsorientierten Didaktik am Beispiel der Weiterbildung. Habilitationsschrift an der Universität für Bildungswissenschaft Klagenfurt. Klagenfurt 1982.

PONGRATZ, G.: Unterricht mit Erwachsenen. Zur situationsorientierten Weiterbildung in Wirtschaft und Beruf. Frankfurt/ M./Bern/New York 1987.

PONGRATZ, G.: Didaktik im Unternehmen. In: GEIßLER, H.: Neue Qualitäten betrieblichen Lernens. Frankfurt/M./Bern/New York/Paris 1992, 31-36.

POPP, W.: Disponibilität des Lehrers. In: Dohmen, G./MAURER, F. (Hg.): Unterricht - Aufbau und Kritik. München 1971.

POPPER, K. R.: Logik der Forschung. Tübingen 1966.

PORTER, E. H.: Anmerkungen zur Entwicklung der Theorie über die Bewußtheit von Beziehungen. In: Zeitschrift für Sozialpsychologie und Gruppendynamik 1/1983.

PORTMANN, A.: Zoologie und das neue Bild vom Menschen. Hamburg 1962.

PREYER, K.: Berufs- und Betriebspädagogik. Einführung und Grundlegung. München/Basel 1978.

PÜMPIN, C.: Unternehmenskultur, Unternehmensstrategie und Unternehmenserfolg. In: ATAG (Hg.): Die Bedeutung der Unternehmenskultur für den künftigen Erfolg ihres Unternehmens. Zürich 1984.

REBER, G.: Eröffnungsvortrag Personalwesen-Organisation. In: REBER, G. (Hg.): Personal- und Sozialorientierung der Betriebswirtschaftslehre. Stuttgart 1977.

REDDIN; W. J.: Das 3-D-Programm. Zur Leistungssteigerung des Managements. Landsberg 1981.

REHN, G.: Grundlagen und Problemstellung der Organisationsentwicklung. In: KOCH, U./MEUERS, H./SCHUCK, M.: Organisationsentwicklung in Theorie und Praxis. Zürich 1980.

RESCHER, N.: What is value change? A framework for research. In: BAIER, K./RESCHER, N. (Hg.): Values and the future. New York 1969.

RHEINBERG, F./MINSEL, B.: Psychologie des Erziehers. In: WEIDEMANN, B./KRAPP, A./et al. (Hg.): Pädagogische Psychologie. Ein Lehrbuch. München/Weinheim 1986.

RICHTER, M.: Personalführung im Betrieb. die theoretischen Grundlagen und ihre praktische Anwendung. München/Wien 1989.

RIEDEL, J.: Arbeitspädagogik im Betrieb. Essen 1958.

RIEKHOF, H. C.: Grenzen der Mitarbeiterführung. In: Harvard Manager. Theorie und Praxis des Managements. Heft III/1985.

RIECKMANN, H.: Organisationsentwicklung - oder: Das Problem der Organisationen von Lernen in Organisationen, die lernen wollen (sollen) ... In: AGOGIK. Zeitschrift für Fragen sozialer Gestaltung 4/1983.

ROETHLISBERGER, F. J./DICKSON, W. J.: Management and the worker. Cambridge 1939.

ROGERS, C. R.: Counselling and psychotherapy: Newer concepts in practice. Boston 1942.

ROGERS, C. R.: Die klientenzentrierte Gesprächspsychotherapie. Client-Centered Therapy. Frankfurt/M. 1987.

ROHRBACH, B.: Techniken des Lösens von Innovationsproblemen. In: Schriften für Unternehmensführung Nr. 15. Wiesbaden 1972.

RÖSCH, G.: Qualifikation und Handeln. Ein Beitrag zur Bestimmung von Qualifikationselementen aus beobachtbarem Arbeitshandeln. Frankfurt/Bern/New York/Paris 1987.

ROSE, M.: Industrial Behavior. London 1975.

ROSENKRANZ, H./GEISSLER, H. A.: Pädagogik für Ausbilder. Curriculare Ansätze zur psychologisch-pädagogischen Qualifikation von Ausbildern im Betrieb. Wiesbaden 1977.

ROSENSTIEL, L. v.: Führung bei Leistungszurückhaltung. In: KIESER, A./REBER, G./WUNDERER, R. (Hg.): Handwörterbuch der Führung. Stuttgart 1987, 1319-1329.

ROSENSTIEL, L. v.: Die Arbeitsgruppe. In: ROSENSTIEL, L. v./ REGNET, E./DOMSCH, M. (Hg.): Führung von Mitarbeitern. Handbuch für erfolgreiches Personalmanagement. Stuttgart 1991a, 265-282.

ROSENSTIEL, L. v.: Grundlagen der Führung. In: ROSENSTIEL, L. v./ REGNET, E./DOMSCH, M. (Hg.): Führung von Mitarbeitern. Handbuch für erfolgreiches Personalmanagement. Stuttgart 1991b, 3-24.

ROSENSTIEL, L. v./NERDINGER, F. W./SPIEß, E.: Was morgen alles anders läuft. Die neuen Spielregeln für Manager. Düsseldorf/Wien/New York 1991.

ROSENSTIEL, L. v./REGNET, E./DOMSCH, M. (Hg.): Führung von Mitarbeitern. Handbuch für erfolgreiches Personalmanagement. Stuttgart 1991.

ROSNER, L.: Umgang mit der Macht. In: Management und Wissen. Jahrbuch 9. Würzburg 1981.

RÖSSNER, L.: Einführung in die anylytisch-empirische Erziehungswissenschaft. Freiburg/Br. 1979.

RUMMLER, H. M.: Die Bedeutung der Schlüsselqualifikationen für die Weiterbildung von Führungskräften. Frankfurt/M./Bern/ New York/Paris. 1991.

RUMPF, H.: Unterricht und Identität - Perspektiven für ein humanes Lernen. München 1982.

RUMPF, H.: Personalführung. München 1991.

RÜDENAUER, M.: Ökologisch führen. Evolutionares Wachstum durch ganzheitliche Führung. Wiesbaden 1991.

RÜTTINGER, R.: Unternehmenskultur. Erfolge durch Vision und Wandel. Düsseldorf/Wien 1986.

SAHM, A.: Konfliktlösung im Betrieb. Spiel mit dem Feuer. In: Management Wissen. Das Magazin für Führungskräfte 9/1984.

SASSEN, H. v.: Kann eine Organisation lernen? In: AGOGIK. Zeitschrift für Fragen sozialer Gestaltung 4/1983.

SATTELBERGER, T.: Personalentwicklung als strategischer Erfolgsfaktor. In: SATTELBERGER, T. (Hg.): Innovative Personalentwicklung. Grundlagen Konzepte Erfahrungen. Wiesbaden 1989.

SCHANZ, E.: Betriebliches Ausbildungswesen. Wiesbaden 1979.

SCHÄFER, K.-H./SCHALLER, K.: Kritische Erziehungswissenschaft und kommunikative Didaktik. Heidelberg 1976.

SCHEIN, E. H.: Organisationspsychologie. Wiesbaden 1980.

SCHEER. K.-D.: Rolle. In: GRUBITZSCH, S./REXILIUS, G.: Psychologische Grundbegriffe. Mensch und Gesellschaft in der Psychologie. Ein Handbuch. Reinbek/H. 1987, 901-905.

SCHERTLER, W.: Unternehmensorganisation. Lehrbuch der Organisation und strategischen Unternehmensführung. München/Wien 1988.

SCHIEFELE, H.: Lernmotivation und Motivlernen. München 1974.

SCHIEFELE, H./TRÖGER, W.: Pädagogik für Erzieher II. München 1973.

SCHLAFFKE, W.: Betriebliche Weiterbildung zwischen Qualifikationserfordernissen der Wirtschaft und beruflichen Chancen des einzelnen. In: SCHLAFFKE, W./WINTER, H. (Hg.): Perspektiven betrieblicher Weiterbildung. Leistungen und Aufgaben. Köln 1985.

SCHMIDTCHEN, G.: Neue Technik - Neue Arbeitsmoral. Köln 1984.

SCHMIDT, W.: Führungsethik als Grundlage betrieblichen Managements. Heidelberg 1986.

SCHMIEL, M.: Betriebspädagogik. In: Wörterbuch der Berufs- und Wirtschaftspädagogik. Freiburg 1973, 79-83.

SCHMIEL, M.: Berufspädagogik. Trier 1977.

SCHMIEL, M./SOMMER, K.-H.: Lehrbuch der Berufs- und Wirtschaftspädagogik. München 1985.

SCHMIEL, M./SOMMER, K.-H.: Lernförderung Erwachsener. Heidelberg 1991.

SCHNIEPER, W.: Lebensqualität im Beruf. In: io Management Zeitschrift 10/1985.

SCHOLZ, Ch.: Personalmanagement. Informationsorientierte und verhaltenstheoretische Grundlagen. München 1989.

SCHÖLER, W.: Über den Gegenstand der Unterrichtswissenschaft. In: Zeitschrift für erziehungswissenschaftliche Forschung. Sonderdruck 1967.

SCHÖLER, W.: Strukturen und Modelle des Unterrichts. Paderborn 1977.

SCHÖLER, W.: Rationalisierung und Mitarbeitermotivation. In: IRD, Institut für Rationalisierung der Druckindustrie. Frankfurt/M. 1980, 83-93.

SCHÖLER, W.: Vorwort. In: Leitner, G.: Die pädagogische Dimension der Öffentlichkeitsarbeit. Klagenfurt 1985

SCHÖLER, W.: Geleitwort in: ZELBER, S.: Unternehmensentwicklung als pädagogischer Prozeß. Ein Problemaufriß zur Klärung von Bildungs- und Sozialisationszusammenhängen im beruflichen Handlungsfeld. Frankfurt/M./Bern/New York/Paris 1991.

SCHÖLER, W./PONGRATZ, G.: Lehrverhaltenstraining für Unterricht in Schule und Betrieb. Paderborn 1978.

SCHREYÖGG, G.: Führungstheorien - Situationstheorie. In: KIESER, A./REBER, G./WUNDERER, R. (Hg.): Handwörterbuch der Führung. Stuttgart 1987, 882-892.

SCHUBERT, G.: Kontrolle. In: DWORATSCHEK, S./GUTSCH, R. W./LAUXMANN, F. et al. (Hg.): Management für alle Führungskräfte in Wirtschaft und Verwaltung II. Stuttgart 1972.

SCHULTHEISS, J.: Das "Management der Umweltbeziehungen" in sieben Thesen. In: io Management Zeitschrift 5/1988.

SCHULZE, T.: Pädagogische Situation. In: LENZEN, D. (Hg.): Pädagogische Grundbegriffe. Bd. 2, 1386-1391. Reinbek/H. 1989.

SCHURER, B.: Gegenstand und Struktur der Lernhandlung. Ein Beitrag zu einer lernzentrierten Didaktik unter besonderer Berücksichtigung des arbeitsmotorischen Lernens. Bergisch Gladbach 1984.

SCHÜTZ, A.: Der sinnhafte Aufbau der sozialen Welt. Frankfurt/ M. 1974.

SCHWARZER, E.: Menschenführung für Manager. Das neue erfolgreiche Führungskonzept. München 1979.

SCHWENK, B.: Bildung. In: LENZEN, D. (Hg.): Pädagogische Grundbegriffe, Bd. 1, 208-221. Reinbek/H. 1989.

SERFLING, K.: Controlling. Stuttgart 1983.

SHANNON, C. E./WEAVER, W.: The mathematical theory of communication. Urbana/Illinois 1949.

SHELDON, W. H.: The varities of human physique. New York 1940.

SHINODA, Y.: Gruppendynamische Formen der Menschenführung in japanischen Partnerschaftsbetrieben. In: Humane Personal- und Organisationsentwicklung. Festschrift für Guido Fischer. Berlin 1979.

SIEBERT, H.: Erwachsenenpädagogische Didaktik. In: SCHMITZ, E./TIETGENS, H. (Hg.): Enzyklopädie Erziehungswissenschaft. Bd. 11, Erwachsenenbildung. Stuttgart 1984, 171-183.

SIEBERT, H.: Identitätslernen in der Diskussion. Frankfurt/M. 1985.

SIEGWART, H./MENZL, I.: Kontrolle als Führungsaufgabe. Bern/Stuttgart 1978.

SIEVERS, B. (Hg.): Das Phasenmodell der Organisationsentwicklung. In: io Management Zeitschrift 1/1980.

SIMON, H. A.: Entscheidungsverhalten in Organisationen. Landsberg/Lech 1981.

SITTIG, C. A.: "Management-Informations-System" oder Unternehmensplanung und -steuerung. In: io Management Zeitschrift 11/1983.

SLOTTA, G.: Ziele des Gruppenunterrichtes. In: Röhrs, H. (Hg.): Didaktik. Akademische Reihe. Frankfurt 1971, 261 ff.

SÖLTENFUSS, G.. Grundlagen handlungsorientierten Lernens. Dargestellt an einer didaktischen Konzeption des Lernens im Simulationsbüro. Bad Heilbrunn 1983.

SÖLTENFUSS, G./HALFPAP, K. (Hg.): Handlungsorientierte Ausbildung im kaufmännischen Bereich. Ergebnisse der Hochschultage Berufliche Bildung 86 in Essen. St. Augustin 1987.

SPRANGER, E.: Lebensformen. Halle 1914.

STAEHLE, W. H.: Organisation und Führung sozio-technischer Systeme. Stuttgart 1973.

STAEHLE, W. H.: Management. Eine verhaltenswissenschaftliche Perspektive. München 1989.

STEGMÜLLER, W.: Probleme und Resultate der Wissenschaftstheorie und analytischen Philosophie. Bd. 1/Teil 2. Berlin/Heidelberg/New York 1974.

STENGEL, M.: Wertewandel. In: ROSENSTIEL, L. v./REGNET, E./ DOMSCH, M. (Hg.): Führung von Mitarbeitern. Handbuch für ein erfolgreiches Personalmanagement. Stuttgart 1991.

STEINECKER, W.: Die Kunst zu entwickeln - Entwicklung als Kunst. In: BAYER, M./STIEGLER, H. (Hg.): Personalentwicklung in der Wirtschaftspraxis. Linz 1991.

STIEFEL, R.T.: Humanistische Management-Schulung. Ansätze zu einer management-andragogischen Neuorientierung im Unternehmen. Frankfurt/M. 1975.

STIEFEL, R. T.: Modelle und Beispiele personaler Zukunftssicherung. In: SATTELBERGER, T. (Hg.): Innovative Personalentwicklung. Grundlagen Konzepte Erfahrungen. Wiesbaden 1989, 80-89.

STOGDILL, R. M.: Handbook of Leadership. A survey of theory and research. New York/London 1974.

STROMMER, H.: Gut ist, was dem Leben nützt. In: WdF Wirtschaftsforum der Führungskräfte 12/1992.

STUFFLEBEAM, D. L.: Evaluation als Entscheidungshilfe. In: WULF, Ch. (Hg.): Evaluation. München 1972.

TANNENBAUM, R./SCHMIDT, W. H.: How to Choose A Leadership Pattern. In: Harvard Business Review 3-4/1958, 95-101.

TAYLOR, F. W.: The Principles of Scientific Management. New York 1911.

TAYLOR, F. W.: Die Grundsätze der wissenschaftlichen Betriebsführung. Berlin/München 1917.

THIELE, A.: Lebenslanges Lernen für Führungskräfte. Köln 1987.

THOM, N.: Interessenvertretungen und Verbände der Führungskräfte. In: KIESER, A./REBER, G./WUNDERER, R. (Hg.): Handwörterbuch der Führung. Stuttgart 1987.

TREBESCH, K.: Organisationskultur: Zwischen dem Versuch totaler Verhaltenskontrolle und der Funktion sozialer Abwehr von Angst in Organisationen. In: Organisationsentwicklung. Zeitschrift der Gesellschaft für Organisationsentwicklung (GOE) 4/1985.

TRIST, E. L./BAMFORTH, K. W.: Some social and psychological consequences of the long wall method of coal getting. In: Human Relations 4/1951, 3-38.

TSCHIRKY, H: Führungsrichtlinien. Eine Grundlage zur Gliederung und inhaltlichen Gestaltung von Führungsrichtlinien. Zürich 1981.

TSCHIRKY, H./SUTER, A.: Führen mit Sinn und Erfolg. Eine Wegleitung zum gesamtheitlichen Führungsverständnis in der Praxis. Bern/Stuttgart 1990.

TÜRK, K.: Grundlagen einer Pathologie der Organisation. Stuttgart 1976.

TWARDY, M./ENGGRUBER, R./HAHN, A.: Betriebspädagogik und Organisationsentwicklung aus fachdidaktischer Perspektive. In: SOMMER K. H. (Hg.): Betriebspädagogik in Theorie und Praxis. Festschrift Wofgang Fix zum 70. Geburtstag. Esslingen 1990.

ULRICH, H.: Die Unternehmung als produktives soziales System. Bern 1968.

ULRICH, H.: Führungsphilosophie. In: KIESER, A./REBER, G./WUNDERER, R. (Hg.): Handwörterbuch der Führung. Stuttgart 1987.

ULRICH, P./FLURI, E.: Management. Eine konzentrierte Einführung. Bern/ Stuttgart 1978.

ULRICH, P./FLURI, E.: Management. Eine konzentrierte Einführung. Bern/ Stuttgart 1992.

VOLLMUTH, H.: Führungsinstrument Controlling. Planegg/München 1991.

VOß, G.: Wertewandel: Eine Modernisierung der protestantischen Ethik? In: Zeitschrift für Personalforschung 3/1990, 263-275.

VROOM V. H./YETTON, P. W.: Leadership and decision-making. Pittsburgh 1973.

WALTON, R. E.: Von der Kontrolle zur Mitverantwortung. In: Harvard Manager, Theorie und Praxis des Managements. Heft I/1986.

WATZLAWICK, P.: Von den Paradoxien der Macht. In: Trend 5/1989, 177-180.

WATZLAWICK, P./BEAVIN, J. H./JACKSON, D. D.: Menschliche Kommunikation. Formen, Störungen, Paradoxien. Bern/Stuttgart/Toronto 1990.

WEBER, H.-J.: Manager: Mythos und Wahrheit. In: WdF Wirtschaftsforum der Führungskräfte 7-8/1992.

WEBER, M.: Die protestantische Ethik und der Geist des Kapitalismus. In: WEBER, M. (Hg.): Gesammelte Aufsätze zur Religionssoziologie. Tübingen 1920.

WEBER, M.: Wirtschaft und Gesellschaft. Köln/Berlin 1964.

WEBER; M.: Wirtschaft und Gesellschaft. Grundriß der verstehenden Soziologie. Hg.: Winkelmann, J. 2 Bde. Tübingen 1972.

WEBER, M.: Soziologische Grundbegriffe. Tübingen 1984.

WEIDEMANN, B./KRAPP, A./et al. (Hg.): Pädagogische Psychologie. Ein Lehrbuch. München/Weinheim 1986.

WEINERT, A. B.: Menschenbilder und Führung. In: KIESER, A./REBER, G./WUNDERER, R. (Hg.): Handwörterbuch der Führung. Stuttgart 1987, 1427-1442.

WEINERT, A. B.: Führung und soziale Steuerung. In: ROTH, E. (Hg.): Organisationspsychologie. Enzyklopädie der Psychologie. Bd. 3. Göttingen 1989, 552-577.

WENIGER, E.: Die Eigenständigkeit der Erziehung in Theorie und Praxis. Weinheim o. J.

WENIGER, E.: Didaktik als Bildungslehre. Teil I und Teil II. Weinheim 1963.

WERRA, H. v.: Nutzung des Humanpotentials. Wertvoll an einem Unternehmen sind die Menschen. In: io Management Zeitschrift 2/1992, 40-45.

WESSELS, G.: Führung. Erfolgsgeheimnis enthüllt. In: Management Wissen. Das Magazin für Führungskräfte 9/1984.

WHYTE, W. F.: Human relations in the restaurant industry. New York 1948.

WIESMANN, M.: Organisation nach Menschenmaß. Konzepte für das Verständnis und die Gestaltung von Prozessen der arbeitsteiligen Produktion und Dienstleistung. In: AGOGIK. Zeitschrift für Fragen sozialer Gestaltung. Sondernummer 1/1983.

WIGGER, L.: Handlungstheorie und Pädagogik - eine systematisch-kritische Analyse des Handlungsbegriffes als pädagogische Grundkategorie. Beiträge zur Pädagogik. Bd.2. St. Augustin 1983a.

WIGGER, L.: Begriff des Handelns. Thesen zur philosophischen Problementfaltung und pädagogischen Relevanz. In: Pädagogische Rundschau 2/1983b.

WILD, J.: Organisation und Hierarchie. In: Zeitschrift für Organisation 42/1973, 45-54.

WILLMANN, O.: Didaktik als Bildungslehre. Wien 1957.

WIMMER, R.: Ist Führen erlernbar? Oder warum investieren Unternehmungen in die Entwicklung ihrer Führungskräfte? In: Gruppendynamik Heft 1/1989.

WINNEFELD, F.: Psychologische Analyse des pädagogischen Lernvorganges. In: Röhrs, H. (Hg.): Didaktik. Frankfurt/M. 1971.

WUNDERER, R.: Führungsgrundsätze. In: KIESER, A./REBER, G./ WUNDERER, R. (Hg.): Handwörterbuch der Führung. Stuttgart 1987a, 552-568.

WUNDERER, R.: Kooperative Führung. In: KIESER, A./REBER, G./ WUNDERER, R. (Hg.): Handwörterbuch der Führung. Stuttgart 1987b, 1257-1274.

WUNDERER, R.: Wertorientierte Mitarbeiterführung als strategische Aufgabe. In: io Management-Zeitschrift 2/1990, 35-38.

WUNDERER, R./GRUNWALD, W.: Führungslehre. Bd. 1, Grundlagen der Führung. Berlin/New York 1980a.

WUNDERER, R./GRUNWALD, W.: Führungslehre. Bd. 2, Kooperative Führung. Berlin/New York 1980b.

ZANDER, E.: Die Mitarbeiter wollen ihre Organisation mitentwickeln.Taschenbuch für Führungstechnik. Heidelberg 1982.

ZDARZIL, H.: Pädagogische Anthropologie. Heidelberg 1972.

ZDARZIL, H.: Identitätsbildung und Schule. In: TWELLMANN (Hg.): Handbuch Schule und Unterricht. Bd. 7.1: Dokumentation. Schule und Unterricht als Feld gegenwärtiger pädagogisch-personeller und institutionell-organisatorischer Forschung. Düsseldorf 1985.

ZEDLER, R.: Strukturelle Veränderungen beruflicher Weiterbildung. Konflikte zwischen Wirtschaft und Erziehungswissenschaft. In: Lisop, I. (Hg.): Bildung und Technologien. Symposium im Rahmen des Kongresses der Deutschen Gesellschaft für Erziehungswissenschaft Heidelberg 1986. Frankfurt/M. 1986.

ZELBER, S.: Betriebliche Organisationsentwicklung in Theorie und Praxis. Wien/Köln/Graz 1983.

ZELBER, S.: Berufliche Erwachsenenbildung. Aktuelle Beiträge zur Weiterbildungsforschung. Schriftenreihe des österreichischen Forschungsinstitutes für Sparkassenwesen. Heft 1/1985.

ZELBER, S.: Identität und Konformität im beruflichen Handlungsfeld. In: Lechner, E./Zielinski, J. (Hg.): Wirkungssysteme und Reformansätze in der Pädagogik. Festschrift für Walter Schöler zum 60. Geburtstag. Frankfurt/M./Bern/New York/Paris 1988, 601-612.

ZELBER, S.: Unternehmensentwicklung als pädagogischer Prozeß. Ein Problemaufriß zur Klärung von Bildungs- und Sozialisationszusammenhängen im beruflichen Handlungsfeld. Frankfurt/M./Bern/New York/Paris 1991.

ZIELINSKI, J.: Grundlagen der Unterrichtswissenschaft. Unveröffentlichtes Vorlesungsskriptum. Aachen 1976/77.

ZIELINSKI, J.: Pädagogik. In: BESKE, F. (Hg.): Lehrbuch für Krankenpflegeberufe, Bd. 2: Theoretische Grundlagen (Sonderdruck ohne Seitennummerierung). Stuttgart/New York 1980.

ZIELINSKI, J.: Die Lehre von Wirkungssystemen und ihre Anwendung auf die Führung im Betrieb. Unterkurs B. Führungslehre, Kap. B. 5. In: Scheidegger Management Lehrbrief. Zug/Schweiz 1981, 77-119.

ZIELINSKI, J.: Pädagogik. In: Beske, F. (Hg.): Lehrbuch für Krankenpflegeberufe. Didaktische Mitwirkung Zielinski, J., Wille, G. Bd. 1. Stuttgart 1986.

ZUCHA, R. O.: Führungskräfteentwicklung in der Kreditwirtschaft. In: Österreichisches Forschungsinstitut für Sparkassenwesen (Hg.): Mitarbeitertraining in der Kreditwirtschaft 1/1978.

ZUCHA, R. O.: Pädagogische Psychologie. Kritische Beiträge. Wien/München/Zürich 1979.

ZUCHA, R. O.: Humanistische Psychologie. In: GRUBITZSCH, S./REXILIUS, G.: Psychologische Grundbegriffe. Mensch und Gesellschaft in der Psychologie. Ein Handbuch. Reinbek/H. 1987, 464-467.

2 HINWEISE AUF MENSCHENRECHTE UND MENSCHENWÜRDE IM ÖSTERREICHISCHEN RECHTSSYSTEM

2.1 Hinweise auf Menschenrechte im österreichischen Verfassungsrecht

Die Überzeugung, daß jedem Menschen gewisse Rechte allein aufgrund seines "Menschseins" zukommen, schlug sich auch im juristischen Bereich, als Ergebnis politischer Forderungen der Bürger an den Staat, nieder.

Die in der österreichischen Rechtsordnung festgeschriebenen und verfassungsmäßig gewährleisteten Rechte[1] sind typisch "liberale Grundrechte"[2]; das bedeutet, daß sie den einzelnen Staatsbürger gegen staatliche Eingriffe schützen sollen. Die Schutzwirkung dieser verfassungsmäßig gewährleisteten Rechte erstreckt sich jedoch nicht auf privatrechtliche Beziehungen; diese "Drittwirkung" der Grundrechte wird von der herrschenden Rechtslehre überwiegend verneint[3].

Die angesprochenen Rechte sind nicht in einer zentralen Verfassungsurkunde normiert, sondern auf unterschiedliche - im Verfassungsrang stehende - Normen verteilt (was den Zugang zu ihnen erschwert). So sind verfassungsmäßig gewährleistete Rechte in folgenden Gesetzen zu finden:

---

[1] Vgl. ERMACORA, F.: Grundriß der Menschenrechte in Österreich. Wien 1988.

[2] Vgl. WALTER, R./MAYER, H.: Grundriß des österreichischen Bundesverfassungsrechtes. Wien 1988, Randzahlen 1317 ff.

[3] Vgl. WALTER, R./MAYER, H., a. a. O., Randzahl 1313 f.

- Staatsgrundgesetz vom 21. Dezember 1897 über die allgemeinen Rechte der Staatsbürger für die im Reichsrat vertretenen Königreiche und Länder, RGBl[4] 1867/142 idF BGBl 684/ 1988.
- Bundesverfassungsgesetz vom 29. November 1988 über den Schutz der persönlichen Freiheit, BGBl 684/1988.
- Gesetz vom 27. Oktober 1862 zum Schutz des Hausrechtes RGBl 1862/88, idF BGBl 422/1974.
- Beschluß der Provisorischen Nationalversammlung vom 30. Oktober 1918, StGBl 3/1918 idF BGBl 1/1920.
- Grundrechtsbestimmungen im Bundes-Verfassungsgesetz idF von 1929, BGBl 130/1, idF BGBl 565/1991: Art 7, 14, Abs 7, 26, 60, 83, Abs 2, 85, 117.
- Menschenrechtsbestimmungen im Abschnitt V des III. Teiles des Staatsvertrages von Saint-Germain vom 10. September 1919, StGBl 303/1920.
- Menschenrechtsbestimmungen im Staatsvertrag von Wien vom 15. Mai 1955, BGBl 152/1955.
- Minderheitenschulgesetz für Kärnten, BGBl 1959/101, idF BGBl 420/1990.
- Zivildienstgesetz 1986 (§ 2, Abs 1) idF BGBl 453/1990.
- Datenschutzgesetz 1978 (§ 1), idF BGBl 609/1989.
- Auslieferungs- und Rechtshilfegesetz BGBl 1979/529 (§§ 12, 44).
- (Europäische) Konvention zum Schutze der Menschenrechte und Grundfreiheiten BGBl 210/1958 (samt Zusatzprotokollen).

Diese Normen legen den "status negativus"[5] fest, bestimmen also im wesentlichen, jenen Bereich des Einzelnen, in den der Staat nicht oder nur unter bestimmten Umständen eingreifen darf (z. B. Recht auf persönliche Freiheit,

---

[4] Die Bedeutung der nachfolgend verwendeten Abkürzungen ist aus dem angeschlossenen Abkürzungsverzeichnis ersichtlich.

[5] Vgl. WALTER, R./MAYER, H., a. a. O., Randzahl 1325.

Hausrecht). Darüber hinaus normieren sie auch einen "status positivus"[6] also jenen Bereich, in dem der Einzelne an der staatlichen Willensbildung beteiligt ist (z.B.: Wahlrecht). In der österreichischen Rechtsordnung sind diese verfassungsrechtlich gewährleisteten Rechte dadurch ausgezeichnet, daß sie von jedermann wirksam eingefordert werden können und auch den Gesetzgeber verpflichten. Überdies hat sich Österreich mit der Menschenrechtskonvention auch der Rechtsprechung der Europäischen Kommission für Menschenrechte (Art 20 ff. MRK) und des Europäischen Gerichtshofes für Menschenrechte (Art 38 ff. MRK) unterworfen. Dadurch können die in der MRK verankerten und verfassungsmäßig gewährleisteten Rechte (Grundrechte) auch auf einer supranationalen Ebene wirksam geltend gemacht werden.

Für die Mitarbeiterführung sind die folgenden, verfassungsmäßig gewährleisteten Rechte bedeutsam:

- Gleichheitsgrundsatz,
- Freizügigkeit der Person und des Vermögens,
- Recht auf Unverletzlichkeit des Eigentums,
- Freiheit des Liegenschaftserwerbs,
- Freiheit der Erwerbstätigkeit,
- Schutz der persönlichen Freiheit,
- Schutz des Fernmeldegeheimnisses,
- Vereins- und Versammlungsfreiheit,
- Meinungs- und Pressefreiheit,
- Zensurverbot,
- Glaubens- und Gewissensfreiheit,
- Freiheit der Lehre,
- Recht auf Bildung,
- Freiheit der Berufswahl und Berufsausbildung,
- Recht auf Datenschutz.

---

[6] Vgl. WALTER, R./MAYER, H., a. a. O., Randzahl 1327.

Durch das Bundes-Verfassungsgesetz (Art 140) erhielten diese Grundrechte eine besondere Qualität. Ursprünglich (während des Bestandes der Österreichisch-ungarischen Monarchie) waren diese Grundrechte nur für die Verwaltung bindend. Erst durch die Möglichkeit der Individualbeschwerde (Art 140 B-VG) wurden sie auch für den einfachen Gesetzgeber bindend. Der Verfassungsgerichtshof erkennt nämlich über die Verfassungswidrigkeit eines Bundes- oder Landesgesetzes auf Antrag einer Person die behauptet, unmittelbar in ihren Rechten verletzt worden zu sein. Eine Verletzung verfassungsmäßig gewährleisteter Rechte kann also wirksam geltend gemacht werden und hat schon wiederholt zur Aufhebung von Gesetzen geführt[7].

Der Grundrechtskatalog wird ständig weiterentwickelt. International tendiert die Rechtsentwicklung zur Schaffung "sozialer Grundrechte[8]" (laut WALTER, R./MAYER, H., a. a. O, Randzahl 1327) eine Art "status positivus". Gerade in diesen sozialen Grundrechten kommt die Menschenwürde deutlich zum Tragen. Diesbezügliche internationale Abkommen (z.B. die Europäische Sozialcharta BGBl 1969/460 oder die Menschenrechtspakete der Vereinten Nationen BGBl 590 und 591/1978) werden oft nicht als verfassungsändernd oder -ergänzend ratifiziert. Daher sind aus ihnen in der Regel auch keine innerstaatlichen Rechte ableitbar. So bekennt sich Österreich in der Allgemeinen Erklärung der Menschenrechte dazu, daß alle Menschen frei und gleich an Würde und Rechten geboren sind, konkret einforderbar ist dieses Bekenntnis für den einzelnen Staatsbürger jedoch nicht. Die Einhaltung dieser Rechte ist insoferne nicht verpflichtend, weder für den Staat noch für Private.

---

7 Vgl. BINDER, B.: Der materielle Gesetzesvorbehalt der Erwerbsfreiheit (Art 6 StGG). Überlegungen zur neueren Judikatur des VfGH. Österreichische Zeitung für Wirtschaftsrecht. 1/1988, 1 ff. Beispiele für die Aufhebung von Gesetzen sind: Aufhebung des Gesetzes über die Schrottlenkung (VfSlg 10.179), Aufhebung des Gesetzes über Taxikonzessionen (VfGH Erkenntnis v. 23. 6. 1986), Aufhebung des Gesetzes über den Ladenschluß (VfGH-Erkenntnisse v. 1. 12. 1987, G132, 133/87, 181/87).

8 FLORETTA, H./ÖHLINGER, Th.: Die Menschenrechtspakte der Vereinten Nationen. Wien 1978, 13 ff., 37 ff.

2.2 Hinweise auf Menschenwürde im österreichischen Arbeitsrecht

Die dem Arbeits- und Sozialrecht innewohnende Schutzfunktion

> "ragt über die kompetenzrechtliche Grundlage des Sozialstaates, über die Möglichkeit inhaltlicher Ausgestaltung der Grundrechte durch die einfache Gesetzgebung ... in die Verfassung hinein"[9].

Insofern sind die Grundrechte für das Arbeits- und Sozialrecht zwar nicht unmittelbar rechtsverbindlich, aber doch eine wesentliche Leitlinie.

Daraus folgt, daß der Begriff der "Menschenwürde" im Wege der persönlichkeitsbezogenen Grund- und Freiheitsrechte (z. B. Recht auf freie Meinungsäußerung, Grundrecht auf Schutz des Privat- und Familienlebens, Grundrecht auf Datenschutz) näher bestimmt werden kann[10]. Daher hat auch jeder Mitarbeiter innerhalb des betrieblichen Systems

> "das Recht auf private persönliche Lebensäußerungen (Reden, Erfüllung persönlicher Bedürfnisse), auf Unversehrtheit der Intimsphäre, auf Freiheit vor unbefugter Abbildung oder Aufnahme der Stimme, auf Achtung seines Wertes als menschliches Wesen" (CERNY, J., a. a. O., 375).

In der Praxis der Mitarbeiterführung kann die Menschenwürde besonders durch

"1. Die Einführung einer betrieblichen Disziplinarordnung,
2. die Einführung von Personalfragebögen, sofern in diesen nicht bloß die allgemeinen Angaben zur Person und Angaben über die fachlichen Voraussetzungen für die beabsichtigte Verwendung des Arbeitnehmers enthalten sind,
3. die Einführung von Kontrollmaßnahmen und technischen Systemen zur Kontrolle der Arbeitnehmer, sofern diese Maßnahmen (Systeme) die Menschenwürde berühren" (CZERNY, J., a. a. O., 365).

---

[9] SCHWARZ, W./ LÖSCHNIGG, G.: Arbeitsrecht. Wien 1982, 43.

[10] Vgl. CERNY, J.: Arbeitsverfassungsgesetz. Wien 1987, 374.

gefährdet werden. Daher hängt die Rechtswirksamkeit o. a. Maßnahmen des Betriebsinhabers von der Zustimmung des Betriebsrates ab.

Da Kontrollmaßnahmen ein wesentliches Element des Führungsprozesses darstellen, kommt einer betriebspädagogisch wirksamen und arbeitsrechtlich zulässigen Kontroll-Durchführung grundlegende Bedeutung zu.

Kontrollmaßnahmen welche die Persönlichkeitsrechte verletzen, sind jedenfalls rechtswidrig; gleichgültig ob eine Zustimmung des Betriebsrates vorliegt oder nicht. Beispiele für derartige Kontrollen sind:

- Abhören von Telefongesprächen ohne Information des Arbeitnehmers,
- Anbringung von Abhöreinrichtungen,
- Durchführung von Leibesvisitationen,
- Fersehüberwachung von Waschräumen und Toiletten,
- Kontrolleinrichtungen in Form von Glasscheiben oder Spiegeln, welche nur in einer Richtung durchsichtig sind,
- Recherchen zum Privatleben.[11]

Auch sittenwidrige Kontrollmaßnahmen sind in jedem Falle unzulässig[12].

Kontrollmaßnahmen, welche Apekte der Grund- und Freiheitsrechte tangieren können, ohne daß jedoch eine Verletzung, wohl aber eine "Berührung der Menschenwürde" (CERNY, J., a. a. O., 376) vorliegt, bedürfen der Zustimmung des Betriebsrates. Beispiele für derartige Kontrollen sind:

- Kontrollen durch Einsichtnahme in Behältnisse oder Fahrzeuge der Mitarbeiter mit deren Zustimmung.
- Überwachung der Betriebstelefone bei Information der Betroffenen vor der Kontrolle.
- Einsatz von automationsgestützten Personalinformationssystemen dann, wenn die Auswertung infolge der Datenfülle für die Betroffenen nicht nachvollziehbar ist.

---

[11] Vgl. SCHWARZ, W./LÖSCHNIGG, G., a. a. O., 486; CERNY, J., a. a. O., 375.

[12] SCHWARZ, W./LÖSCHNIGG, G., a. a. O., 486 f.

- Betriebliche Fernsehüberwachung, welche Arbeitnehmer miterfaßt.
- Elektronische Überwachung von Arbeitsvorgängen, welche gleichzeitig jede Tätigkeit und jede Lebensäußerung des Arbeitnehmers miterfassen.[13]

Abkürzungsverzeichnis

Abs	Absatz
Art	Artikel
ArbVG	Arbeitsverfassungsgesetz
BGBl	Bundesgesetzblatt
B-VG	Bundes-Verfassungsgesetz idF 1929
idF	in der Fassung
MRK	Konvention zum Schutze der Menschenrechte und Grundfreiheiten, BGBl 1958/210 idF BGBl 1964/59
RGBl	Reichsgesetzblatt
StGBl	Staatsgesetzblatt
StGB	Strafgesetzbuch
StGG	Staatsgrundgesetz
VfGH	Verfassungsgerichtshof
VfSlg	Amtliche Sammlung der Erkenntnisse und Beschlüsse des Verfassungsgerichtshofs

[13] Vgl. SCHWARZ, W./LÖSCHNIGG, G., a. a. O., 486 ff.; CERNY, J., a. a. O., 376 ff.

3 HINWEISE AUF EINE EMPIRISCHE UNTERSUCHUNG ÜBER DAS MENSCHENBILD DER ÖSTERREICHER

3.1 Dokumentation:

BEUTELMEYER, W.: Das Menschenbild der Österreicher. In: Market News Mai 1992/13. Linz 1992.

3.2 Statistische Grundlagen

Träger der Untersuchung:

Dr. W. BEUTELMEYER "Institut für Markt-, Meinungs- und Mediaforschung (Linz).

Erhebungszeitraum:

2. bis 26. März 1992.

Sample:

1.021 Personen, statistisch repräsentativ für die österreichische Bevölkerung ab 14 Jahren; Quotaauswahl.

3.3 Zielsetzung:

Erhebungsziel war die Erfassung der zentralen Tugenden des österreichischen Menschen. Dazu wurden die aus den (u. a.) Abbildungen 1 und 2 ersichtlichen sechzig Eigenschaften auf ihren Stellenwert analysiert.

3.4 Resümee.

"Das menschliche Idealbild gipfelt in Ehrlichkeit, Verläßlichkeit, Freundlichkeit und Treue. Ein deutlich angeschlagenes Selbstbewußtsein besitzen wir Österreicher hinsichtlich unserer Bildung und innere Unsicherheit besteht, ob wir denn nicht zuwenig erfolgreich wären." (BEUTELMEYER 1992, 1)

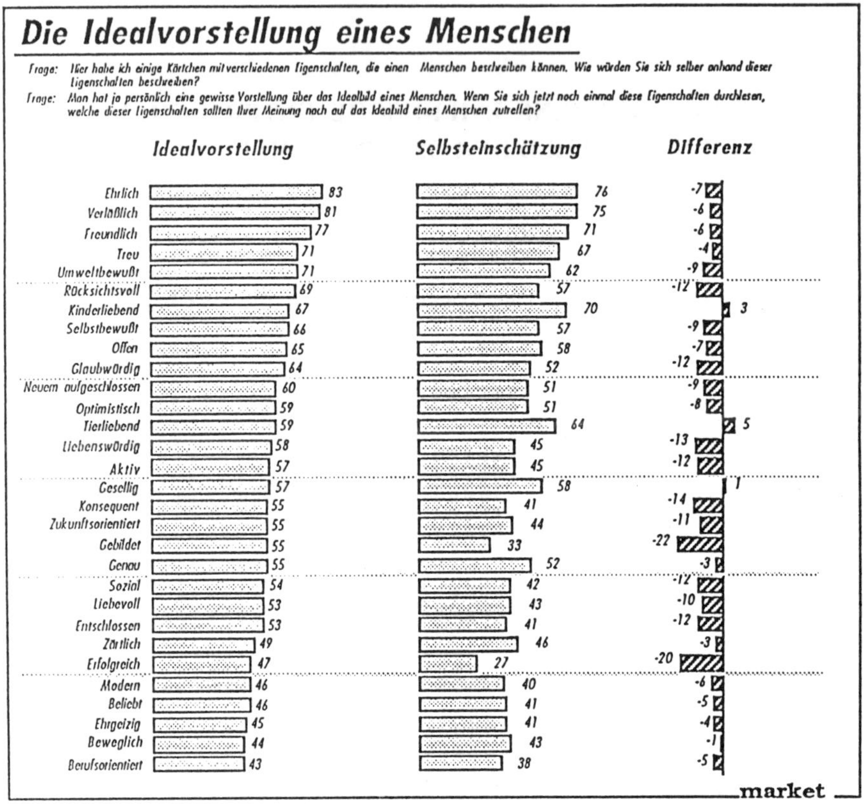

Abb. 1: Die Idealvorstellung eines Menschen-1 (BEUTELMEYER 1992, 1)

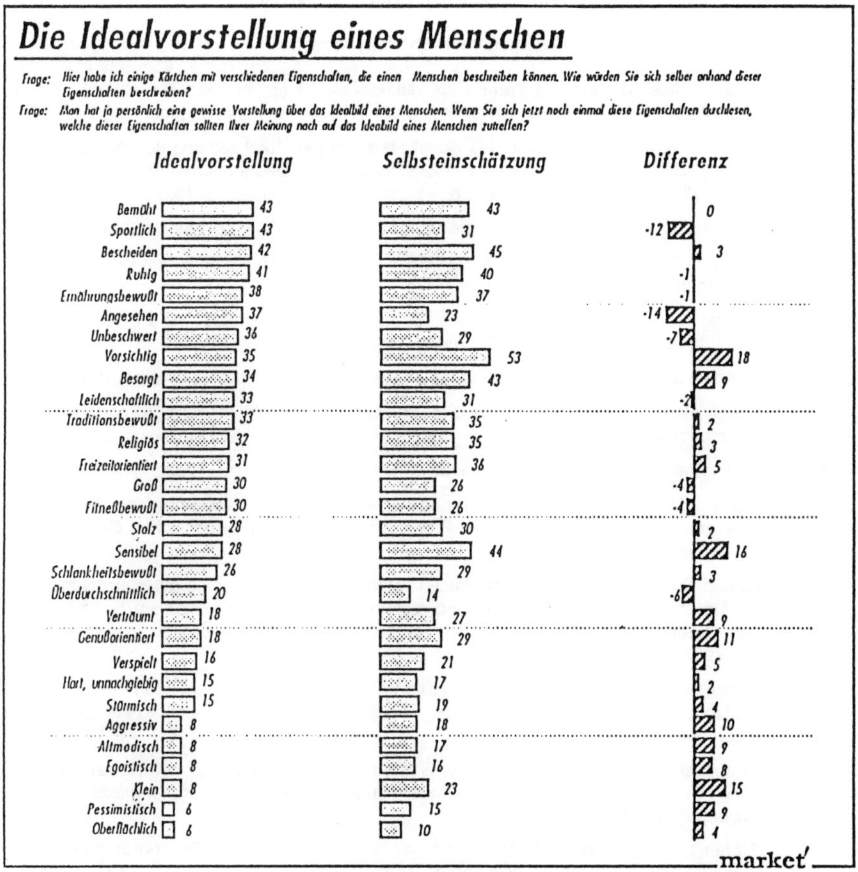

Abb. 2: Die Idealvorstellung eines Menschen-2 (BEUTELMEYER 1992, 3)

ASPEKTE PÄDAGOGISCHER INNOVATION

Herausgegeben von Walter Schöler

Band 1 Horst Hafele: Autonomes Lernen als didaktischer Systemansatz. Ein Beitrag zur Geschichte und anthropologischen Grundlegung der Arbeitsmittelpädagogik. 1986.

Band 2 Robert Auernig: Die Funktion des Schulleiters bei der Durchsetzung schulischer Innovationen. Die führungsspezifische Konzeption vom routineorientierten Rollen- und Funktionsprofil zur qualifizierten Innovations-Funktion des Schul-leiters. 1986.

Band 3 Hermann Odreitz: Niveauspezifische Didaktik für sprachauffällige Kinder. 1986.

Band 4 Gerhard Pongratz: Unterricht mit Erwachsenen. Zur situationsorientierten Weiterbildung in Wirtschaft und Beruf. 1987.

Band 5 Margarete Meyer: Kleinkinderziehung als pädagogischer Prozeß. Vom Embryo bis zum Ende des 3. Lebensjahres. 1987.

Band 6 Gundula Meßner: Kreativitätsförderung im Rahmen betrieblicher Innovation. 1987.

Band 7 Margit Heissenberger: Erziehung und Identität. Zur Identitätsfindung im pädagogischen Handlungsfeld. 1987.

Band 8 Ulrich Freiesleben: Bildung im Strukturwandel von Unternehmen. 1989.

Band 9 Franz J. Hofer: Wirkungssysteme menschlichen Handelns im Unternehmen. Ein aktueller Problemaufriß zum pädagogischen Prozeßgeschehen einer dynamischen Organisationsentwicklung. 1987.

Band 10 Gerald Grimm: Die Schulreform Maria Theresias 1747 - 1775. Das österreichische Gymnasium zwischen Standesschule und allgemeinbildender Lehranstalt im Spannungsfeld von Ordensschulwesen, theresianischem Reformabsolutismus und Aufklärungspädagogik. 1987.

Band 11 Elmar Lechner, Johannes Zielinski (Hrsg.): Wirkungssysteme und Reformansätze in der Pädagogik. Festschrift für Walter Schöler, gewidmet zum 60. Geburtstag von seinen Kollegen und Schülern. 1988.

Band 12 Emmerich Menyhay, Erika Menyhay: Gibt es die ideale Pädagogik? Kritik der pädagogischen Praxis unter besonderer Berücksichtigung der Leistungsbeurteilung und der Kunsterziehung. 1989.

Band 13 Stefan Lackner: Bildungsdimensionen der Werkpädagogik. Zur Theorie innovativer und kreativer Lehr- und Lernprozesse in der Werkerziehung. 1988.

Band 14 Peter Rochovansky: Betriebliche Bildungsarbeit im Ansatz einer arbeitsorientierten Weiterbildung. 1988.

Band 15 Margarete Meyer: Didaktik der Kleinkinderziehung. 1989.

Band 16 Emmerich Menyhay: Kreativ-innovatives Denken und pädagogische Einsichten (Sammelband). 1990.

Band 17 Siegfried Zelber: Unternehmensentwicklung als pädagogischer Prozeß. Ein Problemaufriß zur Klärung von Bildungs- und Sozialisationszusammenhängen im beruflichen Handlungsfeld. 1991.

Band 18 Johannes Zielinski (jr.): Über die Informationsgesellschaft und ihre Pädagogik. 1993.

Band 19 Kurt Schöffmann: Wirkungssystem Mitarbeiterführung. Pädagogische Grundlegung menschlichen Denkens und Handelns im soziotechnischen System Betrieb. 1994.